"十三五"江苏省高等学校重点教材

本书编号：2019-2-229

U0687145

媒体融合概论

唐宁　刘荃　高宪春　编著

Introduction to Media Convergence

WUHAN UNIVERSITY PRESS
武汉大学出版社

图书在版编目(CIP)数据

媒体融合概论/唐宁,刘荃,高宪春编著.—武汉:武汉大学出版社,
2021.3(2024.9 重印)
ISBN 978-7-307-22155-0

Ⅰ.媒… Ⅱ.①唐… ②刘… ③高… Ⅲ.传播媒介—研究
Ⅳ.G206.2

中国版本图书馆 CIP 数据核字(2021)第 038057 号

责任编辑:聂勇军 责任校对:李孟潇 版式设计:马 佳

出版发行:**武汉大学出版社** (430072 武昌 珞珈山)
(电子邮箱:cbs22@whu.edu.cn 网址:www.wdp.com.cn)
印刷:武汉图物印刷有限公司
开本:720×1000 1/16 印张:15.75 字数:291 千字 插页:1
版次:2021 年 3 月第 1 版 **2024 年 9 月第 2 次印刷**
ISBN 978-7-307-22155-0 定价:49.00 元

序　言

2019 年 1 月 25 日，中共中央政治局新年第一次集体学习时就将主题定为"全媒体时代和媒体融合发展"，强调推动媒体融合发展、建设全媒体成为我们面临的一项紧迫课题。习近平总书记以"全程媒体、全息媒体、全员媒体、全效媒体"总结全媒体的发展格局，强调要运用信息革命成果，推动媒体融合向纵深发展，做大做强主流舆论。2020 年 6 月 30 日，习近平总书记主持召开中央全面深化改革委员会第 14 次会议并发表重要讲话。会议强调，推动媒体融合向纵深发展，要深化体制机制改革，加大全媒体人才培养力度，打造一批具有强大影响力和竞争力的新型主流媒体，加快构建网上网下一体、内宣外宣联动的主流舆论格局，建立以内容建设为根本、先进技术为支撑、创新管理为保障的全媒体传播体系，牢牢占据舆论引导、思想引领、文化传承、服务人民的传播制高点。

做大做强主流舆论，打造新型主流媒体，传统主流媒体要主动出击，以媒体观念的开放度和行业的敏锐度充分运用各种新媒体技术，创新各种视听内容的生产传播营销，迅速高效地掌控主战场，既要发掘自身内容生产能力和公信力、影响力等无形资产，又要借鉴新兴媒体的传播力、渗透力等优势。同时，新兴媒体也要主动融入传统媒体的转型发展之中，既发挥自身技术、传播、机制等特长，又借助传统媒体的人才、内容、资源等优势。新老媒体同向发力、深度融合，才能构建网上网下一体、内宣外宣联动的主流舆论格局。

媒体融合的关键是融合人才的培养。加大全媒体人才培养力度是传媒院校的使命和担当。媒体融合发展不仅需要体制机制改革的深化、技术的支撑引领保障，更需要大量融合人才的培养与输送。为此，高等院校要引导、教育师生尽快适应媒体深度融合发展的社会需求，形成全媒体、多终端、移动化、智能化和用户导向的理念，培养适应大数据、智能时代传媒生态的专业化及职业化人才，逐渐形成全媒体、专家型人才队伍，为推动媒体融合向纵深发展奠定人才基础。

当下，国内外传统媒体与新兴媒体的融合风云激荡。传媒人才的教育与培养面临许多新的机遇与挑战。媒体融合不仅要完成媒体资源、生产资源、传播资源、传媒技术等跨层级、跨地区、跨行业的融合，更重要的是要在人才培养和队伍建设等方面实现真正融合。优化人才结构才能激发融合发展的内生动力，才能实现多种资源的共融互通，从"各自为战"变成"融合聚力"。为此，我们不仅要培养媒体深度融合大势下的新闻传播人才，还要培养传媒管理与经营人才，也就是说要培养能适应全媒体生产传播环境、社会急需的高素质、融合化、一专多能的创意创新型人才。

唐宁等教授撰写的《媒体融合概论》，基于近 8 年来持续开展的媒体融合的理论研究和实践探索，结合 30 年来媒体从业经历的反思反省，从体制机制创新到媒体融合文化建设，从融产品研发到高效集约新闻生产传播机制的构建，从新老媒体的融合理念剖析到营销模式变革，从新型主流媒体构建到媒体深度融合发展趋势的探究等方面，对媒体融合进行了深入论证与阐述，提出媒体融合不仅仅是自身的融合，不是大小、新老媒体的简单组合或整合，而是以互联网为基因的媒体与社会乃至政治经济文化的全方位融合，强调更新融合思维、创新体制机制、强化技术赋能，着力培养具有融合创新意识与服务社会能力的新闻传播人才等一系列观点，反映了国内外媒体融合研究的最新成果。该书无论是对媒体融合未来新闻岗位的从业者，还是对正在从事媒体融合探索的管理者、研究者、学习者都具有重要的学习与参考价值。

本书的出版将有助于推动我国媒体融合的理论研究和创新实践，进而有力促进我国传统媒体与新兴媒体迈上深度融合、快速发展的新阶段。

北京电影学院党委副书记、副院长、长江学者特聘教授、博士生导师
国务院学位委员会戏剧与影视学科评议组召集人

2020 年 12 月 27 日于北京

自　　序

在大数据、人工智能、5G 等信息通信技术快速发展的新传播环境下，新闻传播格局正在重构，由此还引发了经济、政治、文化和社会效应。全媒体时代，无论是新闻传播学的学习者、研究者还是从业者都亟待超越、突破文化隔阂和文化距离，在以互联网为基因的融合文化氛围内进行生产、分配、交换、消费全方位及全流程的融合与创新。数字化、网络化、移动化、智能化、融合化的趋势迫使我们思考：高等院校究竟要培养什么样的新闻传播人才？

传统媒体与新兴媒体融合发展是党中央的战略决策，是现代传媒业的发展趋势。强化媒体融合发展的理论探索与建构，系统而有针对性地开展媒体融合的教学与实践，对推进中国新闻传播学学科进步、理论与实践人才培养、融媒体平台和全媒体传播体系构建、全媒体产业发展乃至经济、政治、文化、社会建设都具有重大的战略意义和现实价值。

传统媒体生存发展的必由之路是与新兴媒体全方位、全流程地融合。传统媒体的发展理念、体制机制、传播手段等已经越来越不适应全媒体时代用户对传媒产品的需求。而新兴媒体不寻求与传统媒体融合发展，企望另辟蹊径迟早会遭遇发展瓶颈。因为新兴媒体不断呈现，曾经的新媒体不断被更新的媒体挤压。况且，新兴媒体也要借助、发挥传统媒体的内容生产、人才积累、资源拓展、体制倾斜等优势来不断寻求新突破、谋求新发展。对新兴媒体而言，与传统媒体融合共生也是其生存与发展的必由之路。为此，我们必须冷静观察、客观剖析、深入探究传统媒体与新兴媒体融合发展的理念、理论、文化、策略与路径。

媒体融合是一个持续漫长的艰难而富有挑战性的过程。媒体融合引导传媒业生产、传播、运营的协同效应和竞争优势，通过渠道整合、技术创新、内容分发等，在融合中凸显其品牌和知识产权以提升传播力、影响力。与此同时，媒体融合对媒体机构、用户可能带来的机遇、挑战、威胁等应引起学习者、研究者、从业者的足够重视。媒体融合的趋势是数据化、互动化、社交化、移动化及云计算、数据可移植性和行为跟踪。媒体深度融合面临融合效应和体制机制深度改革的巨大压力，因此，融合是组合、整合、修补等改良性融合，还是颠覆性重构即颠覆性融合，直接关乎融合成败。颠覆性融合不仅是传统媒体技术与市场创新的机遇，更是传统媒体凤凰涅槃、浴火重生的历练与重塑。

关于媒体融合的研究大多集中于两个层面：传播学层面和经济学层面。就传播学而言，主要用新闻学、传播学的理论剖析新闻生产、传播、运营的策略与路径，探索、反思媒体融合经验与教训；就经济学而言，主要用媒介经济学和产业经济学的基本理论、基本方法和分析工具，对传统媒体与新兴媒体的经营模式进行反思反省，对全媒体时代融合产业的经济关系、市场驱动因素、经济规律等进行系统研究。中外媒体融合的实践昭示我们再也不能简单地从事广播电视或新媒体的单一课程讲授，应注重多学科交叉融合研究，立足新闻学、传播学、经济学、文化学等多学科、多层次开展媒体融合的教育教学。

媒体融合理念繁杂、莫衷一是，实践超前、理论滞后。中外媒体文化、体制、机制等差异较大。体制内与体制外、中央级与省市级、传统的与新兴的、东部的与西部的媒体差别之大远远超出研究者、管理者和媒体人的意料。这对媒体融合的理论探究、实践创新和课堂教学带来非常大的困难。正因如此，新闻与传播学院的师生急需系统展示媒体融合理论研究与实践创新成果的教材。全媒体时代传媒院校亟待在师资队伍建设、课程设计、能力素质培养、应用实践磨练等方面进行全方位的改革创新，以融合与创新为核心价值、目标诉求和方向抉择才能将学生培养成新技术环境下能向用户提供更有创意、更好新闻内容、更有价值的社会所急需的新闻传播人才。

本书反映了国内外媒体融合的最新理论研究与实践创新成果，对媒体融合的理论、技术、体制、机制、平台、市场等作了较为全面的研究与反思，分别探讨了媒体融合的意义、文化碰撞与创新、生产传播运营管理的理论与实践模式及发展趋势等。本书的读者对象主要是媒体融合的学习者、研究者、教育者、管理者、从业者，可作为正在高校学习的新闻传播学专业的本科生、研究生及各级各类在职培训学生的教材。

本书融合了本人近三年主持的国家社会科学基金项目(19BXW038)、国家广播电视总局部级社会科学研究项目 (GD1936)和江苏省中国特色社会理论体系研究中心研究项目(19ZTB027)(省社科基金特别委托项目)和江苏省社会科学基金项目(18WTA012)(江苏省社科联重大应用研究课题)的部分研究成果。唐宁撰写了提纲和第一、三、五章，高菲教授撰写了第二章，刘荃教授撰写了

第四、六章，高宪春副教授撰写了第七、八章。中南大学文学与新闻传播学院院长白寅教授、河北大学新闻传播学院院长韩立新教授等专家学者参与了本书的策划与审阅！

江苏师范大学传媒与影视学院院长、教授
大运河文化带建设研究院徐州分院执行院长　　唐宁
中国高等院校影视学会媒体融合创研中心主任

2020 年 12 月 28 日于南京

目　　录

第一章 媒体融合导论

近年来，媒体融合（Media Convergence）是学界和业界争论最多、研究和探索最热的课题之一。媒体融合是传统媒体摆脱困境、应对挑战的必由之路，是大势所趋。但是，也有一些人认为媒体融合是外力作用的结果，是自上而下的指令和政策使然。不仅如此，学界、业界对媒体融合是受技术驱动、利益驱动，还是受政策驱动存在较大分歧。

在中国，媒体融合作为国家战略越来越凸显紧迫性和重要性。因此，媒体融合是受技术、利益、政策等多重因素、多方施策而形成的合力驱动。新闻采集、编辑、传播与运营日益融合，技术与内容的融合越来越密切，与此同时，融合加剧了各媒介从业者的工作理念、工作方式、工作流程的颠覆与重构，进而改变了生产传播者与用户之间的关联。

全媒体智能时代，舆论环境、媒体格局、传播方式正在发生深刻变革，互联网成为主阵地、主战场，如何管好、用好、学习好、研究好互联网，成为媒体人和新闻传媒学子的新课题。

信息通信技术正在推动和倒逼新闻传播学的研究者、学习者和传媒人反思原有的思维、体制、机制及传媒生产关系。新兴媒体的传播力、影响力超出了人们的想象，对传统主流媒体的冲击越来越大。报纸、广播、电视等传统媒体正面临前所未有的困境，许多单位体制机制僵化，人才流失严重，产品老化且同质，传播手段方式固化，营销创收呈断崖式下滑。"媒体和传播的'紧要关头'出现的重要标志，就是新的传播技术革命摧毁了现成的制度以及新闻业可信度下降等。"①

随着社会开放进步，用户思维观念更新，跨媒融媒消费的全新体验使得用户主动选择、参与、互动成为常态。在技术催化剂的作用下，新兴媒体正在颠覆传统媒体的新闻信息传播方式、传授关系、传播理念乃至整个传媒业的传播

---

① ［美］罗伯特·麦克切斯尼：《传播革命》，高金萍译，上海译文出版社2009年版，第12页。

格局与生态。面对新兴媒体的冲击,传统媒体的出路在哪里?传统媒体与新兴媒体究竟要不要融合,能不能融合?与此同时,新闻传播学界的专家学者也正在思索:传统媒体与新兴媒体的融合是发展过程,还是发展目标?是应对举措,还是大势所趋?

第一节　媒体融合的基本问题

20 世纪 80 年代,美、英等国学者率先提出"媒体融合"概念,开始了对媒体融合的研究和探索。1983 年,伊契尔·索勒·普尔在其著作《自由的科技》中提出了"传播形态融合"一词,指出了各种媒介呈现出多功能一体化的趋势。1994 年,《圣荷塞水星报》与美国在线共同推出《水星中心新闻》电子报服务,《纽约时报》在报道这一新生事物时曾采用《一次媒体融合》(*A media convergence*)的标题进行了简要释义。在此后的 30 多年里,中国及美、英等国家的学者及媒体人都积极参与了对媒体融合的理论研究与实践探索,取得了令人瞩目的进展和业绩。中国人民大学新闻学院的蔡雯在国内最早提出了"媒介融合"的概念。2006 年 5 月,蔡雯在《国际新闻界》发表《媒介融合前景下的新闻传播变革——试论"融合新闻"及其挑战》一文。2006 年 7 月,孟建、赵元珂发表《媒介融合:粘聚并造就新型的媒介化社会》一文,较早地论述了媒体融合背景下的融合新闻,综述了"媒体融合"发展历程,引起较多关注。此后,中国人民大学、复旦大学、中国传媒大学、南京大学、四川大学等高校的学者开展了对媒体融合的研究。与此同时,湖南、成都等省市电视台也开始了对媒体融合的探索。

2014 年 8 月 18 日,中共中央全面深化改革领导小组第 4 次会议审议通过了《关于推动传统媒体和新兴媒体融合发展的指导意见》。这标志着媒体融合上升到了国家战略高度。此后,人民日报、新华社及江苏、湖南、湖北、成都、西安、银川等地的传统主流媒体逐步掀起了媒体融合的热潮。媒体融合成为引起中国新闻传播学界、业界广泛讨论、争议颇多的一项重大课题。

"融合是新闻业革命性进化的趋势,正在世界上许多地区涌现。"[①]关于媒体融合,我国各级传媒机构非常重视。近年来,自上而下的改革要求越来越具体。总体而言,我国的媒体融合进程越来越快,深度融合正在迅猛开展。关于

---

① 〔澳〕Stephen Quinn、〔美〕Vincent Filak:《媒介融合——跨媒体的写作与制作》,任锦鸾译,人民邮电出版社 2009 年版,第 1 页。

媒体融合的概念界定，业界、学者分歧较大，尚没有形成共识。

一、媒介、媒体、传统媒体与新兴媒体

媒介是信息的载体，是搭载传输的介质，是信息传播的渠道、信道、工具和手段。"它们以文本、图像和声音的方式表达关于现实的表征和洞见。"[①]媒体除了有媒介的含义外，还有从事信息产品生产、加工并加以结构化发布的社会组织的含义。"媒介"重在"介"，意指居于两者或多者之间，使各方发生关系的介质或工具，是一种工具形式。"媒体"重在"体"，"体"即实体、物体，是承载处理、呈现、传递信息的一种组织形式。媒体是拥有一个或多个媒介的社会组织或机构。简言之，为信息传播提供的平台、机构就可称之为媒体。媒介可能是单一介质，也可能包含多个介质。媒体是媒介综合体，是媒体机构。媒体内有电视、报纸、新媒体等多种媒介。

我们研究探讨传统媒体与新兴媒体融合发展首先必须明确：何为传统媒体？何为新兴媒体？传统媒体是指电视、广播、报纸、出版社等为传播介质发布信息或提供教育娱乐活动的媒体。它们是相对于以互联网、移动互联网为技术支持的网络手机报、手机平台等新兴媒体而言的。关于新兴媒体定义，国内外专家学者众说纷纭。

麦克卢汉在1959年3月3日的一篇名为《电子革命：新媒体的革命影响》的文章中最早使用了新媒体这一概念。1967年，美国哥伦比亚广播电视网技术研究所所长、NTS电视制式的发明者戈尔德马克在一份关于开发电子录像商品的计划中明确提出了"新媒体"（new media）这个概念。"真正意义上的新媒介指的是信息时代的新媒介，是从万维网普及之后开始的。"[②]新兴媒体是一种"借助计算机(或具有计算机本质特征的数字设备)传播信息的载体"。[③] 新兴媒体是指以互联网、移动互联网和大数据等技术支撑的媒体形态，如数字广播、手机短信、微信、移动电视、数字电视、手机网络等。也有国外学者称新兴媒体是指在传播理念、传播技术、传播方式和消费方式等方面发生了质的突破与飞跃的媒体。"它们是数字媒介，纵横相联，它们介入的信息很容

---

① ［丹麦］克劳斯·布鲁恩·延森：《媒介融合：网络传播、大众传播和人际传播的三重维度》，刘君译，复旦大学出版社2016年版，第43页。

② 张虹、熊澄宇：《源流与趋向："新媒介"研究史论要》，《全球传媒学刊》2019年第1期，第62页。

③ 匡文波：《新媒体概论》，中国人民大学出版社2015年版，第10页。

易处理、储存、转换、检索、超级链接，最鲜明的特征是容易搜索与获取。"①新兴媒体的主要特征包括：即时性与交互性，共享性与海量性，多媒体与超文本，个性化与社群化。新兴媒体的显著基因是互联网思维。这与报纸、广播、电视等传统媒体有本质的区别。当下，（移动）互联网颠覆了媒体演进规律，它以数字化的形式囊括了之前的许多媒体形态，演化成为无所不包的超级载体。

新兴媒体的"新"是一个相对概念。以互联网、移动互联网等新技术为支撑的媒体，如网站、微信、手机等相对于报纸、广电而言就是新兴媒体，但也面临更新淘汰的局面。媒体的转变与演进正在并将不断出乎我们的想象与意料。如今，曾经作为新媒体领军者的各大门户网站、BBS 论坛等正在受到新媒体的冲击。随着微博、微信、手机 APP 软件的相继崛起，依托互联网崛起的新媒体已逐步迈入移动时代，新媒体自身更新换代之速度十分惊人。

媒体形态更迭革新的速度非常快，网络门户相对于如雨后春笋般冒出的社交平台已沦为传统媒体。许多往日的新兴媒体正在沦落为传统媒体，门户网站逐渐被微信、Twitter、Facebook 等新兴媒体所替代。如今，许多人打开互联网和手机后首先分享、审看的是微信或 Twitter 等，而不是传统的门户网站。"'传统媒体'与'新媒体'只是一种极其粗疏、相对、动态的分野和归类，二者之间从来没有一条泾渭分明、固定不变的界限，任何一种媒体诞生之初都曾是新媒体，当一种更为先进的传播技术及媒介形态产生后，原来的新媒体就变成旧媒体，被归入'传统'之列。"②传统与新兴是相对的，当我们在讨论传统媒体和新兴媒体如何融合发展时，曾经的新兴媒体门户网站也和报纸、电视等传统媒体一样正在面临转型的压力与抉择。

"我们时代的一个特点是由于现代技术的惊人进步，导致'距离消除'，现代历史被如此迅速地创造出来，以致它常常使我们惊诧不已。"③当下，是以学习、借鉴、融合的态度，还是以观望、等待、排斥的态度对待（移动）互联网，对传统媒体人而言至关重要。传媒人不仅要在内容生产上尽快确立互联网思维，在传播渠道上还要寻求社交化、移动化、智能化的突破。

---

① ［加］罗伯特·洛根：《理解新媒介——延伸麦克卢汉》，何道宽译，复旦大学出版社 2016 年版，第 6 页。

② 任陇婵：《媒体融合的梦想如何照进现实》，《视听界》2015 年第 1 期，第 18 页。

③ ［英］阿诺德·约瑟夫·汤因比：《历史研究》，刘北成、郭小凌译，上海人民出版社 2005 年版，第 3 页。

从新闻宣传与舆论引导视角来审视，传统媒体与新兴媒体融合发展是国家战略，是大势所趋。技术的发展会不断改变信息传播方式，从而促使电视、广播、报纸等成为一个个传统媒体概念，媒体或媒介的样态和内在机理都正在剧变。几年前，我们无法想象手机会成为当下最主要的信息接收方式与传播介质。一天当中，你可以不看报、不看电视、不上网，但恐怕没有人不看手机，不从手机上获取最新的新闻资讯。单一媒体将不复存在，融媒体不仅仅是一个融合的传播平台，还是媒体人工作和赖以生存的传媒机构。

传统媒体如果能充分而灵活地与新兴媒体融合，运用新兴的高科技迅速抵达用户并攫取用户信息需求的技术和传输媒介，灵敏而精准地利用移动互联网、智慧互联网等媒介传输手段，那么，报纸、广电等传统媒体就有可能在媒体融合中保持强势媒体、主流媒体的形象与气质。

二、媒介融合与媒体融合

1713 年英国威廉·德汉在讨论光线的汇聚或发散（Convergence and divergences of the rays）时提及"融合"（Convergence）一词。媒介融合这一概念源自美国。"媒介融合"一词起初是由美国麻省理工学院的尼葛洛庞帝于 1978 年提出的。尼葛洛庞帝用 H 个圆重叠图示来描述计算机、印刷和广播工作者的产业融合，认为 H 个圆圈的交叉处即融合处将成为成长最快、创新最多的领域。目前，西方学界公认最早提出"融合"概念的是麻省理工学院的 Sola Pool 教授，他在其著作 Technologies of Freedom 中提出，各种媒介在融合过程中呈现出多功能一体化的趋势，这是一个正在"模糊媒介间界限"的过程。[①] 关于媒介融合的另一种说法，延森教授认为："可以被理解为一种交流与传播实践超越不同的物质技术和社会机构的开放式迁移。……不应当被仅仅视为一种技术语境下所催生的产物，更为重要的是，它体现了一种人类交流与传播驱动下的社会实践变迁这一本质。……它同时也包括了——在一定意义上，可以说更为重要的——媒介研究领域方法论的融合和媒介实践规制的融合。"[②]媒体融合"是指多样化的媒体系统共存，媒体内容横跨这些媒体系统顺畅地传播流动。在这里，融合被理解为一种不同媒体系统之间正在进行的过程或是一系列交汇的发

---

① Sola Pool. *Technologies of freedom*[M]. Harvard University Press, 1983：23.

② ［丹麦］克劳斯·布鲁恩·延森：《媒介融合：网络传播、大众传播和人际传播的三重维度》，刘君译，复旦大学出版社 2016 年版，第 196 页。

生，它不是一种固定的联系"。①

对于媒体融合概念的分析与理解，国内学者分歧也较大。"所谓融合，意味着边际界限的模糊、交叉、突破、浸润，媒体融合不仅仅是媒介介质的融合，更是移动互联网环境下产品形态的融合、经营模式的融合、产业发展的融合。"②"媒体融合的过程，实际上是持续发展的互联网技术及其应用迫使传统媒体从过去单一的传播渠道、内容和方式向平台化方向发展的过程。"③蔡雯认为："国内对媒体融合未形成统一界定，但普遍认为媒体融合是在技术、产业利益和社会需求驱动下，媒体以多种手段实现不同媒介形态的内容、渠道和终端等全方位融合的过程。"④"媒体融合是人类传播活动诸要素内部界限模糊的一种状态，这些要素包括技术、经济、主体、内容、规范等。"⑤王茂亮则认为"媒体融合应是基于传统媒体优势资源，引进互联网思维，用'TV+'主动拥抱'互联网+'，通过传统媒体基因与互联网基因的碰撞裂变、深度融合，从而实现体制机制、生产流程、产品形态、传播方式等的系统创新和整体转型"。⑥陈国权认为，媒体融合与媒介融合"一个字的差别，内涵却完全不同"。⑦ 尽管媒体融合与媒介融合在词义上存在差异，但从实践层面来分析理解，两者并无本质区别。我们都处在多媒介的媒体机构内，媒体之间的融合和媒介之间的融合是同一行为、同一改革，是同义语。

媒体融合"融的是理念和思路，合的是内容和技术，做的是协调和互动，求的是再造和双赢。媒体融合要具备六个条件，即观念融合、品牌融合、平台融合、用户融合、机制融合和资本融合"。⑧ 2003 年，美国西北大学里奇·戈登（Rich Gordon）教授根据不同传播语境下所表达的含义，系统地归

---

① 刘鹏：《传统媒体融合转型的若干趋势》，《新闻记者》2015 年第 4 期，第 11 页。

② 刘鹏：《传统媒体融合转型的若干趋势》，《新闻记者》2015 年第 4 期，第 12 页。

③ 高海珍、黄森：《"中国的媒体融合在全球处于领先地位"——专访中国人民大学新闻学院教授宋建武》，《新闻与写作》2016 年第 2 期，第 68 页。

④ 蔡雯：《媒体融合发展与新闻资源开发》，《西南民族大学学报》（人文社科版）2006 年第 7 期，第 13 页。

⑤ 韦路：《媒体融合的定义、层面与研究议题》，《新闻记者》2019 年第 3 期，第 32 页。

⑥ 王茂亮：《湖北广播电视台的战略与实践：用"TV+"重构广电媒体生态圈》，http://chuansong.me/n/1565628。

⑦ 陈国权：《媒体融合·媒介融合　一字之差 立意有别》，http://media.people.cn/n1/2016/0831/c40606-28678616.html。

⑧ 王庚年：《融合于品牌》，《新闻战线》2016 年第 9 期，第 26 页。

纳了美国当时存在的 5 种"媒体融合"类型：所有权融合、策略融合、结构性融合、采编流程融合、新闻呈现融合。①

以上有关媒体融合的定义与论述，有的立足于运行机制实操，有的基于理念层面分析，有的从历史或方法论的视角来阐述。有的分析简洁，有的阐述详细。"的确，有多少人实践融合、研究融合就有多少种融合的定义。因为在不同的国家和地区，融合的内涵随着国家的不同、文化的不同而发生变化，其他的影响因素还包括规范媒体所有权的法律和数字技术。"②坦率地说，无论学者还是从业者，他们的知识学养、实践磨砺、文化内涵乃至思考、分析问题的视角等差别有多大，关于媒体融合的分歧就有多大。

综上所述，媒体融合是思维观念、组织结构、体制机制等核心要素的共融共生及产业边界的模糊化，实现新老媒体信息、资源、资本等最优化配置、生产、传播与运营。媒体融合要基于新闻融合生产、传播思维，实现全方位服务，根据黏性较足的用户作大数据分析后研发出（移动）互联网+产品，在此基础上实现生活服务资讯的产品定制、推送以及全方位打破产业界限的市场化、产业化、集约化运营。

早在 20 世纪 80 年代，美、英等西方国家就已经着手媒体融合的实践探索和理论研究。尽管这些年传媒组织间的融合与拆分重组在持续激荡，但随着互联网等技术对传媒业的渗透，新兴媒体的强势崛起，融合成为众所周知的大趋势。媒体融合的推进速度在加快，有关学术思考与理论研究也相应成熟并引人注目。国内关于媒体融合的研究虽起步于 20 世纪末，但一直不温不火，直到 2010 年前后才引起学界关注。真正引起学界、业界高度重视并形成研究与实践热潮的是 2014 年下半年之后。这一年的 8 月 18 日，中共中央全面深化改革领导小组第 4 次会议审议通过了《关于推动传统媒体和新兴媒体融合发展的指导意见》，习近平总书记对媒体融合提出了具体目标，打响了媒体融合的发令枪。近年来，引进国外有关方面的专著和学术成果较少，国内有学术价值的专著也很少。虽然有关学术论文越来越多，但其中主要是经验性的介绍，多为源自实践的分析。有些论文虽然有判断，有初步的理性思考，但理论与实践相结合的理念、观点和思路难得一见。"国内研究分别从形势判断与趋势分析、电

---

① Stehen Quinn. *Convergent Journalism*：*The Fundamentals of Multimedia Reporting*［M］. New York：Peter Lang Publishing，2015：12.

② ［澳］Stephen Quinn、［美］Vincent Filak：《媒介融合——跨媒体的写作与制作》，任锦鸾译，人民邮电出版社 2009 年版，第 1 页。

视突围与融合创新、国内外融合实践经验和媒体融合的理论研究四个方面进行考察。对国外研究经梳理发现：国外研究多数从实践案例出发探讨电视与新兴媒体融合的可操作性，关于电视台的移动社交应用的研究多停留在表层的介绍上。从理论研究的层面来看，国外的研究并没有太多值得我们学习借鉴的理论成果。"①

近年来，在媒体融合研究中，媒体融合的策略和路径成为业界、学界关注的重点。有些学者重点关注生产传播的运行机制，有些学者侧重于经济和产业化发展视角，有些专家注意到了传统媒体与新媒体融合过程中的文化隔阂，有些专家注重分析阻碍媒体融合的体制机制因素，有些研究者关注如何进行新闻教育改革及全媒体人才的培养，还有不少研究者试图学习吸纳《赫芬顿邮报》、BBC 全媒体新闻中心等媒体融合的方案与举措来为中国的媒体融合探寻方向。总体而言，国内外学界、业界关于媒体融合的研究还处于起步阶段，分析现状、问题及成因者较多，提出有针对性、前瞻性和可操作性的解决问题的路径与方案者较少；论证媒体融合本质和动因者较多，提出媒体融合的战略规划与顶层设计者较少；介绍经验与做法的应用研究较多，提出切合实际并能够指导实践的建设性理论探讨较少。传统媒体与新兴媒体融合发展的理论研究缺乏前瞻性，主要原因是实践滞后。虽然国外在融合传播方面有成功的经验，如BBC，但中外传播环境、新闻管理体制机制等差异较大，国内传统媒体与新兴媒体融合可学习借鉴的案例较少。我国传统媒体与新兴媒体融合发展的实践时间尚短，中央广播电视总台及上海、江苏、湖南等地传统主流媒体正在作艰难的探索。"目前的研究仅提供了对未来融合状况的设想，诸多问题有待拓展与深化。"②当下，有些学者强调了互联网思维的重要性，但缺乏对融合思维的深度探讨及对融合实践指导性的分析。在体制机制创新、文化价值传播、融平台的建构和生产与社会关系的重构等方面国内外媒体融合的比较研究较浅显。不仅如此，在媒体融合研究中，对用户研究、大数据应用研究、技术开发引领支撑特别是内容生产与技术研发的融合研究等方面非常欠缺。此外，尽管有学者已开始着力于媒体融合产业化的研究，但融合政治经济学、市场营销学等知识与视角的交叉研究显然还不充分，尤其是业界、学界的联合研究非常欠缺。媒

---

① 谭天、张冰冰：《电视与新兴媒体融合研究综述》，《新闻爱好者》2015 年第 10 期，第 10 页。

② 陈力丹、熊壮：《2014 年中国广播电视研究的十个关键词》，《声屏世界》2015 年第 1 期，第 15 页。

体融合亟待扩大观察视野，拓展研究领域，进行新闻学、传播学、经济学、社会学等跨学科及跨领域的研究与探讨。

媒体融合必须遵循新闻传播规律、互联网等新技术发展规律和文化产业发展规律，坚持新传播艺术与新传播技术的融合创新与重构，注意吸收国外媒体融合发展的理论成果，注重在理论指导下开展融合创新实践。

当下，媒体融合缺乏理论支撑和指导，媒体融合举措和路径十分模糊且争议不断。"传统媒体与新兴媒体的融合发展面临着'三期叠加'的状况：无现成样本的摸索期、自我颠覆自我革新的阵痛期、新媒体业务扩张与传统媒体业务板块打通整合的消化期。"①传统媒体与新兴媒体融合发展需要有理论研究成果的指导，在理论指导下实践，有助于寻求有益的启示。但现实的情况是，国内外尚无令人信服的媒体融合的理论成果。实践正在继续，我们都在"摸着石头过河"。现有的一些理论成果，从某种意义上讲，仅仅是少数学者的某些观察或思考。这些观察与思考究竟对媒体融合有多少指导意义还有待验证。但是，任何一个理论或者观点对于长期从事新闻实践的人来说都有一定的启发，即使一些理论与观点在某些方面偏激或缺乏实践指导性，它也会鞭策、督促从业者在实践中作一些新的探索、反思。

建构一个令人信服的有指导意义的媒体融合的理论体系是非常困难的。媒体融合不是传统媒体与新兴媒体的组合、整合、叠加或相互取代，而是传统媒体如何与新兴媒体实现融合传播、一体发展。

第二节　媒体融合的本质和意义

一、媒体融合的本质

传统媒体是否会被自然地或者人为地淘汰出局？中国传统媒体会不会如美国传统媒体那样，经历一个完全任性的趋利避害、无情无义、弱肉强食的过程？顶层设计下的媒体融合可以规避以上风险吗？以上这些问题不得不引发作为媒体融合的学习者、研究者、从业者的思考。媒体融合受政治、经济、文化、技术和地域等条件的制约，受当地舆论氛围和社会生态影响，受一把手经

---

① 谢国明：《融合发展　包容生长》，http://opinion.people.com.cn/n/2015/1203/c1003-27883531.html。

历、知识、能力及个性掌控。"媒体融合包括自然的媒体融合和顶层设计的媒体融合。两种媒体融合,起点与终点都不一样。"①

媒体融合就是一个传媒机构拥有多个媒介平台,实现内容的多平台出口,使得传播能力最大化,这是媒体融合模式的典型特征。"媒体融合是一场自下而上、不可阻挡的产业革命。"②将媒体融合仅仅判断为产业革命显然有失偏颇。中办、国办下发的《关于推动传统媒体和新兴媒体融合发展的指导意见》提出,推动媒体融合的目的就是要充分运用新技术、新应用创新媒体融合传播方式,占领信息传播制高点,掌握网络空间话语权,巩固宣传文化阵地,保障文化安全和意识形态安全。这是主流媒体的历史使命和社会责任。提升新闻传播力、引导力、影响力和公信力,坚守舆论阵地是媒体融合在意识形态方面的主要目的与诉求。将媒体融合仅仅判断为自下而上的行为,也与实际不相符。"而在去年与今年,之所以从国家层面强调推动传统媒体和新兴媒体融合发展,正是因为无论在产品层面、技术层面还是市场层面,关于媒体融合发展的需求都非常强烈,并且已经成为了一种社会现实。大势所趋之下,对于国家管理层面来说,遏制媒体之间的融合发展成为最不明智的行为,倒不如出手干预,引导其走向正确的方向。"③从这几年媒体融合的实践来看,国家层面的管理从没有听说有遏制之念,也没有遏制之举。有学者认为,互联网的进化推动了媒介融合的样态从"传者和传者之间的融合""受者与受者之间的融合"走向"传者与受者之间的融合",而"传受融合"才是媒体融合的本质内涵。④ 该观点侧重于传播学思考,仅粗浅分析了媒体融合的传受关系,并没有揭示其本质诉求。

自 2014 年初至今,中共中央宣传部、国家广播电视总局等有关部门多次发文强调部署媒体融合,正是在有关政策的强烈推动下,各级新闻机构才将媒体融合作为改革创新之举而大力推进。因此,如果说欧美一些国家的媒体融合已经成为自上而下的媒体公司驱动过程和一个自下而上的消费者驱动过程,在我国,媒体融合则是国家战略,既是自上而下的政策驱动过程,也是一个自下而上的用户驱动过程。中国的媒体机构在其间已经无法观望、等待,只能乘势而上、顺势而为。媒体融合是一场自上而下与自下而上相结合的革新。如果各

---

① [美]杰罗姆:《美国六大传媒巨头陆续分拆与解体,报业终结!》,http://www.tmt-post.com/1035081.html。

② 刘珊、黄升民:《解读中国式媒体融合》,《现代传播》2015 年第 7 期,第 1 页。

③ 刘珊、黄升民:《解读中国式媒体融合》,《现代传播》2015 年第 7 期,第 3 页。

④ 党东耀:《互联网进化路径与媒介融合模式的变迁》,《编辑之友》2015 年第 11 期,第 72 页。

级媒体机构能意识到媒体融合的意义并将媒体融合作为其事业、产业发展的内生动力，自觉自愿地自下而上地推进之，那么，自我革新的媒体融合实践将少走许多弯路。

詹金斯提出了媒介融合的六个过程：技术融合(数字化)、经济融合、产业横向融合、多任务社会融合、文化融合(受众内容生产)和全球融合。詹金斯知道，技术融合是文字、图像和声音转化为数字信息的结果。他认为，技术融合有助于不同媒体(包括印刷、广播、电视和在线媒体)之间的信息传输。真正的媒体融合是生产、传播、运营、消费全方位的彻底的融合。媒体融合的本质是融，非合也；是参与、互动、协同、共赢，是以信息技术进行新闻消费行为的改革和新闻商业模式的创新，而不是供稿方式多媒体、多介质、多渠道的简单叠加；是新老媒体资源、渠道、终端等优势的互补，是内容生产、传播、营运、竞争优势的进一步提升。因此，媒体融合的本质诉求至少涵盖四个方面：生产集约、传播优化、效率提升、价值增值。其最终诉求是发展，是优势互补、利益共享，而不是简单、草率、形而上的整合或组合。

二、媒体融合的意义

关于媒体融合的意义，学界、业界争议不断。美国学者布莱恩·布鲁克斯(Brian Brooks)认为："媒介融合是一个新闻学上的假设，也称作媒体融合。媒体融合的核心思想就是随着媒体技术的发展和一些藩篱的被打破，电视、网络、移动技术的不断进步，各类新闻媒体将融合在一起……但是到今天为止这个概念仍然是一个假设，关于为这个假设进行的研究，到今天为止大概有四十多个项目。"[①]一些人认为媒体融合本身就是一个伪命题，电视、广播、报纸与新兴媒体能融合吗？郭全中认为，所谓的"媒体融合"，其实是一个伪概念，"真正的概念就是互联网会到来，最终把传统媒体融掉，然后发展壮大"。"事实上，从媒体功能角度来讲，互联网绝对是要完全替代所有传统媒介形态的，因为它能承载传统媒体所有的功能。从这个角度讲，传统媒体是要被消灭掉的。""今后如果媒体产业做得足够好，倒过来养一张报纸、一家电视台，也是有可能的。那时候报纸、电视可能只作为一个LOGO、一个品牌存在。"[②]这一

---

① 高钢、陈绚：《关于媒介融合的几点思考》，《国际新闻界》2006年第9期，第51页。

② 郭全中：《媒体融合与转型》，转引自王旻、孙若曦、柳巍然、张润竹：《专访郭全中："媒体融合"是个伪概念》，http://news.e23.cn/content/2014-11-14/2014B1400549.html。

观点过于偏激、武断，其对电视等传统媒体的传播特性、比较优势及顽强的生命力还缺乏真正的了解。

传统媒体与新兴媒体融合有意义吗？有人认为新旧媒体之间存在巨大差异，像水与油一样难以融合。在20世纪90年代中后期，当电视蓬勃发展，广播面临生存危机时，一度认为电视将淘汰广播的人，在看到交通台兴旺发达后，又认为电视取代不了广播。他们认为，广播听众与电视观众是不同的受众群，其市场有交叉、重叠，但不可能同化、取代。省市广播电视组建广电集团或广播电视总台，虽然在一个党委领导下，但许多广播、电视台至今仍独立核算，自负盈亏。不少从业者认为广播、电视是不同的业态，市场差异太大，强扭在一起即所谓的1+1不会大于2，只会小于2。许多省市广播电视台虽然合并多年，但广播、电视基本上仍各行其是，老死不相往来。有些传媒集团的广播与电视不但没有形成发展的合力，合并后反而不断产生内耗。有同行说，在一个党委领导下的广播与电视都融合不起来，还如何去融合发展潜力更大、市场等前景更好的新兴媒体？

就国内广播电视台合并重组的情况看，绝大多数省台重组情况不理想，就其节目生产和经营管理而言，反而是电视、电台各司其职的较平稳，试图重组的反而矛盾重重，举步维艰。于是，不少人认为传统媒体与新兴媒体的关系如同广播、电视一样，不同的业态有不同的生产、运营、管理规则，不同的业态只能独立运行，不能融合。以行政手段促其合并、融合是不切实际的"拉郎配"。这些人批评媒体融合是画大饼，玩概念，只有生搬硬套、未必行得通的案例，而无成功经验与模式。至今，仍有不少人认为媒体融合就是一种传媒理想。在中国传媒业现存体制下，一个媒体去融合另一个媒体，谈何容易？2017年1月初，一位传统媒体负责人曾公开发表言论：媒体融合怎么搞？各方利益如何平衡？各个诸侯的山头怎么削平？有的传统媒体一把手更是一声叹息：不动人大家干不成事，动了人我干不了事。业界也有不少管理者一谈到报业与广电的融合就"谈虎色变"。成都新闻传媒集团曾经的改革试点成为广受诟病的证据。这些质疑和担忧并非完全没有道理，相关争议也提醒我们应更加清醒地认识到媒体融合确实存在一些认识与实践误区。

微信、微博、长视频、短视频、手机客户端等新兴媒体不断升级、快速发展重构了新闻传播与舆论的格局。人工智能、"云"、数据等在新闻生产与传播中所起的作用越来越突出。在融媒体时代，传统媒体产品的生产、传播、营销、消费方式都面临颠覆性的变革。传媒人如果仍然固守原先封闭落后的思维方式与理念，还不清醒地认知所面临的生态、困境及问题，还对自己过去的套路、经验与做派自鸣得意,再不进行全方位、彻底的自我颠覆与重构,那么,衰败是迟早的事。我们不必纠缠于究竟是循序渐进、稳打稳扎,还是刮骨疗毒、壮士断腕,传媒业的机遇往往不知不觉地发生在深刻的危机之中,身处危机之中的传媒人理应十分清醒、高度敏感而警觉,并切实施行对现存生态、境遇、秩序的反思与检讨。

当下,用户接受新闻资讯客观上已呈多元化趋势,作为传播者应顺势而为,将多元化的理念具体贯彻到融合产品的设计、生产、传播的策略与方案中。在互联网时代,云计算、大数据、智能终端、多元传播介质以及社交关系传播、移动传播等交织融合产生新媒体生态,新兴媒体开启了一个拥有无限可能性的崭新时代。传统媒体正面临新兴媒体越来越直接、激烈的冲击,这种冲击迫使传统主流媒体从业者不得不放下身段,自觉、主动、全力以赴与新兴媒体走融合传播、融合发展的共赢之路。无论从内容传播,从提升传播力、引导力、影响力和公信力的角度看,还是从媒介经营的角度看,传统媒体与新兴媒体融合都是大势所趋。

相对于中央新闻媒体,省市传统媒体的组织较混乱且高度体制化,发展思路较为陈旧落后。几年前,传统媒体人对网络的重要性还不屑一顾,即使是清醒早、动手快的传统媒体也只是创办了新闻等节目二次传播的新闻网或建立了基础性的以小额营销为导向的网站。

2013 年 8 月 19 日,全国宣传思想工作会议后,部分传统媒体才开始重视新兴媒体的新闻传播。真正重视传统媒体与新兴媒体融合发展是 2014 年 8 月份之后的事。传统媒体正处在与新兴媒体融合发展的关键时期,各种融合发展的论点莫衷一是、层出不穷。当下,有些决策者和主要执行人对媒体融合的重大理论、关键问题和媒体融合实践缺乏清醒科学的认识和准确判断,缺乏理论与实践相结合的思维精准度,缺乏敢为天下先、舍我其谁的勇力、魄力和决断力。

现存传媒业的生产关系严重阻碍了传媒生产力的发展,已成为其发展的桎梏。不认清严峻现实,媒体融合的紧迫性、必要性就无从谈起。传统媒体不会解体死亡,但正面临前所未有的生存与发展压力。传统媒体人面临思维方式、组织形态、管理体制、生产传播机制、运营方式、盈利模式、人才结构等一系列自我解构。这一系列解构的核心是颠覆传统的生产关系,探索与新的传媒生产力相适应的生产关系。这是传统媒体与新兴媒体融合发展的主旨与追求。

媒体融合不是传统媒体与新兴媒体的联合、组合、整合、集中与嫁接,它应该是取消小作坊、小单体承包，破除板块割裂，在互联互通、共生共融中寻求突破与发展。部门与部门之间、频道(率)与频道(率)之间、台与台之间、传统媒体与新兴媒体之间深度融合，新闻与技术要融合，内容生产与渠道发布要融合，传播与经营要融合。这种融合是贯穿生产、分配、交换、消费全过程跨地区、跨行业的全方位融合。它是包含思维方式、生产方式、传播方式、营销方式、人才培养等方面的镶嵌式融合。理解融合，还需要理解媒介及媒体各种界限的消融及生产关系的变化，包括媒体之间、媒体与用户之间、行业之间，甚至人与机器之间等，在此基础上构建新要素、新关系、新模式。

传统媒体与新兴媒体融合的目的不是谁替代谁而是共同发展。我们不否认传统媒体与新兴媒体之间的功能与市场有互补关系，有互补关系就一定要独立存在吗？越是存在互补关系就越有必要在一个统一的大中心和大平台上实现相辅相成、优势互补、融通融发。推动媒体融合向纵深发展，"要深化体制机制改革，加大全媒体人才培养力度，打造一批具有强大影响力和竞争力的新型主流媒体，加快构建网上网下一体、内宣外宣联动的主流舆论格局，建立以内容建设为根本、先进技术为支撑、创新管理为保障的全媒体传播体系，牢牢占据舆论引导、思想引领、文化传承、服务人民的传播制高点"。[①]

媒体融合有以下几个方面的战略意义和现实意义。

(一)维护意识形态安全，践行网络强国战略

媒体融合是党中央巩固宣传思想文化阵地、壮大主流舆论的重大部署；是定国安邦、切实掌控意识形态主导权的国家战略；是服从服务于网络强国战略目标的现实选择。只有从这个高度来理解、研讨媒体融合才能找准正确方向。"如果我们仅仅讨论传统媒体怎么转型，媒介融合的格局就小了，必须以国际的视野，在与世界先进国家的竞争与博弈中，在网络强国的国家战略背景之下，才能够真正领会媒介融合的重大现实意义。"[②]

(二)牢牢占据舆论引导、思想引领、文化传承、服务人民的传播制高点

网络渗透、造谣中伤、网络煽动等对国家形象、国家命运构成威胁，为此，必须全力推动媒体深度融合，让主力军转战主战场，在全媒体传播体系的

---

① 《习近平主持召开中央全面深化改革委员会第十四次会议》，http://www.xinhuanet.com/politics/2020-06/30/c_1126179095.htm。

② 方兴东、胡智锋、潘可武：《媒介融合与网络强国：互联网改变中国——2015〈现代传播〉年度对话》，《现代传播》2015 年第 1 期，第 12 页。

构建中牢牢占领舆论引导、思想引领的传播制高点。与此同时，我们要坚定道路自信、理论自信、制度自信、文化自信，在深度融合中构建新型主流媒体，在新闻+政务+服务中牢牢占领文化传承与服务人民的传播制高点。

（三）建构全媒体传播体系

融合传播具有快捷、广泛、丰富、平等、立体等特性。在融媒体平台，新闻传播增加沟通与互动，传者、受者交流与互动显得更为平等、更接近。传播内容与传播形式互补能形成相得益彰、更有集束传播效应的立体化传媒格局。只有构建全媒体传播体系，才能取得互联网领域的舆论主导权，抢占意识形态新的主阵地。只有坚定地走媒体融合之路，才能建构立体的现代传播体系，才能引导舆论新格局、新效能、新利益。

（四）提升传播力、引导力、影响力和公信力

新兴媒体用户的激增、需求的变化促进了新兴媒体传播力、影响力的显著提升，迫使电视等传统媒体改进、创新传播思路与服务。媒体融合传播是强化舆论引导，着力传播正能量，提升传播力、引导力、影响力和公信力的必然要求。2013 年 8 月 19 日，习近平总书记在全国宣传思想工作会议上强调："宣传思想工作创新，重点要抓好理念创新、手段创新、基层工作创新。""理念创新，就是要保持思想的敏锐性和开放度，打破传统媒体思维定势，努力以思想认识新飞跃打开工作新局面。手段创新，就是要积极探索有利于破解工作难题的新举措新办法，特别是要适应社会信息化持续推进的新情况，加快传统媒体和新兴媒体融合发展，充分运用新技术新应用创新媒体传播方式，占领信息传播制高点。"①媒体融合是传媒人提高传播力、引导力、影响力和公信力的使命所在与责任担当。

（五）构建高效集约的战时机制

在新老媒体融合发展的战略背景下，少数传统媒体要么固步自封、等待观望，要么一味克隆、随意拍板，缺乏对媒体融合发展和新环境、新生态下新闻传播的规律性认识，缺乏系统化的战略规划，缺乏明确的战术方案。电视等传统媒体的生产传播运营机制虽经频道（率）制、中心制等多次改革，但仍存在指挥机构重叠、效率低下等弊端。许多单位新媒体业务的发展基本上是单兵作战、各自为政，经营主体过于分散，仍然沿用传统媒体的管理体制，与传统的主营业务缺乏调适配合，没有形成有效的协同效应。

---

① 转引自黄玥：《关于媒体融合，总书记这样说》，http://news. xinhuanet.com/politics/2016-02/20/c-128736695.htm。

　　媒体融合要取得突破性进展就必须在优化规模结构、完善运行机制和管理制度方面的改革上取得重要成果，以建构具有本地特色，能够打赢新闻战、营销战，有效履行使命担当，着力提升新闻生产传播营运效率的战时机制。

　　（六）探索人才集聚的激励机制

　　伴随着影响力、创收能力的下滑，传统媒体现存的人力资源工作和人才集聚机制的弊端，特别是人才绩效考核体系落后、激励机制不健全、同工不同酬等问题暴露无遗。媒体融合关键在人，如何把人放在第一位至关重要。在媒体融合进程中，我们要竭力探索人才集聚的机制，广泛吸纳一专多能的优秀人才。

　　（七）创造新的产品与需求

　　媒介与它所提供的服务之间存在的一对一关系正在被侵蚀，在融合资源、资本、平台和渠道的基础上，媒体从业者必须研发生产适应多平台、多渠道推送与传播的融产品，根据用户的习惯和个人偏向，提供精准定制化服务，创造并满足用户的新需求。

　　（八）探索、研究盈利新模式

　　传统媒体与新兴媒体融合发展还要建构适应互联网和大数据时代的盈利模式。当下，大多数传统媒体仍然依赖于广告收入，即使有一些媒体实施公司化运营，如房地产投资、文化产业园运作等，但真正盈利的项目并不多。融媒体环境下新的盈利模式亟待培育，如何着力降低边际成本，不断提升综合效益对许多媒体来说是一种新考验。

　　在新的融媒体生产传播格局下，我们要竭力优化资源配置，释放资源潜力，提升效率，节约成本，集约发展，提升自身的综合实力。"融合与分离是事物发展的常态，所以，媒体融合与否会随着时间的发展而改变，分与合、聚与散，这是事物发展过程中的辩证统一。"①用全面的、发展的、辩证的思考方式从事媒体融合实践至关重要。媒体融合要坚持融中有分，分中有融，融合是大方向、大趋势，融合是针对多年来频道制、制片人制、项目制等不融不合、"军阀"割据、山头林立的颠覆性变革。

　　媒体融合是传媒人面临的重大抉择，不是你愿不愿意融合、要不要融合的问题，而是何时融合、如何融合的问题。对这个问题不清醒、不理性、不果敢，决策者就会误判，甚至错失发展的战略机遇。

　　当下，传统媒体面临与新兴媒体融合发展的压力、机遇与挑战。有一些传

---

　　①　刘珊、黄升民：《解读中国式媒体融合》，《现代传播》2015 年第 7 期，第 5 页。

媒人认为，电视、广播、报纸等传统媒体要有危机意识，但不必人云亦云。新兴媒体难以对电视等主流媒体的传播优势构成致命威胁，不必慌张，要有定力。与此同时，一些学者认为，在"互联网+"和大数据时代，电视等主流媒体面临的冲击是显而易见的，不清醒地认识到危机与压力，不尽快采取果决措施，即使短期内不出现断崖式下滑，也必然面临逐渐衰退的境遇。传统媒体与新兴媒体的融合发展就是一场全方位的革新。在这场变革中，是传统媒体人自己革自己的命，还是被动地让人家来革自己的命？其实，媒体人已没有选择。自己革自己的命，抢抓机遇，乘势而为，自我颠覆与重构就有发展的可能，就有成功的机会。让人家来革命，有两种可能：一种是被兼并，也许活得还行；另一种可能是被动挨打，输得很惨。不少人猛烈抨击《90%的城市电视频道必死，生死之下如何抉择？》一文，他们认为电视台不会消亡，即使电视广告等收入出现断崖式下滑或严重亏损，各台的新闻频道也不会死。党报、电视新闻频道作为党和政府的喉舌，党和政府不会见死不救。当下，简单地讨论生死意义不大，高度重视报业、广播电视台面临的困境，及时反省并自救才是重中之重。媒体融合发展向纵深推进需要正确理念和思维指导下的科学而果敢的决策与行动。传统媒体与新兴媒体并存、博弈、融合势必出现犬牙交错的复杂局面，或将经历痛苦而漫长的过程。我们是熟视无睹、隔靴搔痒，还是冷静观察、顺势而为？决策者需要做出理智清醒的判断，进而采取积极果断的行动。

总之，加快推进传统媒体与新兴媒体融合发展，是掌握舆论主导权，提升舆论引导力，确保导向正确，确保意识形态安全的必然选择，是融媒体时代媒体管理和发展的战略举措。与此同时，我们还必须清醒地认识到媒体融合不仅是自上而下推动的国家战略，更是一个自下而上由媒体人和用户共同推动的进程。媒体融合必须有用户参与，任何媒体融合的模式都必须是开放的包容的，要放在融合政治、经济、文化的大背景下去思考。媒体融合不是被动驱使而应是主动求变，不形成此共识，媒体融合将一事无成。

第三节　媒体融合的认识误区与实践探索

一、媒体融合的认识误区

自 2014 年 8 月以来，全国各级媒体掀起了媒体融合的热潮。大家根据各单位的实际因地制宜地探索有特色的媒体融合之路，取得了一些令人瞩目的业绩。但目前学界、业界确实存在一些认识与实践误区，有必要加以分析、论证。

（一）台（报）网联动，体制机制改革滞后

许多人认为传统媒体与新兴媒体的融合就是报网联动、台网联动。对互联网竞争环境认识模糊，对智媒时代的技术革命反应迟缓，对全媒体生产传播的新格局判断不清，适应、促进全媒体生产传播的人才机制、战略投资机制、考核奖惩机制等体制机制改革严重滞后。

前几年，互联网广告盈利还微不足道。互联网等新兴媒体主动积极谋求与传统主流媒体搞网台共振、网报联动，希望与电视等主流媒体资源捆绑，共同开展活动或广告联动。对此，报社、电视台似乎没什么兴趣。2015 年初以来，报纸、广播、电视媒体创收大幅度下滑，手机台等新兴媒体处于均衡增长态势，视频网站和社交媒体快速成长，此时，传统主流媒体才开始主动、积极去迎合新兴媒体，谋求与互联网等新兴媒体互利共赢。

一些传统媒体人认为，新兴媒体不过如此，对报纸、广播、电视有一些冲击，但不会造成党报、广播、电视的衰落。互联网、手机报等对晚报、小报有较大的冲击，但不至于对党报、广播电视台构成致命威胁。某些人仍然坚持认为党报、广播电视台是党和政府重要的喉舌和工具，相关部门一定不会见死不救，因此，不必慌张，不要急躁冒进。他们认为，传统主流媒体实行报网联动、台网联动即可，至于传统媒体与新兴媒体的融合程度及成效不必苛求。有人认为，让从事新闻业务数十年的人去干新媒体业务是笑话，是东施效颦。也有人认为，报纸、广播、电视"全心全意"去拥抱互联网会貌合神离，白忙一场。当下，不少人不想干或者不愿干，不求有功，但求无过，生怕媒体融合触犯自身利益，不想引火烧身，只求平安脱险。面对新兴媒体的冲击，有些人犹豫、彷徨、坐立不安，普遍缺乏冷静的理性思考。

近年来，一些传统媒体加大了触网的力度，积极引入微博、微信、网络论坛等新媒体元素。如此引入不是融合，这是低层次的联动、互动或者说投机取巧。把报纸、广播电视节目原封不动地搬到新媒体上，是最简单最粗放的做法。

报网联动、台网联动的缺陷是仍然把报纸、广播、电视放在核心地位，把新兴媒体放在服从和辅助地位，想通过新兴媒体为传统媒体提供更多更好的延伸服务来实现转型。这显然是目的与手段相混淆的错误思维。报网联动、台网联动仅仅是内容生产的拓展和延伸，仅此而已。把党报、广播、电视已生产播出的节目原封不动地平移到网站等新媒体上再传播，搞个 APP 终端，设立个微信、微博的官方账户就以为移动互联了无疑是自欺欺人。传统媒体与新兴媒体融合在节目中的呈现仅靠新瓶装旧酒是错误的。网络引发用户行为方式的变化，产生了新的收视诉求与习惯。当下，有的媒体仍然在探索报网、台网融合的模式，在新闻中心内筹建新闻网络编辑部，这条路走不通。实践将进一步证明用传统媒体的理念和模式去做新兴媒体，进而实现所谓的报网、台网融合是死胡同。

报网、台网联动就其概念与思维而言本身就是不恰当的。从许多单位报网、台网联动的实践来看，联动的效益较差，形式大于内容。一些媒体机构正在想方设法走媒体融合之路，但合的多，融的少，或者说根本就没有融，最多是组合、整合或联合。报网、台网联动没有根据新老媒体特别是以移动端为代表的新兴媒体的传播特点和用户消费习惯来创新生产与传播手段、路径。实践证明，传统媒体与新兴媒体必须从组织机构到运行机制等方面进行全方位的融合，从生产、分配、交换、消费四个环节进行深度融合，才能实现一体发展。

（二）过度兴办新媒体，"小、散、滥"问题突出

有人认为，媒体融合就是在传统媒体内大力兴办新媒体，通过开办自有新闻网站等形式介入新媒体领域是传统媒体突围的利器，大力发展新媒体才能实现报业、广播、电视自身的转型。这种观点理论上有偏差，实践中也行不通。有些传统媒体想依靠自身的影响力学习新浪等门户网站的经验来做地方门户网站，这种思路根本就没有认清互联网的运作规律。互联网获得广告投放要有相当的流量要求，而这个流量要求单纯依靠传统媒体自己创办的门户网站难以达到。区域分割、行业分割以及四级办电视等行政管理体制决定了传统媒体小、散、乱、弱的格局，省市传统媒体没有足够实力打造大型门户网站。

近年来，许多国家级和省级媒体投入巨资，抽调精兵强将开办各类网站、新闻客户端等。地方党委和政府也加大了对传统媒体兴办新媒体的资金扶持。如上海市委市政府每年给解放日报社、文汇报社各5000万元的资金扶持。江苏省每年给新华日报社3000万元的资金扶持。南京市提出参照省里扶持力度，省里扶持省级媒体多少资金，市里就扶持市级媒体多少资金。广东省委省政府从2013年起，每年拿出1.5亿元，给南方日报社7000万元，羊城晚报社5000万元，广东电视台3000万元，连给3年。① 坦率地说，报业、广播、电视投资打造的新兴媒体取得显著效益的很少。原因就在于弄错了融合的主体，以传

---

① 参见赵姗：《传统媒体与新媒体如何有效融合？》，《中国经济时报》2014年9月24日。

统媒体为融合主体，还是以互联网为融合主体？这个问题不搞清楚，认识与思维不统一，媒体融合之路必然走不通或走弯路。

在报业、广电传媒集团(台)内部组建新媒体中心的思路也是一种误区。误就误在将思路定格在传统媒体思维上。这不仅无法融合资源、融合生产、融合传播，反而会增加成本，造成新的"势力范围"和"军阀割据"。如此思考、理解、谋划媒体融合怎么会不走弯路？怎么能有所突破？省市媒体无法像中央级新闻媒体那样在巨额资金投入后通过"做增量"来提升媒体融合的信心，省市媒体只能在"改存量"上下功夫，通过颠覆与重构来寻求全方位、多层次的深度融合，进而拓展媒体融合发展的空间。

作为传统媒体，一方面要根据自身的实际尽快适度发展新媒体，另一方面也要实事求是地分析自身的优势与劣势，选择与新媒体合资合作。无论是自己发展新媒体，还是与新媒体合资合作都是为了走传统媒体与新兴媒体融合发展之路。传统媒体的出路不在于抛弃自身的传统优势，不在于完全转型搞新媒体，而在于寻求传统媒体与新兴媒体的融合共生、融合发展之路。这是未来探索的方向。

有人说细节决定成败，也有人说细节决定好坏，方向决定成败。他们以各自的视角或在自我设定的论域里分析问题，都认为自己有道理。就媒体融合而言，首先是明确方向。只有方向对了，才能找准路径，少走弯路。

传媒人都清楚协调比自主创业困难得多。每协调一件事，恨不得立即成立一个协调部门，或一把手亲自挂帅。新媒体建设理应在一体化布局下，在融媒体中心内部建设与发展，这是共融共生的举措，切不可各自为政，画地为牢。传统媒体发展的正确方向应该是和新兴媒体的彻底融合、一体发展。对传统媒体而言，被动颠覆还是自我革新差之甚远。推倒传统媒体思维与理念之墙，推倒物理阻隔空间之墙，才有可能产生化学反应。当下，我们正处在一个万物互联的传播环境下，新技术的发展和运用在促进新兴媒体发展的同时，也给传统媒体带来了新的难得的发展机遇与空间，因此，传统媒体要抓住机遇，基于融合创办新媒体，立足发展构建融平台。

(三)"唯技术论"，缺乏技术与内容镶嵌式融合的理念与举措

近年来，在"互联网+"的大背景下，大量的新技术、新设备正在颠覆传统媒体的生态。VR、AR、MR、大数据、云平台等一系列新技术的应用迫使我们不得不进行生产、服务、传播、运营等方式的重构，特别是移动互联网技术正在动摇传统媒体生存与发展的基础，其冲击力远超我们的想象。指望稳妥的渐进式的变革来迎接其挑战未免太被动、太乐观、太荒唐。媒体融合创新传播

方式、拓展传播渠道必然要运用一系列新技术。与此同时，我们要时刻警惕陷入"唯技术论"的误区。媒体融合强调技术的极端重要性本身没有错，但技术先行异化为技术唯一、技术孤行就偏激了。个别单位花了巨资搭建了较好的技术平台，但内容生产与技术保障无法真正融合，结果靠技术外包维持生存，这不是媒体融合的正确方向。

(四)沿袭互联网发展之路，全媒体营销及业务模式创新乏力

部分传统媒体的负责人认为转型发展的出路是拥抱互联网，互联网+电视(报纸)就是未来，媒体融合只能沿袭互联网发展之路。这是一厢情愿。媒体融合必须强化互联网思维，但不能简单地走以资本作为主要驱动力的互联网发展之路。传媒业不能步互联网产业的后尘，传统主流媒体不可能被外资所控制。新闻从来不是买卖，新闻模式同商业模式是两套逻辑和话语体系。在新闻模式里，公共服务是其出发点和目标。

传统媒体早已不再具有单一属性与功能，不仅仅是"传声筒"，也不是只会盈利的企业集团，它的工作是兼有政治、文化、技术、产业、组织等功用。报纸、广播、电视既生产价值也生产利润。正因如此，传媒人要研究政治经济学，用讲政治的意识、眼光与担当，用经济学的视角与理念，用文化研究的工具来分析、研究、判断我们所面临的危机、挑战与机遇。我们可以学习借鉴百度、阿里巴巴和腾讯等互联网企业的创新意识、产品服务意识以及盈利创收手段，但不能简单地套用其成功的商业模式来建构媒体融合的运营模式。

传统媒体与新兴媒体的融合不能把发展目标和发展模式混为一谈，争论究竟是互联网+电视(报纸)，还是电视(报纸)+互联网没有实际意义。谁加谁有那么重要吗？简单相加能有效果吗？"互联网+"指的是拥有、依托于数字化背景下的算法匹配机制，为用户提供个性化服务，进而盈利的产业模式。从这个角度分析，互联网+电视(报纸)，加的是部分电视、报纸的内容产业，而不是全部。这是基于产业发展的思考。传媒人首要的任务是提供公共服务，激浊扬清，舆论传播与引导的功能职责一刻也不能放弃或松懈。如若新闻媒体接受了外部资金，其独立性与社会责任又该如何权衡？

不能简单地把互联网理解成一种技术、模式、平台。它是一种基因或血液，传统媒体人最缺的是这种基因。互联网+电视(报纸)如同互联网+金融、互联网+旅游等，它就是一种产业发展模式，千万不能拿它来谋求"业绩"。媒体人当务之急是根据本单位实际，制定一个中长期规划，先谋求融合生产与传播，再逐步谋求融合发展。

当下，互联网成了"宠儿"，许多媒体都想去拥抱它，谁能给它带来利益

与财富，它就与谁拥抱，就加谁或主动被加。我们不能随意指责互联网就是"万金油"或"墙头草"，这其实是由市场经济法则决定的，是资本与谋利的力量驱使的，其选择无可厚非。但从许多与互联网拥抱的媒体融合发展实践效果看，它们大多不是"夹生饭"，就是节庆化、仪式化媒体融合，没什么实绩，还折腾得不轻。

面对互联网商业模式的挑战，许多传统媒体传统业务模式逐渐遭到淘汰，新兴业务模式目标模糊，跨界融合、全媒营销、裂变营销、新技术营销与应用及"内容+政务+服务"等新的业务模式还在摸索中。

澎湃、新闻头条、乐视等所拥抱的互联网是互联网创意和拼搏的精神，这对传统媒体人有启示作用。不能简单地模仿与克隆，传媒人亟待激发最欠缺的创意与拼搏精神。

（五）缺乏用户思维内核

媒体融合如果仍然固守内容为王，实践中就会缺少用户思维的内核。在媒体融合实践中，传统媒体人习惯于从内容出发，固守传统的内容选择、策划、设计模式，其生产理念与生产方式普遍缺乏用户思维、用户意识，对新媒体产品的规划缺乏大数据意识，对于用户关注的热点、焦点、冰点、痛点的把握欠准，内容生产的盲目性、随意性较大，适应用户需求的分众化、差异化表达与传播方式严重滞后。

关于内容是否为王的讨论可以说众说纷纭、莫衷一是。有人从价值层面去分析，有人从商业层面去论述，有人依据狭义的内涵去思考，也有人借助广义的内容去阐述。讨论时，不少业界、学界人士偷换概念。

无论是传统媒体还是新兴媒体，其竞争的前提或生存法则是内容原创。不高度重视内容就会迷失方向、迷失自己，就会瞎折腾或被折腾。正因如此，媒体人要想方设法、竭尽全力生产有个性、有深度、有温度、有价值的内容。

媒体的核心竞争力是什么？内容！做优内容，做强品牌是硬道理，是媒体人干事创业的本钱和底线。在融媒体时代，新闻品牌对于用户来说仍然具有很大的吸引力。这是长期积累而形成的影响力和公信力。媒体真正想要获得稳定的用户并实现持续盈利就必须有持续更新的、高质量的、原创性的内容产品。内容必须有用户的主动参与和分享才能成为有价值的内容，才有称王的可能。在媒体融合进程中，媒体人要清醒地认识到内容生产是立足之本，如何向用户提供喜闻乐见、有持续关注度和吸引力的内容是传媒人面临的新挑战。

媒体人都知道要创造媒体的核心价值，要靠核心价值去提升核心竞争力。媒体的核心价值是什么？显然是内容。靠专业精神和素养打造的独家的、有传播价值的内容是媒体人孜孜以求的目标，每个传播内容所蕴含的价值都是大家付出的心血积累提炼而形成的。

媒体人常常面临做内容与求利润的矛盾。因为做内容的方式、渠道与追逐商业利润的方式、渠道常常是迥然不同的。传统主流媒体常常以其客观、真实的报道胜出，以其幽默、调侃、犀利、严肃的点评来吸引观众，以其客观公正和独特性、专业性取胜。做内容、创品牌和挣钱是一个道理，关键是定位。定位不准确不可能成为品牌，栏目开播后定位飘忽、易变，也不可能成为品牌。不久的将来视频网站、新媒体公司与电视台、电视制作公司合作投资生产电视产品会成为常态。虽然许多人认为网络和视频网站、手机客户端都是娱乐为王，新闻资讯只是锦上添花，但澎湃新闻《打虎记》《人事风向》等栏目以及中央纪委网站的《审查》之所以令人瞩目，正是因为这些栏目的内容独特、权威、品质优秀。在手机上看最新新闻资讯是大势所趋，传统媒体对此应高度重视并切实强化与手机客户端、移动电视及热点网站的合作。

无论传播渠道如何变化，无论技术如何创新，传播的内容都是至关重要的。服务、渠道、用户在新兴媒体蓬勃发展的环境下的确很重要，但它们能取代内容成为最重要的因素吗？无论商业模式、盈利模式如何领先，其赖以生存与发展的内容本身的吸引力、公信力、美誉度及价值每况愈下，那么，无论传统媒体还是新兴媒体都会走向衰败。

就内容而言，不必过度贴上特别的标签。新闻传播承担教育大众、传递事实与真相的使命。正因如此，内容显得极为重要。然而，如果我们固守内容为王的观念就过度了。传统媒体的用户和渠道是其生存与发展的关键。电视、广播、报纸的传播模式和传播特性决定了其传播控制者地位，占领渠道，主导传播，受者只能被动接受。地方媒体的新闻资讯类节目尽管并不吸引人，但也常常令人不得不看。由于内容的制作和传播控制权掌握在自己手中，传统主流媒体的从业者强调内容为王不足为怪。因为强调内容为王，媒体人就能天真地认为自己还能说了算。但现实的状况是，传统媒体的内容生产经过选题、策划、采编、制作等之后，其传播的新闻与 APP 或微信上百把字的新闻资讯没什么区别，因内容乏味、乏力，其传媒资讯的有效信息少、吸引力弱，内容的选择能力和精制能力正在下降。这就是落后的生产力。当传统媒体人还在喋喋不休争论什么内容为王时，新兴媒体已经根据用户需求定制了一个又一个新闻产品。用户喜欢并消费的新闻产品才是有质量、有价值和有盈利能力的产品。

毋庸讳言，至今，我们周围仍有许多人固步自封，自以为是，固守内容为王，轻视技术、渠道、平台、用户的作用。当下，不少传媒人还深陷自恋之中。他们认为：我是主渠道，有党和政府的政治资源、行政资源，我的内容生产新兴媒体取代不了。

强调重视内容本身并没错，有价值的内容生产与传播当然十分重要，但一味地固守"内容为王"的理念就有些古板了。内容、渠道、平台、技术、用户等都有其独特的重要性，缺一不可，非要争论出谁为王有意义吗？把优质的内容尽可能多传播出去，实现传播力、引导力、影响力和公信力的最大化，让用户满意，切实黏住用户，进而产生共鸣，实现传播的优良效应和利润的最大化才是目的。在融合生产传播的生态环境下，再好的内容没有多平台、多渠道传播，没有为用户贴心服务的理念与举措，传播效力如何体现？传播价值如何实现？在互联网时代，关键不在于你手握多少资源，而在于你能分享出去什么内容，以及该内容是否有交互性和被持续分享的魅力。我们要做个性化新闻，着力个性化推送，尤其要想方设法将新闻放在网络、游戏等平台上推送。例如浙江日报社旗下的边锋游戏，把新闻推送与游戏广告结合起来，收益不错。人民日报原副总编辑马利认为：受众在哪里，主流就在哪里；年轻人在哪里，新媒体的未来就一定在哪里。传播者要实实在在地考量综合传播效力和综合传播价值，简单地称"王"没有意义。"一个缺乏渠道的内容，没有技术保障的内容，没有专业推广的内容，就无法建立一种良性的双向传播、活性的生态圈。一个活性的平台或是生态圈找到资源，架构通道，激发自己的活力，这就是良性媒体融合的基本特征。"①

党报、广播、电视的部分从业者正在挣扎，过去优越惯了，感觉好极了，习惯于灌输，满足于单向传播，忽略受者的真切感受，到如今关注度锐减，平台、渠道渐失，影响力下降。新媒体人在给传统媒体人上课，其用户意识、服务用户的自觉性，迎合用户、创造需求的能力远远超出传统媒体人的想象。谁的传播影响力大、公信力强、美誉度高，谁真心实意真正满足年轻用户需求，谁就主导媒介市场。

党报、广播、电视内容生产是信息定向采集、专业化生产。在"互联网+"时代，用户产生内容需求会重构采编人员对用户的理解、对内容生产的理解。因为"互联网+"时代对内容的传播和体验发生了颠覆性的变革。记者编辑要研究自己的报道怎样才能像流感爆发一般在网上及手机等移动端上产生"病毒性"传播效力，连续多日成为用户热议的话题。山东"辱母杀人案"之所以在网

---

① 郝雨、李灿：《全媒重构格局中电视与新媒体融合路径深层探寻》，《现代传播》2016 年第 4 期，第 121 页。

络媒体上产生出人意料的传播效力，形成举国瞩目的网络事件，就是因为网络媒体人深知用户对内容的需求，用户要发声，用户要谴责，其内容中有对人性的审视与法治力量的反思。

在"互联网+"和大数据时代，用户的诉求促使传统媒体人不得不思考、研究如何依托收集、分析、研究用户的数据来生产新闻内容以盈利。内容产品一定要和用户的兴趣、需求以及营销结合起来。即使是品牌新闻产品也要有意识地对接用户的需求、兴趣，通过融入用户所在的媒体情境予以推送，在保障用户体验的同时，对用户提供有价值的信息服务。在融媒体时代，传播平台的建构与传播手段的创新极其重要，否则，传播力如何增强？传播效应怎样才能真正得到彰显？传统媒体理所当然要迅速搭建大数据平台，实现大数据和传媒业的有机结合。

在传统媒体与新兴媒体融合传播过程中，明白人一定会想方设法让其在媒体上传播的新闻产品与社交媒体融合。新闻不能只是"茶前饭后的闲暇谈资"，要赋予其可传播性和可分享性方能在社交平台上得到大量关注。新旧媒体互融的前景就是将新闻及生活服务资讯加工成用户青睐的产品，进而向其他方面延伸和演化，拓展新的服务和盈利领域。在某一内容中间寻求、产生一些关联，分享到新闻、生活类的资讯中，以得到有关方面的服务。当下，让中国观众花钱去购买广播、电视节目恐怕很困难，至少近几年还不会出现此类消费习惯，但让用户购买有关新闻链接、衍生的服务完全有可能，也许还会成为一种常态。在媒体融合平台上，我们不仅要挖掘和提升内容的价值，更重要的是要拓展和扩大服务与创收空间，如加强跨行业合作，建立自身专属智库，发展文创等周边产业。

与此同时，我们也应注意到没有先进的技术和平台、渠道等，再重要再好的新闻、资讯、新闻可视化产品等也无法让用户充分分享、受用。传达不到用户那里，传播效果如何体现？因此，技术等也很重要。无论从内容质量层面，还是从价值层面或商业层面来讨论内容是否为王、技术是否为王等都没有意义。这恰恰是传统媒体思维而非互联网思维在作祟。以前，许多人认同"内容为王""形式是金"，现在，有不少人认为"技术为王""渠道是金"。媒体人争王夺金显得太荒谬，作为新闻的传播者理应弘扬专业主义精神，追求时度效，追求传播效力最大化。

在互联网时代，传媒业要为用户提供高质量、多层次、多来源与多渠道的新闻、生活健康等信息服务，要千方百计满足用户的多层次需求，因此，我们必须重视内容产品设计、采集、编辑、传播媒介的选择，终端渠道的选择以及集约高效的运营与管理。传媒业的内容、平台、渠道、技术、用户等都很重要，缺一不可，轻视、削弱其中任何一方都不行。对其中任何一个环节的轻视或不认真、欠实效的作为都会丢失用户和市场。美国南加利福尼亚大学新闻传播学院数字新闻部主任马克·库珀教授指出：内容不再为王——所有失败的媒体都有可以"称王"的内容，内容没有意义，除非经过了有效的呈现、散发、传播。"如果你不能在 10 秒钟内抓住他们，那么，你就再也不能吸引他们了。"①单纯或一味地强调内容为王、渠道为王、平台为王、技术为王都是片面而无意义的。要知道报纸、电视生产的许多内容并不适合在网络上传播，其许多内容不能转化为 IP。破解传播力、引导力、影响力、公信力问题的焦点不是内容的简单堆积，也不是渠道的随意拓展，更不是平台的任意扩大。

传统媒体的从业者再也不能纠缠于内容为王、渠道为王、终端为王、体验为王了。内容生产者强调内容为王，技术开发与保障人员强调技术为王、渠道为王或终端为王，而营销人员则强调用户至上、用户为王，每个人站在不同的立场，从自己熟悉或从事的主业出发去思考问题、探究策略都可以理解，但在传统媒体与新兴媒体融合发展的新常态下，在互联网思维深入人心的新传播格局下，在人人抢占舆论宣传阵地的新形势下，媒体融合过程中需将优质内容嵌入用户思维的内核。

（六）传统媒体缺少融合主动性

在融合过程中媒体人除存在上述认识与实践误区，自身也缺乏相应的改革动力，媒体融合总体成效不大，主要表现为以下几点：

首先，自身缺乏危机感，融合压力不大。媒体决策者仍然求稳怕乱，坐享其成，感觉良好。不少媒体的决策者之所以不敢动，是因为盲目自信，以为低投入也能高产出。有些人对党报、广播、电视的号召力缺乏正确的评估，以为其产品在网络上传播一定能受欢迎。殊不知，传统媒体和新兴媒体的用户差别很大，人的信息接收方式也在变化且具有了更多的选择权和参与权。

其次，缺乏自我颠覆的动力、勇气、决心与担当。传统媒体包袱太重，在资源整合、资本融合和体制机制再造等方面缺乏破釜沉舟的魄力。连自我解构的胆量、思维都没有，哪还有建构的办法与路径。

再次，缺乏"三律"认知。"三律"是在媒体融合过程中表现出的融媒体时

---

① ［美］马克·库珀：《媒体融合，生死攸关》，http://mp.weixin.qq.com/s/H-CVZAG-MZSVBJIMK-9ryxA。

代新闻传播规律、新媒体发展规律和文化产业发展规律的集合。它们深刻影响着媒体融合的方向、深度和速度。有人主张快融合，有人主张慢融合。主张慢融合的人认为，当下，无论是理论研究还是实践探索都处在初始阶段，既没有相对成熟的理论，也没有成功的案例，大家都在摸着石头过河，因此，方向不明，就地扎营，宜慢不宜快。媒体融合需要顶层设计、稳打稳扎，但稳重操作不是放弃快速推进媒体融合的理由。慢会丧失时机，贻误战机。媒体竞争生态与格局的大变革决定了媒体融合必须快中求胜。互联网的迅猛发展，用户新闻、资讯、服务消费方式的改变迫使我们加快媒体深度融合。危机中蕴藏着机遇，传统媒体要有破釜沉舟、置之死地而后生的胆量与魄力。

最后，缺少自身创新性产品。媒体在融合过程中需要真正基于融媒体生态建设，从智能技术、大数据技术等出发，结合自身发展，形成具有自身知识产权的创新产品。当下，许多媒体正在研制新闻 APP。其实，这类 APP 技术含量并非我们想象的那么高，模仿、克隆并非那么困难，当你加速融合进度，有了势头，有了用户，有了稳定的黏性就有了市场，你就能招到更好的人才，吸引更多的资本，拓展更大的市场。少数传统媒体的决策者认为互联网仅仅是技术工具和传播手段，要融合也是党报、广播、电视融合互联网。他们虽然重视互联网技术，但忽视产品定位和经营策略的优化。有的媒体为了表达对互联网的重视，每年投入数千万元做各种技术方案，配备各种先进的设备，但对互联网产品前期开发的过于草率以及过度理想化，用传统媒体思维去开发新媒体产品，加上缺乏科学的运营管理以及专业人才，走弯路自然难以避免。

二、媒体融合的实践探索

2020 年 9 月，中共中央办公厅、国务院办公厅印发了《关于加快推进媒体深度融合发展的意见》。《意见》指出，要按照资源集约、结构合理、差异发展、协同高效的原则，完善中央媒体、省级媒体、市级媒体和县级融媒体中心四级融合发展布局。近年来，中央各大媒体全力推进媒体深度融合，省市县各级各类媒体都在当地党委、政府领导下开展媒体融合探索，取得了许多成功的经验，但同时也存在亟待解决的问题。

(一)中央广播电视总台媒体深度融合之道

2018 年 3 月，中央电视台(中国国际电视台)、中央人民广播电台、中国国际广播电台合并组建中央广播电视总台。2018 年 4 月 19 日，中央广播电视总台正式揭牌。该台深入贯彻习近平总书记"守正创新，把新媒体新平台建设好运用好"的重要指示精神,以三台融合为契机,"加快资源整合,找准广播与电视、传统媒体与新兴媒体、对内宣传与对外传播、产业与事业融合发展新路径新机制,推进组织架构、业务流程、平台渠道和管理机制的改革重塑,形成宣传报道强大合力。推动深度融合,深化'台网并重、先网后台、移动优先'战略,全力打造自主可控、具有强大影响力的新媒体平台,打造一批让人爱不释手、眼前一亮、闻之一振的融媒体产品,使互联网成为推动总台发展的最大增量。强化技术引领,抓住大数据、云计算、人工智能、5G网络、4K、8K等新技术带来的发展契机,建设我国首个国家级'5G新媒体平台',积极构建'5G+4K+AI'的全新战略格局"。[①]

中央广播电视总台正在成长为具有强大引领力、传播力、影响力的国际一流新型主流媒体。其创新点和突破点是:

1. 强化融产品研发,着力在内容创新上求突破

中央广播电视总台各传播平台首页首屏头条同频共振、集中发力,推动新思想飞入寻常百姓家。精心打造《传习录》《平"语"近人》《人民领袖》《春风习习》《时政新闻眼》等视音频节目和融媒体产品。持续擦亮《央视快评》《国际锐评》《央广时评》等评论言论和自媒体品牌。制作推出《窑洞里的读书人》《习近平和母亲》等一大批爆款又走心的时政微视频。这些精品内容通过总台新媒体"一键触发"机制,在总台旗下全媒体矩阵传播、联动推送,传播效应明显,总阅读量达34.19亿人次。

《国际锐评:中国已做好全面应对的准备》登上微博即时热搜榜榜首,阅读量超过2.5亿人次。国庆70周年盛典新媒体视频直点播收看次数超过36.93亿人次,推发的《习近平:伟大的中华人民共和国万岁!》《这是领袖对红旗的致敬和礼赞》等新媒体产品,"国庆大阅兵""五星红旗有14亿护旗手"等新媒体话题,总阅读量达355亿人次。

2. 构建集群化、立体化、生态化的新闻报道矩阵

中央广播电视总台新闻中心集中优势兵力,将原三台的新闻频道、中国之声、环球资讯三个部门进行有机融合,发挥各自的优势。

3. 强化技术驱动,打造视听新媒体旗舰

抓住大数据、云计算、人工智能、5G网络、4K及8K超高清等新技术带

---

① 慎海雄:《不忘初心、牢记使命 奋力打造国际一流新型主流媒体》,《机关党建研究》2019年第8期,第30页。

来的发展契机，中央广播电视总台着力提升核心技术的创新应用能力，集全台之力建设"央视频""5G+4K+AI"旗舰平台。

4. 主动合作，协同创新，为发展注入新动能

中央广播电视总台拥抱互联网和科技公司，先后与BAT(百度、阿里、腾讯)、华为、新浪、京东等互联网巨头达成在大数据、云计算、AI技术、5G、全媒体联合运营等多方面的合作意向，为融合发展注入动能。2019年2月，基于央视新闻移动网平台应用的"全国县级融媒体智慧平台"正式上线，已与全国100家县级融媒体中心联合打造了融媒体智慧平台。

中央广播电视总台节目资源、内容生产能力和视频领域的独特优势是任何一家省市广播电视台都无法比拟的，其网台并重、以网优先的格局和举措也是省市广播电视台难以借鉴的。笔者注意到，中央广播电视总台独特的生产流程与机制在媒体融合的大潮中会受到多重影响，其组织生态、运行机制、流程管理、生产传播营运的方式方法等都面临重构的压力。央视网组建新媒体团队派驻电视新闻中心，与策划部联合办公，新闻中心成立新媒体新闻部等举措显然还难以适应媒体融合发展的需求。中央广播电视总台有条件、有能力、有必要成立全媒体新闻中心，将电视、广播、网络、"三微一端"等新老媒体的所有新闻采集、编辑、分发、营运等真正彻底地融合起来，这是建构全媒体传播体系，向具有强大引领力、传播力、影响力的国际一流的原创音视频全面发展的新媒体机构迈进的客观要求。

(二)湖南日报社媒体深度融合特色①

湖南日报社坚持以"移动优先"为基石、以"中央厨房"建设为龙头、以全媒人才培养为支点、以采编发流程再造为突破，全面推进传统媒体和新兴媒体在内容、渠道、平台、经营、管理等方面的深度融合，初步建成基于新型传播体系的"四全"媒体集团。其创新实践有以下特色：

1. "四全"媒体建设理念超前，敢为人先

由一个以日和周为传播周期的传统媒体集团升级为一个新闻生产全时间参与、全空间介入、全角度传播的全程媒体集团。湖南日报社拥有《湖南日报》等10家纸媒和2家新闻门户网站，以及2015年8月15日上线的"新湖南"客户端和2017年全面推进的"新湖南云"。湖南日报社由一家拥有70年历史、

---

① 部分内容参见《湖南日报社："知行合一"建设"四全媒体"》，http://www.sohu. com/a/334520399_114731。

发行 35 万份的传统纸媒，转型升级为一个覆盖 4000 万用户的全省主流新媒体生态平台。

由一个以图文为主要表达形式的平面媒体集团，升级为传播形式更加多元、呈现方式更加立体的全息媒体集团。湖南日报社以"新湖南"为龙头，每天组织生产的图文、音频、视频、VR、H5、互动程序、大数据直接导入等多媒体新闻产品 1500 多条，生产效能提高 10 倍以上。

由一个以自我原创为主的单向传播媒体集团，升级为统合机构媒体与自媒体内容生产的全员媒体集团。湖南日报社为入驻"新湖南云"省级技术平台的合作伙伴提供"一频一端一厨"服务，即在"新湖南"客户端上开设一个专属频道，生成一个可在电子市场单独下载的独立客户端，提供一个集策采编播功能一体化的"融媒小厨"技术系统。目前已吸纳 168 个省直、市州、区县及全省高校和大型企业等各级各类融媒体中心加入全省主流媒体生态平台进行发布、沟通和交互。同时，"新湖南"客户端也已聚合各类自媒体 127 个。

由一个单一的新闻内容生产者，升级为提供内容、信息、服务与社交一体化解决方案的全效媒体集团。自 2018 年起，湖南日报社运维湖南省政府门户网站信息发布栏目，还代运维了"湖南微政务""这里是湖南""湖南财政"等 10 多个省直部门微信公众号，与"新湖南"客户端《湘问》频道、《湖南日报》(内参)、华声在线新闻网站《湖南舆情专报》等联动，共同构建湖南省最大最完善的移动政务办事与舆情服务平台，实现百姓呼声"一键直达"相关职能部门，有效发挥党媒"耳目"功能和桥梁纽带作用。

2. 体制机制改革力度大

自 2019 年起，湖南日报社全面启动组织架构整体融合改革，以报社"融媒体编委会"带领政治、经济、文化、社会等垂直领域"融媒体采编中心"完成融媒体策采编播一体化工作流程。

湖南日报社按照"一体策划、整体作战、全面融合"理念，确定"1+N+4"的采编体系组织框架，即一个融媒体编委会、N 个融媒体采访中心、4 个核心发布媒体平台。《湖南日报》、"新湖南"客户端、华声在线新闻网站人员全面打通，同工同酬，统一权责、统一调度、统一考核，打破"论资排辈""唯学历论""唯职称论"等"惯性"现象，注重多维度多层面选拔使用人才。

3. 注重新技术的研发与应用

自 2019 年起，湖南日报社以"中央厨房"为基础，扩容升级建成"新湖南云"省级技术平台，该平台可承载湖南全省 122 个县级融媒体中心"中央厨房"运行，可为每个县级融媒体中心提供指挥监测中心、策采编发平台、媒体资讯库系统、舆情实时分析系统、直播技术系统、政务数据接口、政务办事入口系统、电子商务系统等软件和云服务。目前，该报社已组建120多人的技术研发团队，拥有华声在线新闻网站、"新湖南"客户端、"新湖南云"省级技术平台等自主知识产权，又引入拓尔思、中科大洋等技术合作伙伴，平台迭代能力强、周期短。不仅如此，该报社还着力在技术研发与应用领域发力，加强与国家级互联网科研力量深度合作，将新技术高效运用到新媒体信息内容的采集、生产、分发、接收、反馈等环节中，注重 AR、VR、MR 的视频创新和运用，从资讯生产和传播的起点到终点都赋予人工智能基因和数据驱动力量，建成"媒体+政务+服务"信息生态枢纽平台，全面提高舆论引导的精确制导能力，打造传媒产业新的增长点。

（三）天津海河传媒中心的创新之举①

2018 年 11 月 13 日，天津的媒体进行了一场备受社会各界关注的改革。其主要创新之举是：

1. 改革力度大，真正实现一体化运行

撤销天津日报社、今晚报社、天津广播电视台、天津广电传媒集团 4 个正局级和中国技术市场报社、天津报业印务中心 2 个副局级机构，整合为一套班子、一个法人、一个行政指挥系统、一个宣传策划中心，统筹组建天津海河传媒中心。局级领导职数由 8 正、32 副，大幅削减为 2 正、11 副。原"两报一台" 3 家主要新闻单位撤销独立法人建制后，转为去行政级别的 3 个事业部，实现"报纸无社、广电无台"运行。内设机构由改革前的 117 个压缩至 57 个，处级干部职数由改革前的 433 名压缩至 197 名。

在分配采编力量方面，将原"两报一台"所属新媒体采编人员、平台、项目等资源整建制划入北方网，组建津云新媒体集团。打破传统的"条块"业务架构，对原来散落在不同媒体、不同部门的采编资源进行逐步整合，实行按照业务条线垂直设置的"中心制"，统筹采编业务。对最核心的新闻部分，由分管宣传策划的副总裁牵头，召集 3 个事业部和津云新媒体统一策划新闻宣传，目前已实现《天津日报》《今晚报》新闻业务的统一，广播、电视的新闻业务也已分别完成整合，并将逐步与两张报纸的新闻业务实现完全整合。

2. 媒介结构优化魄力大

主动关闭《中国技术市场报》《渤海早报》《采风报》《球迷》《假日 100》《范

---

① 部分内容参见《天津大刀阔斧整合媒体：关闭 10 个报刊 51 家企业，裁减安置冗员 563 人》，http://www.163.com/dy/article/ECD0531Q05198R91.html。

儿》《育儿》《智力》《今晚经济周报》《今日天津》10个子报子刊，关闭国际频道、高清博击、时代风尚、时代美食、时代家居、时代出行6个电视频道，调整区县联盟、音乐2个广播频率定位，停更合并天津网、今晚网、今晚海外网、天视网、天津广播网5个新闻网站和"新闻117""前沿""问津"3个新闻客户端。

3. 机制改革求突破

建立统一的宣传策划和指挥调度系统，在统筹导向把控、选题策划、指挥调度、议定事项等方面发挥主导作用。建立采访、编辑、技术"全媒体联动、全天候响应"机制，信息内容、技术应用、平台终端、管理手段等全要素打通，提高新闻生产效率，以内容生产流程的一体化实现媒体融合发展的一体化。

4. 融合经营资源动真格

全面清理无关主业且亏损严重的经营性公司，关闭51家企业，裁减安置冗员563人，确保轻装上阵。统筹海河传媒旗下8个主要媒体的广告经营业务，成立广告联盟，对外"一盘棋"招商运营。

在省级媒体中进行如此大刀阔斧的改革与创新，天津是第一家，自然非常引人注目。作为改革先锋，天津海河传媒中心的体制机制改革尤为令人称道。在推进改革的过程中，天津海河传媒中心坚持以高效运行机制为核心、以融媒体工作室为纽带、以统一技术平台为支撑，催化融合质变，放大一体效能。这一改革能不能让天津传媒走出困境、赢得辉煌、创出经验，能不能成为中国媒体融合发展的标杆和示范，学界、业界都十分期待。在改革进程中，天津海河传媒中心还有很长很艰难的路要走，还会遇到各种风险与困难，相信天津市的同仁们会杀出一条血路，创建有中国特色、世界影响的大型全媒体集团。

(四)湖南广电的独播战略和网台融合之路①

湖南广电采取"一个党委、两个机构、一体化运行"的模式，不断完善自有视频内容在自有新媒体平台"独播"的战略布局，构建"一体两翼、双核驱动"的媒体融合芒果模式，形成湖南卫视和芒果TV双引擎共进互动的融合发展态势。芒果模式被国家评为媒体融合典型案例，芒果超媒被评为媒体融合先导单位。其成功经验和特色主要是：

---

① 部分内容参见《芒果在新媒体时代的发展史》，http://www.bilibili.com/read/cv6593022/。

1. 敢为天下先，因地制宜确定战略

2013 年秋，湖南台组织全体中层干部集中研讨湖南广电的未来在哪里？最终形成的共识是往互联网上靠，因为新媒体是未来发展方向。芒果 TV 前身是金鹰网，之前都是全网分发，王牌内容产品导流到第三方平台。2014 年湖南台提出要独播，当年卫视所有版权全部注入芒果 TV，当年销售版权约 20 亿元。从《花儿与少年》第二季开始，2014 年 4 月开始实施独播战略。2016 年 3 月，湖南广电又提出在独播的基础上要独创，芒果 TV 不能只吃卫视的粮食，要创造自己的独立内容，做原创内容产品。于是，芒果 TV 研发、播放了一批如《明星大侦探》等独播+独创节目，有了自己的造血能力。2018 年，芒果 TV 上市，以芒果 TV 为主体，盘点所有业态，包括艺人经纪、电商等，成为芒果超媒。2019 年前三个季度其纯利润达 9 亿元。目前，在中国互联网视频市场上，芒果 TV 被工信部评为互联网企业第 20 名，前 19 名都是私营企业，芒果 TV 是党管互联网视频网站的第 1 名。

湖南广电一云多频，一体两翼，卫视和芒果 TV 两轮驱动。湖南广电的独播和网台融合是一种非常独特的媒体融合现象。

2. 坚持特色化、差异化竞争策略

差异化是根据特色来确定的。热门综艺节目在自家网站独播，必将提高自家网站的浏览量及关注度，从而将自家网站也打造成网络品牌。另外，独播+独创也能促使网站的自身建设水平不断提高。芒果 TV 做视频，不做社交，不做电商。湖南广电目标很明确，不搞大而全。其内部有不同事业部做不同的事情，虽然利益主体并不一致，但都绑在一起进行考核。

3. 政治经济效益两手抓、两手硬

网站建设涉及方方面面，考验着从业者的综合水平。芒果 TV 是党媒，也是上市公司，是党媒的喉舌，也要发展经济。湖南广电的节目播完后，还会进行二次加工，再碎片化，好的综艺节目也会裁剪，剪短了之后广告观看人数更多。芒果 TV 会员人数大约有 1600 万，会员收入每年超 10 亿元。此外，还有版权收入，卖给爱奇艺等用户及 IPTV 点播、订阅等。

湖南广电在研发、创作现象级综艺节目方面处于国内领先地位。湖南广电培养、集聚了一批又一批的优秀制作人才。近年来，该台把握了互联网传播的规律，融电视特色与网络特色于一体，以"芒果独播"战略推动芒果 TV 迅速发展。在两年多的时间内，台网融合进一步深化，湖南广电输出黄金内容资源、制作创意人才，产品+内容+终端+应用的立体芒果生态圈日益完善。湖南广电新旧媒体融创发展获得各界认可。[①]

目前，芒果 TV 已建立较为完整的 OTT、（移动）互联网视频、IPTV、手机电视的（移动）互联网平台，其优质版权内容、强势自制能力以及多终端融创优势日益突显。"在广电转型的（移动）互联网实践中，如果能与其他有实力的电视台、媒体平台进行合作，共同助力内容资源及传播渠道的战略升级，实现广电媒体与新媒体在内容、渠道、平台、用户方面的融合创新，将有利于完善整体产业链布局。"[②]湖南广电无疑是提前走了一大步。

作为湖南广播电视台"传统媒体新媒体融合发展"的基础平台和"互联网+"的核心平台，芒果 TV 自 2014 年大力扶持新媒体，果断采用独播策略之后，获得了意想不到的成功。数据显示，截止到 2016 年 3 月份，芒果 TV PC 端和移动端的日活跃用户数已经达到 3900 万，手机微信端 APP 的下载量达到 2.6 亿，互联网电视的激活用户也达到了 2500 万，至今还在以每月 150 万~200 万的速度增加，IPTV 用户也有 278 万。芒果 TV 走上了一条独特的互联网视频的发展道路。与视频网站巨无霸相比，在资金上芒果 TV 不占优势，但芒果 TV 之所以在过去一年多的时间内发展了数千万用户，与湖南台拥有巨大的观众群密不可分。这些忠实的观众对湖南台独特的内容有黏性。2019 年湖南广电经营创收创历史新高，是唯一逆势上涨的省级广电；收入结构发生变化，新媒体营收首次超过传统媒体，芒果超媒成为新的百亿平台，完成 20 亿配套融资，强化了对芒果生态的引擎驱动，目前芒果 TV 已进入中国互联网企业前 20 强。

湖南广电芒果 TV 的版权独播战略取得了令人瞩目的成效。我们应学习其创新思维和敢为天下先的勇气。其内容生产经验、技术和人才等广电资源，特别是其创业创新生态环境，在相当长一段时间内，恐怕其他省级电视台无法仿效或复制。城市电视台仿效湖南广电走独播之路、网台融合之路估计也走不通。

目前，湖南台的资源政策都在向芒果 TV 倾斜，湖南卫视员工已经有心理变化。湖南卫视和芒果 TV 如何打通，怎样真正地盘活资源，卫视总监和芒果 TV 董事长可否为同一人？芒果 TV 能否成为湖南广电新一轮腾飞的火箭的一个助推器？真正实现两个通道一体发展，这是湖南广电媒体深度融合面临的内

---

① 聂玖：《广电行业转型，中国式 Hulu 模式或是突破路径（芒果 TV2015 年广告收入
6 亿~7 个亿）》，《媒介》2015 年第 7 期，第 8 页。

② 聂玖：《广电行业转型，中国式 Hulu 模式或是突破路径（芒果 TV2015 年广告收入
6 亿~7 个亿）》，《媒介》2015 年第 7 期，第 8 页。

部运营改革的一大问题。

(五)SMG 媒体融合改革之策①

2020 年 9 月 3 日,上海东方传媒集团有限公司(SMG)和旗下上市公司东方明珠新媒体股份有限公司(东方明珠)宣布启动流媒体战略。在新战略下,"BesTV+"将成为 SMG 及东方明珠统一、唯一的视频流媒体平台,将过去丰富的内容资源、全面产业布局优势延续到广电 5G 时代。

"BesTV+"流媒体,不仅仅是单一的视频 APP,而是集内容、服务于一体的多元产品矩阵,它汇集了 SMG 和东方明珠内容生产、技术开发、延展服务等能力,通过大小屏联动、内容用户打通等手段,"以一个账户,多渠道分发"的形式覆盖有线电视、IPTV、OTT 以及 APP 等多渠道多终端,服务不同垂直应用场景的内容需求。

据 SMG 党委书记、董事长王建军介绍,"BesTV+"流媒体改革,是在产业互联网思维下,通过充分挖掘 SMG 积累的精品内容、制作经验和多元产业布局能力,利用已有的有线电视、IPTV、OTT 等家庭大屏入口,以及一批优质线下渠道优势,拓展"内容+电商"商业模式,为用户带来品质生活消费服务的增量价值。

"BesTV+"流媒体模式能否成为广电 5G 时代媒体融合向纵深发展的一种模式尚有待实践检验。

上海广播电视台台长宋炯明表示,上海台将通过"BesTV+"流媒体视频平台与不同行业的内容结合,营造垂直领域的消费场景,构建覆盖移动端和电视大屏的内容生态,以全媒体生态圈为合作伙伴提供闭环营销服务,以优质内容激活观众流量池,重塑电视大屏的生态价值。

在宋炯明看来,广电基于自身传统的技术特性和基因,一定要依靠在内容领域的传统优势,与新一代科技紧密结合,通过这种结合来取得一些突破性的成绩。SMG 媒体融合战略的突破,一定要在新领域发力,在技术上实现"跳跃"式的进步,提前布局下一代内容模式。

电视要通过管理与运行机制的颠覆与重构,集中分散在不同领域的人财物形成生产传播合力,建构分散采集、集中编辑的机构,打造各具特色的品牌,以满足多渠道推送、多平台传播的需求。互联网节目生产中心就是要聚焦互联

---

① 部分内容参见《"BesTV"焕新上线,上海文广、东方明珠打造流媒体中国模式》,http://www.sohu.com/a/416291161_114986。

网电视需求，深度挖掘传统媒体的内容资源，致力于打造跨电视互联网节目，把优质 IP 共同开发，以塑造适应移动互联网时代要求的节目。为此，近年来，为适应融媒体内容产品的生产和传播需要，SMG 各业务单位均对原有的节目生产流程进行再造。

2016 年 6 月底，上视新闻中心和看看新闻网、外语中心全面整合，组建融媒体中心（员工上千人），下设 4 个中心 6 个部，即上视新闻中心、Knews24 新闻中心、外语节目中心、综合节目中心、总编室、办公室、广告部、人力资源部、财务部、运营部，实现新闻信息的一次采集、多媒体渠道产品生成，从"为电视生产"转变为"为多屏生产"，从"有节点发稿"转变为"全天候发稿"。从运行机制看，融媒体中心搭建了一个统一的平台，打破了电视节目生产只满足电视某一个频道播出的弊病，既满足电视端也满足新媒体端的播出需求，保证各新老媒体内容生产享用相同的资源的权利。

上海广播电视台抢抓互联网带来的机遇，迅速投入到新技术变革中，注重新闻传播的价值，强化提升内容质量，积极拓展微博、即时通信等新的分发渠道和载体，媒体融合取得了令人瞩目的业绩。笔者在其融媒体中心参观考察时，对其指挥、编辑流程印象深刻，其融合生产传播的策略对城市电视台正在进行的媒体融合实践很有启发。SMG 组建融媒体中心后，原看看新闻网独立的公司化运作的机制不再实行，原总经理任新闻中心副主任，公司撤销，取而代之的是电视与 Knews24 等新老媒体真正的全方位的彻底的融合生产与传播。自 2016 年下半年以来，其新闻类节目收视率、美誉度明显提升，其做真正有价值新闻的理念符合移动互联网和大数据时代新闻传播规律和互联网发展规律。

2020 年第一季度，上海广播电视台成为晚间收视份额最高的省级台，其中东方卫视增幅达到 100%。而整个上半年，东方卫视在实现省级卫视收视保二争一的同时，以 CSM35 城全天收视增幅 78.4%、黄金时段增幅 119.6%的好成绩，拿下省级卫视增速第一。我们在与上海台同仁交流时感觉他们在以下几个方面有着缜密思考：

1. 改革者要果断

改革不可能把所有的事情都想清楚了再实施，有时需要边看边干边改。许多事情想好了，情况已经发生变化了，组建融媒体中心等改革不可能想得十全十美。任何创新实践，一开始必然是粗糙、不细致的。他们认为等所有事情都想明白了，改革的环境、事情本身可能已经发生了变化。

2. 必须十分清楚改革的目的是什么，您想要什么，要解决哪些问题

改革就是利益调整与切割，必然触动有关人员的切身利益，会遇到阻力，会受到各种关系左右，对此，改革者要有充分的心理准备和相应的组织措施。

3. 确定的运行机制要服从服务于改革目的

在融媒体中心内采与编、内容生产与技术保障之间必然有矛盾，没矛盾反而不正常，问题是改革者、决策者要不忘改革初心。

4. 只有彻底破冰求生，实现全方位融合才能凤凰涅槃，获得重生

由于传统媒体体制机制僵化已久，指望渐进式改革，先整合、叠加、组合再寻机融合显然不行。

(六)湖北广播电视台媒体融合路径[①]

湖北广播电视台借鉴互联网的"颠覆式创新"思维，加强顶层设计，建构电视与新兴媒体一体化的领导体制和运行机制，实施生产流程再造，先后成立了台(集团)"媒体融合发展委员会""媒体融合内容编辑委员会""媒体融合技术专家组"，出台了《推动媒体融合发展实施意见》《促进湖北广电各类新媒体终端发展的办法》等一系列制度措施。

湖北台首先从管理体制上融合起来，让传统媒体和新兴媒体一起运行。在此基础上，以一流标准为引领，推动台内业务机构重组和流程再造，为所有岗位设置融媒体背景下的操作标准，加快全员向融媒体生产人员转变。

湖北台借鉴互联网的"开放平台"思维，搭建起一体化的内容汇聚平台、数据交换平台、用户共享平台。在健全全台各媒体互联互通的技术平台基础上，该台要求全台所有节目都要打开互联网接口，并且所有节目及其新媒体接口都要交叉互动，协同传播，扩大主流媒体影响力。该台借鉴互联网的"迭代更新"思维，彻底打通传统媒体与新媒体之间的传播壁垒，实现一体化运作，形成一次采集、多次生成、多元发布、多级放大、多平台互动的新型生产与传播体系。

湖北台积极打造媒体云平台，确立互联网的"大数据、云计算"思维，以"长江云"为依托整合全台资讯和新媒体矩阵，以"媒体云"为平台聚合全省、联通全国。"媒体云"可同时向多个站点提供低成本、高效的"PC 网站+手机网站+手机客户端+微博+微信"多终端一体化解决方案，面向湖北各市、州、县

---

① 部分内容参见《2019 广电媒体融合调研报告》，http://www.sohu.com/a/333235906_750267/。

级广电和报社提供新媒体技术平台支持，打通各家媒体之间的内容、用户和运营数据，聚合全省 17 个市州、100 多个厅局政务"两微一端"产品 200 多个，实现全省新闻、政务、生活等资源的便捷汇聚，形成新闻产品群、政务产品群、服务产品群三大业务群，成为贴身服务百姓的移动"市民之家"和有区域影响力的新媒体品牌。

"把广电现有节目搬到网上，不是媒体融合；在传统媒体之外，注册成立几个新媒体公司，或在传统媒体内部设置一个新媒体事业部专门从事新媒体业务，也不是媒体融合；甚至将跨媒体间的新媒体业务剥离出来组建新媒体集团，都不是媒体融合。"[1]这些现象是借媒体融合之名的瞎折腾。如果按这一方向进行媒体融合改革，方向就错了。其结果必然是不"融"则已，一"融"更糟。媒体融合不是内部管理问题，涉及行业、组织、社会关系、文化、用户等各方面的牵制。

湖北台立足于自身实际，强化顶层设计，建立融媒体新闻中心，大力发展"互联网+"与"电视+"相融合的产业链的实践比较务实，比较生动。湖北台打造舆论引导与意识形态管理、政务信息公开、社会治理和智慧民生服务三者融为一体的"新闻+政务+服务"的长江云平台，其创新实践值得城市台学习借鉴。笔者注意到，国内几个城市台也在打造融媒体新闻中心，将原新闻部和新媒体部合并成立新闻中心，但其内容生产传播等资源并没有互联互通、融为一体，反而造成新的组织间内耗，频道之间、栏目之间各自为政，老死不相往来，造成新的更大的浪费。

（七）无锡广电集团融合发展理念

在媒体融合实践中，无锡广电集团积极探索内容、渠道、平台、经营、管理 5 个方面的融合。该集团建构了多媒体新闻中心，整合广播新闻频率、电视新闻综合频道、《无锡新周刊》与太湖明珠网的新闻生产，同时，纳入微博、微信和移动客户端等社交新媒体，电视与新兴媒体"六位一体"、相互融合。集团还重点打造"智慧无锡"客户端，以智能手机为终端，以市民为服务对象，成为城市公众信息云平台。经营融合上，通过电视与新兴媒体的整合发布，以客户端的用户量争取广告主的投放，如"智慧无锡"客户端为 100 万用户创造了广告价值，利用新媒体的支付功能实现了销售。管理融合上，无锡广电则探

---

① 王茂亮：《湖北广播电视台的战略与实践：用"TV+"重构广电媒体生态圈》，http://chuansong.me/n/1565628。

索"报、刊、台、网、微"全方位融合的融媒体新闻生产方式。

无锡广电集团在媒体融合实践中走在了城市电视台的前列，经验值得学习。其主要经验包括：

1. 认知早，动手快，决策人有魄力，敢想敢干

相比之下，不少城市媒体或因循守旧，胆小怕事，普遍采取偏安思维；或反应迟钝，认识不清；或起大早，赶晚集；或干干停停，边干边看。

2. 内容、渠道、平台、经营、管理全方位融合

这是媒体融合成功与否的重要标志。相比之下，有些媒体只注重内容的融合，忽视平台、渠道等方面的融合，以致融合有形式无实际内容与成效。有的媒体打着媒体融合的旗号，实践中，连内容生产都没有集聚、没有融合，更不用说内容生产与技术研发的融合了。

3. 争取党政相关部门的支持

以行政的力量推进有关方面资源的积聚，赢得了"智慧无锡"客户端 100 万用户等资源，这不是哪个城市媒体能做到的。诸如"智慧无锡""智慧南京"这样的资源不争取到融媒体新闻中心，媒体融合的盈利模式就很难找准、找好。

与此同时，我们注意到无锡模式还需进一步优化，其内容与渠道、内容与平台、内容与技术之间的融合还有待改进，特别是新闻生产与"智慧无锡"等平台与资源的融合还不够充分，APP 产品的盈利模式还不清晰。

(八) 成都广播电视台媒体融合实践

在媒体融合方面，成都广播电视台起步早，动作快。2006 年，成都广电有线网络公司开始主动进行双向化网络改造，借数字化整体转换之机积极发展互动电视；2010 年初，成都台率先与央视国际和四川电信启动了 IPTV 业务合作，共同推出了"E169 套餐"；2011 年，成都台官方网站"橙网在线"（现更名为"无限成都"）上线；2012 年，成都台自行研发了"橙网在线"手机客户端（"看度"前身）；2014 年 10 月 31 日，"看度"正式上线。目前，成都 IPTV 用户已达 200 万家庭用户，"看度"已吸引 140 万用户下载。2015 年 9 月，在成都台调研时，笔者注意到该台十分重视技术对媒体融合的支撑作用，充分认识到技术是创新发展的主要驱动力，并积极争取市委市政府主要领导的关心和支持，在市委宣传部和市网信办的直接指导下，整合了其旗下的新媒体产品和技术体系，推出"无限成都——新型城市公共服务传播平台"，共享技术体系，共享内容资源，共享公共服务，共享用户信息，"五个中心""一个平台""一张网络""六类核心应用"的"5116"媒体融合技术支撑体系建设初见成效。

由于其技术支撑体系实施公司化独立运行，尽管采取了技术服务外包等多种经营手段，确保经济运行质量较好（这在国内电视台中较为罕见），但其新闻与技术融合存在遗憾，新闻内容生产与融媒体多平台传播还存在两张皮的现象，内容与技术的融合没有展示其自身的独特优势。

（九）西安广播电视台院台融合创新探索

2020年6月11日下午，在西安广播电视台与中国传媒大学电视与新闻学院合作恳谈会上，如何让历史文化活起来？怎样切实有效地传播开来、传承下去？教育部高等教育教学指导委员会新闻传播学主任委员、中国传媒大学电视与新闻学院院长高晓虹教授率先提出这一问题。她说，人们对历史文化了解了才会产生爱，有了爱就会有文化自信，有了自信就会产生自豪感。为此，任何一个城市、一个国家的历史文化要让所在城市的市民和所在国的民众有自豪感就要借助视频流，启发、吸引、调动更多的流动的传播者。她建议城市主流媒体与高校要探索媒体融合的新模式，在网络图书馆建设、音视频收集与创作、文创产品设计、历史文化旅游景点二维码、数字乡村建设、电子版景点介绍等方面开展切实而有效的合作，将高校教师的研究能力、学生的创作能力与媒体的推广与宣传能力、运营能力等深度融合，形成持续的协同创新能力。西安广播电视台台长惠毅表示，媒体深度融合的关键和着力点就是结合当地历史文化实际，研发、传播有贴近性，体现民生关怀和民情所系的融产品。作为传统主流媒体，在深度融合的进程中，融产品的研发是难点、焦点和竞争的着力点。媒体急切期待与研发能力强的高校开展深度合作。这一媒体融合模式的特殊性与启示有：

1. 资源有效融合与放大，避免了大而全弊端

合作后，中国传媒大学电视与新闻学院将其教师的研究资源与研究成果，特别是具有前瞻性、国际化的理念及时转化到媒介产品、文创产品的研发与创作上。学生在老师的指导下，开展持续有创新力的设计与创作，而西安广播电视台则节省了引智、引人的成本，在大量节省人力成本的同时能不失时机地推出新产品。

2. 优势互补，能力互助

中国传媒大学把主要人力、精力放在智媒时代电子版、移动端产品的设计与研发上，西安广播电视台把主要财力、精力放在市场开拓与营销上。高晓虹院长强调文创产品的设计要坚持以下三原则：有用，即让用户用起来，在用的过程中实现传播价值与传播意义；满足不同人的需要；不设计摆件。之所以确

定这三个原则，是因为要让所设计的文创产品成为流动的传播者。在谈到为何要在各个历史文化旅游景点的墙壁、地面、木建筑等上面建二维码时，她说要让旅客方便、及时了解有关历史与文化，增强持续性、便捷性和准确性。惠毅台长则强调要着力开拓市场，创建全媒体融合营销新模式、新路径。

3. 内容与技术、产品与市场的有效融合

西安台知道用户的内容、形式、消费方式等需求和市场前景，而中国传媒大学则知道如何通过技术的引领、支撑和保障，特别是能用年轻人喜闻乐见的方式将产品呈现。双方经过合作，将通过实施文旅移动工程，打造数字的流动的西安文化城。

这一模式的意义在于将现有的台院共建的形式转化为实实在在的行动，如传媒产品、文创产品的研发与营销，研发与创作、营销真正融为一体，把原先只是偶尔的交流互动转化、落实为真正跨界的文化移动传播。这是学界与业界在媒体融合发展向纵深推进的新探索、新尝试。

(十)银川市新闻传媒集团融媒体中心建设的启示

2016 年 12 月，银川市整合银川日报社和银川市广播电视台，组建银川市新闻传媒集团，建立了拥有报纸、广播、电视、网站、新媒体五种形态的全媒体现代传播体系，借以推动体制机制创新，实现组织结构和编采流程的改变，着力打造全程媒体、全息媒体、全员媒体、全效媒体。

基于传统媒体与新兴媒体融合发展向纵深推进、建设全媒体的意义与策略之考量，银川市新闻传媒集团市级融媒体中心建设的探索给我们有以下几点启示：

(1)先难后易，力破体制机制改革瓶颈；

(2)务求实效，注重融产品研发；

(3)竭力构建融合传播体系，不断提升传播价值与效应；

(4)善于学习，持之以恒，在学习中破解难题；

(5)坚韧不拔，保持改革与创新的活力。

银川市新闻传媒集团属于资讯密集型媒体，特色定位需进一步明确，要尽快想方设法解决盈利问题，积极探索媒体融合持续深化面临的一系列问题。其最成功的探索就是报和台真正统一运营起来，新闻生产和运行是一次采集，多次编辑，全网发布，获得了同行的认同与称赞。

在媒体融合创新实践中，其他市级融媒体集团(中心)的改革也十分引人注目。

　　媒体人正处在媒体融合的海浪中，有些人在自由泳、蛙泳，有些人在仰泳、蝶泳。有些人因为能力较弱而艰难前行，有些人因为体力不支而呛水，有些人因为彷徨或意志衰退而慢慢下沉。当务之急是调整呼吸，放松四肢，整合体能，重振信心。媒体融合需要前瞻性思维，更需要创新的激情与勇气。

本章小结

　　本章分析了媒介、媒体、传统媒体与新兴媒体等概念，研究了媒体融合的内涵与外延，阐释了媒体融合的本质诉求，剖析了媒体融合认识与实践的误区、问题及成因，重点论述了媒体融合的意义，分析点评了国内多家媒体融合发展的典型案例，指出其成功的经验、启示与亟待解决的问题。

【思考题】

　　1. 如何理解传统媒体与新兴媒体融合发展的本质诉求？

　　2. 媒体融合认识与实践存在哪些误区？你认为媒体融合如何才能少走弯路？

　　3. 主流媒体融合发展的着力点和突破口在哪里？

第二章　媒体融合文化

　　媒体融合中最难的是文化融合。文化融合显然是媒体融合难以跨越的"一道坎"。Vaia Doudaki 和 Lia-Paschalia Spyridou 研究了希腊网络媒体受到"融合文化"冲击后的现状，从新闻专业生产的角度，对融合文化提出了质疑：在资源有限、专业主义衰落以及工作满意度下降(收入降低、工作负荷加重、岗位安全感降低)的情况下，融合文化一定能够为新闻生产创造一个更好的环境吗?① 两位荷兰学者(Klaske Tame Ling 和 Marcel Broersma)在对一家荷兰报纸深度研究中发现，报纸的采编人员仍然把为网络平台提供内容看做次级的新闻工作，他们并不情愿为一个无法盈利且并不在意专业经验和技能的媒体平台(即网络)工作。该研究提出了两个问题：融合是否会影响专业生产的质量?融合是否会影响信息和观点的多元化?②

　　目前，学界和业界普遍认可媒体融合是巩固宣传思想文化阵地、壮大主流思想舆论的必然选择，是维护文化安全、占领信息制高点的战略举措，同时也是深化文化体制改革的重要内容。然而，无论是在实践领域还是在理论研究领域，人们最关注的往往是不同媒体之间内容的融合、渠道的融合、平台的融合、技术的融合、经营的融合以及管理的融合，而对媒体文化的融合以及媒体融合文化对媒体融合发展的作用关注和研究得不多。事实上，无论是在国内还是在国外，媒体融合最难的部分根本不是有形的资产融合，而是无形的文化融合以及培育新的融合文化。本章将从媒体融合的文化基础、媒体融合的文化碰撞和媒体融合的文化创新三个角度重点讨论媒体文化的融合问题和媒体融合的文化问题。

---

　　① 转引自北京市新闻工作者协会：《中国媒体融合发展报告 2015》，社会科学文献出版社 2015 年版，第 58 页。
　　② 转引自北京市新闻工作者协会：《中国媒体融合发展报告 2015》，社会科学文献出版社 2015 年版，第 58~59 页。

第一节　媒体融合的文化基础

当代西方马克思主义批判理论家、媒体文化理论的重要代表、美国加州大学洛杉矶分校教授道格拉斯·凯尔纳认为：文化、媒体、传播三者的关系是密不可分的。他提出的"媒体文化"概念既表明文化产业的产品所具有的审美性质和形式（即文化），也表明了它们的制作和发行的模式（即媒体技术和企业）。在当今世界上，媒体文化就像隐藏在我们背后的一双看不见的手，时刻影响着媒体的发展态势和我们的日常生活。① 中国古代圣贤也早有"道不同，不相为谋"的教诲。② 不同的媒介、不同的媒体有不同的文化，因此，媒体融合表面上看是有形的融合，实际上必然包含无形的文化融合，甚至可以说，文化的融合是媒体融合的基础，文化融合的成功与否从根本上决定了媒体融合的成败。

一、文化是媒体融合的重要内容

2019 年 1 月 25 日，中共中央政治局在人民日报社就全媒体时代和媒体融合发展的问题举行第十二次集体学习。中共中央总书记习近平强调："推动媒体融合向纵深发展，做大做强主流舆论，巩固全党全国人民团结奋斗的共同思想基础"；"加快推动媒体融合纵深发展……形成网上网下同心圆，使全体人民在理想信念、价值理念、道德观念上紧紧团结在一起"。习总书记在这里特别强调了媒体融合在巩固共同信念、维系和连接社会方面的重要作用，也突出了媒体融合的"文化取向"。③

（一）文化的内涵

"文化"一词出自《易经》贲卦象辞："刚柔交错，天文也；文明以止，人文也。观乎天文，以察时变，观乎人文，以化成天下。""文化"是"人文化成"的缩写。从字的释意来说，"文"就是"记录、表达和评述"，"化"就是"分析、理解和包容"。

---

① 汪信砚、刘建江：《凯尔纳批判的媒体文化研究及其启示》，《湖北社会科学》2014 年第 7 期，第 107 页。

② 语出《论语·卫灵公》；《史记·伯夷传》亦有言曰："道不同不相为谋，亦各从其志也。"

③ 刘沫潇：《由"技术取向"到"文化取向"》，《中国报业》2019 年第 6 期，第 45 页。

传统的文化概念是相对于政治、经济而言的，是指人类在社会历史发展过程中所创造的物质财富和精神财富的总和，既包括世界观、人生观、价值观等具有意识形态性质的部分，又包括自然科学和技术、语言和文字等非意识形态的部分。

文化是人类社会发展进步的重要内容和精神动力，能够在人们认识世界、改造世界的过程中转化为物质力量，对社会发展产生深刻影响。

(二)不同历史时期的媒介文化

媒体融合最初的研究主要聚焦于技术领域。2001 年，美国麻省理工学院教授亨利·詹金斯开始将媒体融合的研究从技术层面延展到技术融合、经济融合、机构融合、文化融合和全球融合等更为开阔的层面。① 2006 年，他在《融合文化：新媒体和旧媒体的冲突地带》一书中正式提出融合文化这一概念，用以指代媒体融合对社会文化形态、文化生产和文化消费的影响，并明确指出融合代表了一种文化变迁，因为它鼓励消费者获取新信息，并把分散的媒体内容联系起来。

从文化传播的时间角度来看，人类的文化进程主要经历了四个阶段：口语文化时代、书写文化时代、印刷文化时代和电子文化时代。不同的时代有不同的文化，不同的文化又有不同的媒介代表以及各自的特点。它们的发展和变迁代表着社会和历史的变迁，影响着不同时代的思维方式和不同群体的价值观念的塑造。

1. 口语文化时代的媒介文化——群体合意的文化

美国著名的媒体文化研究者和批评家尼尔·波兹曼(Neil Postman，1931—2003)认为，口语不仅仅是一种媒介，更是一种极大地影响了人类社会的技术工具。他曾说："我们最强大的意识形态工具是语言技术本身。"加拿大传播学家马歇尔·麦克卢汉(Marshall Mcluhan，1911—1980)也把口语定义为最早的媒介技术，是人类用以认识、摆脱并进一步掌控自然环境的全新方法。

正是因为有了口语，万事万物才得以命名，词语与意向才得以连接，人与人的交流才能不断增加，人类社会才随之形成并不断发展和完善。口语时代的传播方式是面对面的传播，因此虽然话语权掌握在拥有更多生活经验的长者和强大记忆力的智者手中，但是反对者仍然有很大的空间发表自己的意见。在不同意见的交流中，合意或共识逐渐产生并易于被整个社会群体所接受。可以

---

① 徐文明、吴倩：《融合文化与互联网文化产业商业模式创新》，《齐鲁学刊》2017 年第 6 期，第 98 页。

说，口语媒介文化体现出来的主要特点是参与性、平等性和共享性。

2. 书写文化时代的媒介文化——官民分离的文化

美国圣路易斯大学教授、传播学媒介环境学派第二代核心人物沃尔特·翁（Walter J. Ong，1912—2003）主张将文字的发明到印刷机的出现这段时间单独划分出来，归为书写文化时代。在这一漫长的文明过渡的时期中，人类的意识、世界观、社会文化与话语体系都发生了缓慢而巨大的变化。文字改变人类意识的力量胜过其他一切发明。文字的出现使得人类走出了氏族社会阶段，国家、阶级和权力等级得以产生或进一步明晰。人群的分离导致了社会文化与话语权的变迁。[①]

在口语时代，话语权逐渐由氏族长者向有识字能力的文化的掌握者手中转移。同时，文字的发明也使得书本所能够承载的知识在数量和准确度上都大大超过了个人的记忆能力。与口语文化面对面传播不同，书写文化的传播以一种传者不在场的形式发生，受众在阅读时是无法交流与反驳的。这一特性使得传者"神秘化"，文字也带有不容怀疑的权威与神性。由于社会发展局限和文字传播技术落后等客观因素，再加上统治阶级主观上想彰显等级分化，造成只有少数贵族阶层、士族阶层才能掌握书写这一媒介技术，形成了官民分离的媒介文化特征。

3. 印刷文化时代的媒介文化——理性主导的文化

伴随着 15 世纪末期欧洲印刷工业技术的发明和普及，文字传播的成本逐渐降低，欧洲逐渐摆脱了黑暗的中世纪，印刷术使得文字可以准确地重复表达，现代媒介文化也因此产生。尼尔·波兹曼认为，以印刷术为特征的全面文字文化是一个崇尚冷静、理智、爱好逻辑而厌恶自相矛盾的"阐释时代"。他认为印刷术将人类从蒙昧引向了理性，用排版规整、印刷清晰的书籍建构起了线性排列、有序分布、用逻辑严密的定义和概念来认识世界的全新的思维方式，并提出了"阐释"这样一种思维与表达的全新方法与文化。[②] 印刷文化以书籍、报纸为主要媒介，在这两种媒介传播的过程中，书面语这种更加富有逻辑和更加严谨的语言形成，同时培育了读者这一特定且广泛的群体。在阅读中，他们虔诚、理性、严肃、专注，形成了极为私人化的封闭空间，对人类理性思

---

① 谢清果、赵晟：《尼尔·波兹曼论媒介技术演进与社会话语变迁》，《科学技术哲学研究》2018 年第 2 期，第 73 页。

② 常聪：《媒介即环境：波兹曼的童年理论探幽》，《哈尔滨工业大学学报(社会科学版)》2007 年第 4 期，第 147 页。

维的形成与发展产生了至关重要的影响。在话语体系的构建中，印刷文化也打破了原有少数上层阶级才可以获得的知识垄断，文字和信息开始大量涌向普通民众，人类社会的话语权再次从集中走向分散，特别是政党报纸的出现使得话语权与政治权分离，话语权逐渐分散到各个社会阶层和政党所代表的媒体组织及其背后的控制力量手中。

4. 电子文化时代的媒介文化——娱乐至上的文化

电报的发明开启了人类历史上崭新的媒介时代——电子时代。在随后的200多年中，图像技术得到了迅猛的发展，电影和电视所代表的图像文化也应运而生，摄影技术和图片新闻更是把人从现实语境中分离出来。由于人们对于图像只需要辨认而无须理解，人们自主搜集与分析身边信息的能力也逐渐减弱。话语权力也快速地转移到了文字报道最快、图片新闻最多的技术精英手中。20世纪20年代，广播及后来的电视发明之后，人们获取信息的方式又发生了一次颠覆性的改变，从文字阅读逐渐转为视听体验。沃尔特·翁将电视时代称为"次生口语时代"。这是因为社会群体是人们在聆听广播电视节目的过程中形成的，而广播电视里的语言都是口头语言。这种口语环境虽然不真实，却可以让广播电视的受众产生强烈的群体感。这也是麦克卢汉提出"地球村"和重新部落化的原因之所在。电视话语体系的重要特征是娱乐。在尼尔·波兹曼看来，这是一种抛弃了教育与反思的超意识形态，摧毁了人类至关重要的文化根源、社会关系与价值根基。

综上所述，媒介本身就是文化发展的产物，且自身就是一种文化。媒介文化不但参与文化符号的形成、文化意义的建构、文化形式的创新，而且直接参与社会文化秩序的维护。因此，不管是作为本体还是客体，文化都是媒体融合的基础和内容之一。没有文化的参与和融合，媒体融合的基础就不会坚固，媒体融合的持久性就会受到影响。

(三)媒体文化融合的问题

媒体文化的融合离不开对媒介文化和媒体文化内涵的探讨。所谓媒介文化，就是与特定媒介的技术、内容形态和受众相匹配的叙事方式、风格和气质。比如，作为一种媒介，报纸文化和电影文化、广播文化、电视文化及网络文化就具有不同的表达方式、风格和气质。报纸的内敛、沉静与中老年读者的内涵和气质比较匹配；广播的声音可以给它的受众带来无限的想象和神游空间；电影的唯美和叙事手段的多样化透露着一种浪漫的情怀和人文精神；电视的娱乐和新闻色彩比较浓厚；网络的自由、散漫与丰富多彩对年轻人具有不可抗拒的魅力。

　　而作为一种从事信息传播的专业社会组织，媒体文化又不同于技术和物理特质鲜明的媒介文化。它是指与媒体的宗旨、规模、传播范围与组织架构以及经营管理模式相关的一种精神气质和行为风格。比如，作为国家媒体的中央电视台、人民日报和作为地市级媒体的报社、电视台，在理念、内容取舍标准、报道范围和重点以及表现方式等方面都会有很大的差异。前者表现的大气、高端、视野、审美取向以及话语体系是地市级媒体望尘莫及的，而后者的生活气息、市民气质和世俗色彩又是前者所不具备的。两者互相补充，相得益彰。同样，报纸媒体文化的深沉与电视媒体文化的张扬也很难相提并论。所以，无论是不同媒介的融合还是不同媒体的融合，都必然会遇到文化融合的问题。媒体融合的失败，有的是利益重组的失败，有的是文化融合的失败。打一个比方：媒体的融合犹如男女婚配，没有文化的媒体融合就像没有爱情的婚姻，要么不幸福，要么不成功。

　　传统媒体和新媒体的文化融合更难。由于新媒体与传统媒体有不同的"文化基因"，虽然二者分别在对方身上"嵌入"了自己的"代码"，但从文化的角度上二者并没有真正"融为一体，合二为一"，面临着"外新内旧"的尴尬——外在的技术、口号、设备、场所的不断更新掩盖不了观念旧、思维旧、内容旧、经营旧的问题。"外新内旧"的本质就在于新老媒体文化生态不同，面临着文化上的冲突，比如工业文化与个性文化的冲突、精英文化与大众文化的冲突、官方文化与民间文化的冲突、历史文化与网络文化的冲突以及国际文化与本土文化的冲突。

　　清华大学教授彭兰认为：每一种媒体在其发展过程中都逐渐形成了自己独有的"文化"，文化隔阂才是新老媒体融合中的关键障碍。[①] 媒体融合贯通了不同的媒体平台，在整合资源、创新内容、开发渠道的进程中，不可避免地把原本互动交流很少的受众汇聚在了一起，同时把他们偏好的文化传播方式整合在了一起。如何传播文化、传承文化、传创文化，在新老媒体不同文化生态中真正实现文化融合？这是媒体融合发展必须要解决的问题。无论是理解新媒体用户文化，还是转变经营理念和管理模式，都要解决文化障碍。说到底，文化融合才是解决传统媒体与新媒体融合的根本问题之所在，文化融合才是媒体融合最重要的内容之一。

---

　　① 彭兰：《文化隔阂：新老媒体融合中的关键障碍》，《国际新闻界》2015 年第 12 期，第 138 页。

（四）媒体文化融合的趋势

在全媒体时代，传播方式由单向传播模式到全民参与，由公共媒体过渡到公民媒体，公众可以以主体身份与媒体共同参与议程设置，这是一个文化"去中心化"的过程，也是精英文化与大众文化融合的过程。

"全员媒体"时代是人人掌握麦克风的时代，传统媒体特别是主流媒体所代表的精英文化，过去如殿堂般高高在上，在与新媒体融合过程中势必要向代表大众的流行文化甚至"草根文化"妥协。近来央视《新闻联播》频出金句，频上热搜，就是媒体融合过程中精英文化与"草根文化"融合的一个典型案例。

央视《新闻联播》自 1978 年开播以来，一直都是中国社会发展的风向标，发布着权威信息，代表着正确立场，彰显着主流媒体的话语权，自带政治传播话语体系下的距离感。然而近期《新闻联播》却因为几位主播频频爆出"荒唐得令人喷饭""no zuo no die"等金句而被刷屏。2019 年 8 月 24 日，《新闻联播》正式入驻短视频平台抖音、快手。入驻当日，粉丝数瞬间就达千万，让不少网友感叹："《新闻联播》不愧是电视界的'扛把子'。"这种现象看似语言的变化，其实是心态的变化，更是新旧媒体文化融合的表现。

从媒体融合的发展趋势来看，媒体的移动化、智能化和视频化是媒体产业发展的大势所趋。在这个变化过程中，必然会有不同媒介文化、不同媒体文化之间的碰撞和相互渗透，也必然有一个不断冲突、不断适应的将不同特质的文化融为一体的过程。更重要的是，这个过程不仅是既有媒体文化的融合，还会有新的移动媒体文化、智能媒体文化和视频媒体文化产生，并不断冲击原有的媒体文化板块。在新旧媒体文化融合的过程中，年轻用户的态度将是决定媒体文化融合过程和结果的有生力量。因为媒体文化最重要的主体毕竟是人，特别是年轻人。

二、新老媒体的文化特点

（一）传统媒体的文化特点

所谓传统媒体，主要是指报纸、广播和电视。它们是工业文明的产物，而传统媒体文化所呈现的特点也契合了工业化社会发展的逻辑。也正因如此，传统媒体文化或多或少会受到政治权力与经济利益的影响。概括起来，传统媒体文化所呈现的特点主要有以下三点：

1. 传统媒体传播文化的单向化和线性化

虽然报纸、电视等传统媒体的出现开阔了人类的视野，增强了人与社会的联系，但是传统媒体与受众之间总体上缺乏互动，形成了一种单向化、线性化的传播模式。传统媒体在传播中有天然的"权威感",掌握着信息发布的权力,受众只得被动接受,主观能动性很难发挥。① 传统媒体用形象的、感性的视觉形象使得大众成为"涵化"对象;大众在传统媒体文化的培养下,形成了相对统一的价值观体系和相对单一的思维模式,并且不断调整自己的生活方式来适应主流社会的规范,成为美籍犹太裔哲学家和社会学家赫伯特·马尔库塞笔下"单向度"的人。由于交互性技术应用的不足,传统媒体传受关系中的公众参与度很低。传统媒体文化中的"主导受众"思维决定了它是一种以"消费"为核心的文化,其与人类的交往互动也呈现出虚拟化的特点。

2. 传统媒体管理文化的中心化和层级化

文化是组织中一种强大的力量。组织文化形成决策,决定优先权,影响行为和产量。传统媒体在组织文化上大多呈现出"中心化"的特点,采用"自上而下"的管理模式,组织结构非常严密,强调采编发流程的严格纪律条例,在媒体内部形成了"唯上"的媒体文化。事实上,传统媒体的工业化流水线生产模式也确实需要这样的组织文化,否则将会一盘散沙。在中国特色的党管媒体的背景下,媒体不仅是一个经济实体,还是一个政治实体,自然要遵循政治实体的运行规则,这也在客观上强化了媒体中心化、层级化和规模化的属性和特点。

3. 传统媒体思维文化的保守化和程式化

不可否认的是,即使在媒体融合不断深化的今天,依然有一些传统媒体人的思维非常保守,甚至有些固化。虽然客观上思维转变需要时间,但究其主要原因还是传统媒体人有一种天然的优越感——在以严谨、恪守新闻专业主义著称的传统媒体人看来,新媒体、自媒体代表的是肤浅的"草根文化",专业素质良莠不齐,甚至有的还会成为传播谣言的温床,与训练有素的"正规军"相比不可同日而语,不会对传统媒体人的职业生存和发展构成威胁。因此,他们对于传受关系的理解固化在"我播你看"的范畴,很难形成互联网思维、用户思维等适合新媒体时代的思维方式。

另外,由于受到双重属性和政府型组织特征的影响,传统媒体组织呈现为明显的金字塔结构。这种权力过分集中、审批流程极为繁琐的组织架构和运行方式也消磨了传统媒体人的积极性,使他们的思维像组织架构一样变得程式化,难以拓展思路和进行内容创新。在中国,大部分传统媒体都是事业体制,

---

① 张瑞兰:《新媒体文化:人类交往的伟大革命》,《新闻爱好者》2016年第4期,第27页。

要想开展一个新的业务或是在文化理念上有所创新和拓展，常常会受到各种不确定因素的影响和阻碍。从业者为了保障个人利益，更倾向于保持现状、避免风险，而非考虑组织的整体发展。[①]

（二）新媒体的文化特点

随着信息技术、网络技术和媒介技术的不断发展，各种新媒体不断涌现，新的媒体文化也随之产生。新媒体文化是以新媒体为载体、以新媒体的表达方式为特征的当代社会特有的文化现象，具有强烈的"草根性"价值取向、感性张扬的精神特征以及双向互动的传播特点。[②] 新媒体文化的出现带来了人类思维方式、行为方式和生活方式的巨大变革，是对人类文化和当代文化的全新建构。[③] 新媒体文化是完全不同于传统媒体文化的一种崭新的文化形式，概括来说，它主要有以下三个特点：

1. 新媒体传播文化的互动性和多向性

与传统媒体文化相比，新媒体文化最大的特点就是它的互动性。新媒体平台的传播特点决定了信息的传播者和用户不再是以往的信息生产者与消费者的关系。用户在新媒体传播中不再是被动的接受者，而是被赋予了更多的信息传播的主体性和主动性：可以和信息互动，参与信息采集、传播和再生产的过程。新媒体文化的另一个重要特点是多向性，新媒体传播方式由传统媒体点对面的传播方式变为点对点、多点对多点等自由的传播方式，开启了"公民媒体"的全新时代。新媒体文化的出现使得人人皆有表达的机会、权利和表现方式，在一定程度上消减了代表工业文明时代的传统媒体设置议程的作用，减弱了传统媒体的社会话语权。新媒体文化催化了政治民主，促进了社会民主，使每个人都可以表现其长处或才艺，彰显其个人价值和社会价值，人人都拥有麦克风，人人都有一个发声的平台，人人都可以监督政府、监督权力，实现了话语权从传统媒体向公众的逐步转移。

2. 新媒体管理文化的去中心化和扁平化

在信息化时代，由于人和资源相连，管理权力发生转移，整套运作体系不再单单以管理者为中心，而是以员工为中心、以用户为中心，新媒体组织的

---

① 姜怡：《媒体融合背景下传统媒体组织文化变革的困境》，南京大学博士学位论文 2018 年版，第 39、47 页。

② 侯巧红：《国外新媒体文化发展的现状及启示》，《中州学刊》2016 年第 6 期，第 174 页。

③ 孟建、祁林：《新媒体文化：人类文化的全新建构》，《新闻爱好者》2016 年第 4 期，第 21 页。

"去中心化"浪潮势不可挡。组织科学鼻祖马克斯·韦伯所定义的科层制金字塔式的组织体系正在变得扁平化，新媒体企业管理的职能也越来越向协作式的资源服务体系转变。媒体管理文化的去中心化和扁平化归根结底是信息的生产能力和传播能力从媒体向用户转移的结果。

3. 新媒体思维文化的创新性和开拓性

新媒体文化的本质特点是创新。在新的交往过程中，原本没有话语权的大众可以发声，他们成为文化的创造者和生产者。在文化创作中，大众利用各种新媒体平台，在微博、微信和短视频中充分张扬自己的个性和价值观。他们创造传播平台，创新传播内容和表达形式。这种文化的创新还突破了时空的限制，时刻在线、处处连接成了人们的基本生存状态，人们可以利用碎片化的时间来刷微博、上微信、录制和观看视频，文化消费能力不断升级。从内容上看，新媒体文化信息传播的载体不再是单一的文字，而是图像、声音等非语言符号。在传播的过程中，这种文化载体不断被复制、创造、转发，始终处于创新的状态。新媒体文化内容创新还表现在不断开拓疆域，促进各种文化的交流、碰撞与融合上。比如传统文化与新兴文化的交流与碰撞、中外文化的交流与碰撞、代际文化的交流与碰撞等。在此过程中，新的文化符号、价值观念、文化产品得以产生。新媒体还激活了传统文化，使传统文化与现代技术相结合。例如，经常以"搞事情"为乐的抖音短视频通过大数据显示，平台上发起的有关传统文化的挑战吸引了93%的90后用户参与，"笑出国粹范""京剧 BGM 挑战"的播放量高达 10 亿。新媒体文化正在不断绘制属于自己的"文明地图"。

三、文化是媒体融合的润滑剂

(一)媒体融合进程中的文化冲突

随着媒体格局的转变，传统媒体的优势逐渐丧失，新媒体在市场占有量方面的优势不断凸显，传统媒体机构面临着被淘汰或加速融入新媒体环境的选择。但是，新媒体和传统媒体是两种有着显著区别的、完全不同的媒体形态，要想互融共生、共同发挥好舆论宣传和服务公众的作用，就必须解决好文化融合问题。因为无论是传统媒体组织管理中的中心化与新媒体模糊的管理机制之间的冲突，还是传统媒体主导受众型思维与新媒体用户主导型思维之间的冲突，抑或是传统媒体具有垄断保护主义特点的市场模式与新媒体开放型市场模式之间的冲突，其背后的根本原因其实都是文化的冲突。文化融合是媒体融合的润滑剂。文化融合顺利，媒体融合就顺利；否则，媒体融合就是一锅"夹生饭"。

(二)媒体融合进程中的文化重建

媒体融合并不是传统媒体完全转变成新媒体,更不是要被新媒体消灭。传统媒体不是进入了互联网,穿上新媒体的漂亮外衣,就转变成新媒体了。真正的融合必须经过艰苦的转型,才能互融共生。传统主流媒体无论是重构采编播流程还是再造采编播流程,说到底都需要对传统媒体从文化层面上进行变革和重建。① 这种重建既有传统媒体文化向新媒体文化学习、靠拢的一面,也有传统媒体坚守自己优秀文化传统的一面。以光明日报在与新媒体融合以及文化重建过程中采取的举措为例,在媒体融合过程中实现文化重建至少要具备两个转变:

1. 思想观念的转变

光明日报在充分发挥传播力、引导力、影响力、公信力等既有优势的同时,主动拥抱新媒体,将传统纸媒生产观念和现代新闻生产传播方式相结合,满足用户的需求,通过光明网和订阅号"光明日报"及时快速发布社会热点信息,有效融入了新的媒体生态圈。

与此同时,光明日报还积极转变发展思路,把握新闻动态、新媒体格局和技术演变趋势,发挥融媒体、多渠道传播的延展效应。例如:通过与腾讯、今日头条合作推出《感动·毕业季》等栏目以增加媒体与用户之间的互动,通过打造《新媒体一日》栏目拓展媒体融合空间等。光明日报为促进传统媒体的转型升级,对多种媒介的风格和责任进行了精准分类,找到了新旧媒体的结合点,综合运用多种媒介,既发挥了单项媒介的功能,又化零为整,发挥了多种媒介的集合优势,大大推动了报业集团的发展和进步。

2. 管理模式的转变

管理模式是管理理念、管理文化、管理资源、管理组织和管理战略耦合的状态或结果。不同的媒体有不同的管理模式,会产生不同的管理效率和结果。传统媒体和新媒体的差异主要体现在管理模式的不同上。早在 2014 年,光明日报就成立了融媒体中心,用"组合拳"的方式扩大了媒体的影响力,满足了用户的多种需求,从而提高了市场占有量。与此同时,该报还确立了新的人才培养制度,注重用人的科学性,在引进人才时注重考察其对新技术的掌握能力,建立起了与媒体融合模式相适应的机制。

文化的先进和落后与其出现时间的先后并没有必然的联系,但是文化对于时代来说确有适应和不适应之分。"新"并不总是"正确"和"适应"的代名词,

---

① 黎晓春:《融合创新:传统媒体的文化重建》,《新闻战线》2017 年第 12 期,第 8 页。

"传统"也不一定就意味着"落后"和"不适应"。光明日报在严峻的市场竞争环境中，始终坚持优良的文化传统，在 70 年的时间里坚守对文化的崇高敬意，努力平衡新旧媒体文化之间的关系，在"乱花渐欲迷人眼"的纷繁现实中保持着文化定力——通过建立健全信息筛选机制，保持新闻的透明度、可信度，杜绝假新闻；坚守社会责任，恪守新闻伦理和法规，积极承担作为传播者的社会责任，以笔为戈，推动社会发展。①

在现阶段，媒体融合实践出现了两种相反的趋势：一个趋势是新的媒介技术使生产和发行成本大幅下降，媒体内容的传播范围渗透到社会的每一个地方，大众文化得以在生生不息中走向繁荣；另一个趋势是媒体力量不断集中，少数大型媒体集团高度垄断国内甚至全球信息的生产与消费，文化的多样性在多重重压下逐渐萎缩。两种相反的趋势代表了两种不同的价值取向，亟须通过积极的文化反思加以平衡和改善。② 在媒体融合过程中，传统媒体要完成文化的"转基因"并不是一件容易的事情。各种媒体机构的融合和媒体机制的变革从根本上来说是文化碰撞和融合的结果。因此，文化融合是媒体融合的基础，媒体融合本质上一定要遵从文化逻辑。文化的冲突必然带来文化的变革和创新，而媒体文化的创新正是媒体融合的起点和归宿点。

第二节　媒体融合的文化碰撞

媒体融合是一个复杂的过程，有多重内涵，伴随着多维表现。其中，文化是媒体融合不可或缺的一个重要维度。当今的媒体环境，正如亨利·詹金斯教授在《融合文化：新媒体和旧媒体的冲突地带》一书中所预测的那样：新旧媒体相互碰撞，草根媒体与公司化大媒体相互竞争，媒体制作人和媒体消费者的权力相互作用……所有这一切都在以前所未有的方式进行，媒体在融合过程中产生了强烈的文化碰撞。

一、媒体融合文化碰撞的必然性

在媒体融合时代，没有任何一个媒体能够无视其他媒体的存在，在自我想

---

① 张芳丹：《试析新媒介环境下媒体的变与不变——以〈光明日报〉为例》，《新闻研究导刊》2019 年第 12 期，第 208 页。

② 郜书凯：《悖论与反思：媒介融合的文化逻辑》，《现代视听》2009 年第 2 期，第 37 页。

象的"真空"中孤芳自赏地发展。无论主动参与还是被动接受，不同媒体之间的文化碰撞不但不可避免，而且日益加剧。

(一)新旧媒体文化基因差异导致的文化碰撞

早在1997年，尼古拉斯·尼葛洛庞帝就在《数字化生存》里把"被动"的旧媒体和"互动性的"新媒体作了对比，指出点对面的广播模式将衰落并最终让位于窄播，并预言了基于点播的细分媒体时代的来临。

上述预言的提出虽然是在电视产业大行其道之时，但从媒体发展的现状来看，此预言在某种程度上已经成为现实。尼葛洛庞帝数字革命的范式假设是新媒体终将取代传统媒体，然而根据媒体发展演变的历史规律，传统媒体不会甘心消失于历史的舞台之中——就如同广播的发明没有让报纸失去它的忠实读者一样，毕竟还是有读者偏爱报纸中对新闻事件的深度解读；电视的发明也没有让广播失去它的忠实听众，毕竟还有人愿意聆听来自电波中的启迪之声。在移动互联网时代，为数不多值得信赖的历史规律之一是旧媒体往往有绝处逢生的习惯性能力。①

每一个新媒体的出现都会推动传统媒体在技术上革新、内容上创新，同时传统媒体也会通过细分受众的方式获得一定的市场占有率。比如当电视出现并成为叙事平台后，就有很多广播媒体把自己变成了音乐播放和热线互动平台。由于新技术的交叉融合，三大传统媒体一直在努力尝试与新兴媒体进行信息的交叉传播和整合传播。而在信息技术空前发展的今天，人工智能、大数据、5G技术等全新技术革命使得媒体融合以比从前更为复杂的方式开展互动。美国麻省理工学院教授普尔预言这将是一个长时间的过程，因为各媒体系统通过相互竞争和相互合作，寻求一种难以企及的稳定状态。亨利·詹金斯教授也认为融合并不意味着最终的稳定和统一，它作为一种持续性的统一力量发挥作用，但却总是保持动态的变化张力。日益显著的融合并不存在永恒不变的法则，变化过程远比这些复杂。因为每一种媒体在发展过程中由于媒体运行的环境因素、体制因素和市场等因素而形成自己独有的"文化"，这种文化是特定的传播平台与制度下的传播主体、手段、理念、思维等集合作用的结果。②

上节提到，要实现真正意义上的媒体融合，首先就要明白新媒体与传统媒

---

① Andrew Pettegree. *The Invention of News：How the world came to know about itself*[M]. Yale University Press，2014：23-24.

② 彭兰：《文化隔阂：新老媒体融合中的关键障碍》，《国际新闻界》2015年第12期，第126页。

体之间文化基因的差异。新老媒体融合的障碍根本上是由于不同媒体文化基因的差异造成的。不同的基因、不同的文化相遇，必然发生一定的碰撞。文化基因是 20 世纪 70 年代英国生物学家理查德·道金斯(Richard Dawkins)仿造遗传学的核心概念基因而创造的全新概念，被广泛用于跨文化研究和文化传播领域。和生物基因一样，文化基因也可以被传播、扩散、复制，也会衍生和变异。正是基因的遗传和变异使得人类的文化生生不息、不断发展。

不同的媒体有不同的文化特质。因此，无论是媒体的融合还是媒体文化的融合，都是一个充满冲突的过程。按照社会学家赫伯特·西蒙斯的说法：文化的冲突实际上是一种社会关系，两个或者两个以上集团不可调和的利益冲突导致相互斗争。[①]

传统媒体和新媒体各自拥有不同的文化特征和文化基因。文化基因的差异使得新老媒体在融合进程中不可避免地发生文化碰撞，这种碰撞主要体现在以下几个方面：

1. 共性文化基因与个性文化基因的碰撞

传统媒体的文化基因是共性文化，采用的是点对面的传播方式。传统媒体的工业化特征追求的是规模复制，实施的是单向投资、单向生产和单向播出。观众只有看和不看两种选择。[②] 受众只能被动接受播放的信息，才造成所谓的集体回忆；这种"共性文化"，在一定程度上也体现了传播价值观的单一化。就如《渴望》《霍元甲》《西游记》成为当年的"现象级"电视剧一样，央视春晚自 1983 年创办以来，也连续 38 年成为中国家庭除夕夜的重要精神大餐，更成为大年初一亲朋好友拜年和相聚必聊的文化话题。而新媒体改变了传统大众传媒"一点对多点"的传播方式，具有良好的交互性、有效的即时性、高度的集成性与泛在的网络性等特点。很多新媒体采用了自媒体自编自发的传播方式，所有人都可以成为信息的编制者、传播者和接受者。人与机的散点交互使个人体会到了前所未有的言语自由，而数字媒体时代的文化则成为地道的"个性文化"。通过"文本"的书写和传送，真正达到彰显自我、标榜个性的愿望。这就是新旧媒体文化的不同呈现。传统媒体文化衍生的人际交流和文化共鸣现象与新媒体以个性化、自主化、自由化、即时化为特征的交流文化各有长短，很难说哪个更好，只能说哪个更适宜特定的群体和特定的需要。但是，总的来

---

① 张昕云：《文化的撞击与融合——对建构社会主义新媒体文化的思考》，《中国报业》2014 年第 12 期，第 83 页。

② 陆地：《走向对冲的文化传播生态》，《当代传播》2015 年第 5 期，第 4 页。

说，观众的个性化已经成了视觉媒体内容生产的主流趋势。传统电视媒体的观众正在不可阻挡地逐渐演变为新型视觉媒体的用户、客户甚至"主户"。当然，在媒体融合的过程中，传统媒体工业化生产导致的共性文化并不会消失，甚至一些新型视频媒体也会延纳规模经济的工业化生产方式。毕竟人的共性是永远存在的，共性消灭不了个性，个性不能也没有必要取代共性。因此，从哲学意义上来说，这种媒体共性与个性文化的冲突是一种对立统一，将一直持续下去。

2. 内容文化基因与用户文化基因的碰撞

传统媒体普遍重视内容而缺少产品思维。在传统媒体的鼎盛时代，判断一篇纸媒上的报道写得好不好或重不重要，不是看读者的阅读量，而是看编辑能不能让它上头版。新媒体则不同，它更注重信息的短、平、快，报道写得好不好主要看它的点击量。这种新媒体文化的特性极大地冲击着传统媒体求真相、讲客观、追求公正、独立的文化基因。传统的纸媒有严格的把关制度，需要反复核实一篇报道，力求报道的准确，而新媒体讲求的是速度、新颖、冲击力。媒体融合造就了参与式的文化，用户不可避免地参与其中。很多传统媒体为了实现媒体融合纷纷打造"中央厨房"，成功的案例有，但失败的也不少。失败的原因之一就是忽略了用户已经加入了融合过程这一事实——他们有更多的选择权和决定权，可以决定何时何地光顾你的"中央厨房"。[①] 用户黏性是新媒体特有的概念，指的是网络内容对读者吸引时间的长短以及用户的投入程度。新媒体善于通过改善内容呈现的方式和形式（比如对色彩、图片、文字风格、排版方式的合理组合）来增强用户黏性，或者通过增强交互性、分享性来吸引用户。在社交媒体大行其道的今天，如果资讯没有极强的分享性，那么，无论内容如何优秀，都很难引起用户的兴趣和共鸣。据美国的媒体调查公司皮尤中心（PEW）统计，一则新闻或资讯80%的阅读发生在第一天，新闻基本上就是一次性消费。

和大自然优胜劣汰的进化规律一样，传统媒体要想生存下去也必须遵循"适者生存"的法则。这就需要传统媒体尽快放下原来高高在上的优越感和教化习惯，调整心态，强化用户思维，做用户想要的和需要的内容而不是自己喜欢的内容。媒体的"中央厨房"仅仅依靠技术设备新、布置气派是不够的，还需要为用户提供高质量、"菜色"新、口味多样的内容。没有考虑到用户的内容，就是没有价值的内容；没有用户参与和喜爱的内容，就是没有影响力的

---

① 彭增军：《媒体融合为什么成了夹生饭》，《新闻记者》2016年第12期，第29页。

内容。

3. 参与式文化基因与中心式文化基因的碰撞

媒体文化融合的过程其实也是一个争夺文化话语权的过程。传统媒体是需要政府批准或出资才可以成立的，媒体的主要功能是做好党和政府的喉舌，掌握着话语权，受众的地位和作用是微不足道的。意见领袖以单一型为主，只要一个人在某个特定领域有声望，便可扮演意见领袖的角色。而在新媒体时代，用户深度参与媒体产品和媒体文化生产，任何一个人都可以通过网络这个低门槛、平民化的平台在各种媒体上充分表达自己的观点，这就在一定程度上给官方媒体造成了压力。新媒体时代的意见领袖都是善于积极与用户互动、沟通良好的信息生产者和传播者。他们拥有杰出的表达能力，可以多方面、深层次地对用户产生影响。根据 2021 年 2 月发布的第 47 次《中国互联网络发展状况统计报告》，网民增长的主体从青年群体向未成年群体和老年群体转化的趋势日趋明显。参与式文化也使得融合文化的价值体系多元化，使得不同的思想、观念在网络空间里自由碰撞。话语权再也不会只集中在某一组织、某一阶层的手里，而是人人都掌握麦克风，人人都可以畅所欲言。某一热点话题出现的初期，可能会出现集体讨论、莫衷一是的情况，但是，随着时间的推移，不同价值取向的用户还是会回归理性，寻求最大共识，进而在网络空间形成多元统一的价值体系。参与式文化和中心式文化的碰撞本质上是对话语权的争夺，而为了争夺更多的用户，传统媒体特别是政府媒体有时候不得不更加关注民生新闻，或者开发参与性更强的节目，比如各大卫视推出的层出不穷的选秀娱乐节目等。这些都是传统媒体在面对参与式文化对中心式文化挑战时的应对策略。由此可见，不同媒体的文化冲突并不一定都会产生负面的效果，只要因势利导，就可以引发良性竞争，进而提高不同媒体各自的内容质量和服务质量。

(二) 新旧媒体组织文化隔阂导致的文化碰撞

不同媒体的组织文化隔阂也是媒体文化融合冲突的起因之一。报纸、杂志、广播、电视、网络等媒体的组织文化各不相同，这些媒体在融合过程中的组织文化冲突必然会在一定程度上阻碍媒体融合的进程。2003 年 9 月，AOL（美国在线）—时代华纳董事会表决通过，把公司原来名称中的 AOL 彻底去掉，改名为"时代华纳"。这意味着 21 世纪最大的新老媒体并购宣告失败。究其原因，主要是新旧媒体的企业文化不同造成的。媒体理念、管理模式、行为习惯的差异本质上都是媒体文化的差异。新媒体的价值观是注重实效性和双向沟通，组织架构上实行扁平化管理；而以时代华纳为代表的传统媒体虽然在经营管理上有丰富的经验，注重内容经营，且具有丰富的策划经验，但由于管理机制创新不足，造成了员工多、体制庞大的问题。组织文化上的冲突最终导致时代华纳和美国在线两家企业并购失败。

媒体融合中组织文化融合成功与否的关键是看媒体组织是否拥有文化框架转换的能力，也就是在开放的过程中，在不同类型文化的碰撞过程中，形成一种飞机空中加油式的动态链接机制。也就是说，媒体融合最终成功与否主要取决于媒体是否可以从不同的参与者中汲取营养，是否可以从外部环境中获取意义。① 在新老媒体融合的过程中，文化隔阂和冲突将会在很长一段时间内存在，接受新媒体文化的挑战与洗礼，将是传统媒体必须面对的现实。如果不能超越媒体的文化隔阂，跨过文化障碍这道门槛，传统媒体的转型就无法获得真正成功。

二、媒体融合文化碰撞的正负效应

国内有的传播学者认为，媒体融合涵盖了媒体科技融合、所有权合并、战略性联合、组织机构融合、新闻采访技能融合等多个层面的含义，作为媒体的一个发展趋势，它必然会对传播格局、体制、生产方式和人才结构产生多方面的影响。西方学者在这一领域的研究呈现出多样化的视角，其中一个研究重点就是从媒体文化融合角度展开的。②

国外有的学者使用"数字文艺复兴"来形容媒体融合之后的文化，他们认为这是一种文化转型，而且这种转型如同文艺复兴一样，影响我们生活的方方面面。因为消费者、把关人、生产者目标的冲突会使我们在政治、经济、社会、法律领域发生相应的争论，这些争论既推动文化多样化也推动文化同质化，既推动文化商品化也推动草根文化的生产。他们认为融合文化的时代已经到来，人们对这一变化的复杂性和矛盾性的认识还存在不足，但没有任何力量能够阻止这一时代的来临，也没有任何力量能够控制新文化给人类带来的累累硕果。亨利·詹金斯教授认为，媒体融合导致的数字文化复兴既是最好的时候，也是最糟的时候，但是新的文化秩序必将从中产生。媒介融合是一个过程，而不是一个终点。

---

① [美]斯蒂芬·P.罗宾斯、[美]蒂莫西·A.贾奇：《组织行为学》，孙健敏、李原、黄小勇译，中国人民大学出版社2016年版，第305页。

② 郜书凯：《悖论与反思：媒介融合的文化逻辑》，《现代视听》2009年第2期，第41页。

因此，媒体融合形成的融合文化生态必然对社会各个方面产生正负效应。

（一）媒体融合文化碰撞的正面效应

在媒体融合过程中，传统媒体与新媒体相互学习、相互激励、相互促进，彼此"相爱相杀"，通过大量或主动或被动的竞争与合作，建立了比以往任何一个时代都更加紧密的关系。传统媒体开始放下架子，主动去新媒体企业调研，学习新媒体的流量思维、用户思维，学习新媒体先进的技术手段和高效的管理方式；新媒体也通过高薪聘请传统媒体精英人才等方式，探索把内容产品制作得更加精良的有效途径。从这个角度来说，这种媒体之间的文化碰撞给不同媒体各自的发展带来了非常积极正面的影响。

1. 有利于产品内容的多元化和低成本化

在融合当中我们可以看到，媒体文化融合创造的就是一种参与式的文化、互动式的文化。一方面，大众中的每一个个体都可以利用网络平台发布信息和表达观点，是真正大众生产的文化，大众获得文化发布权；另一方面，媒体低成本地从大众中获得文本，将之融合为商业文化的一部分，以吸引并维持更广泛的消费者。①

从媒体的产业属性来看，在媒体文化融合中产生的融合文化，体现的是文化消费者权力上升的本质变迁。② 这种变迁造成了普通化消费向个性化消费的迁移，因为个性化产品不会因为编辑或某位专家的把关而被过滤掉，媒体产品由此可以更加丰富和多元化，主流与"亚文化"、商业与非商业、精英文化和草根文化的产品在融合文化催生的媒体文化产业市场中都可以找到。因此，个性化的消费匹配更加方便。同时，由于数字内容生产边际成本的降低，用户生产内容和获取内容的成本总体上也呈大幅下降的趋势。

2. 有利于形成集体智慧

媒体文化融合的走向是由两个驱动力决定的：一个是自上而下的媒体企业的驱动过程，也就是媒体企业在融合的过程中对于企业文化的主动选择；一个是自下而上的消费者或参与者驱动的过程，也就是参与者形成的"集体智慧"。法国网络空间理论家皮埃尔·列维使用"集体智慧"来形容在网络空间中出现的大规模信息采集和运作过程。他提出，在网络上人们运用他们的

---

① 纪莉：《在两极权力中冲撞与协商——论媒介融合中的融合文化》，《现代传播》2009 年第 1 期，第 46 页。

② 徐文明、吴倩：《融合文化与互联网文化产业商业模式创新》，《齐鲁学刊》2017 年第 6 期，第 98 页。

个体智慧和技能共同完成一些目标和任务。"没有人知道一切，但每个人都知道一点。知识为全体人类所有。"人们自发构成的具有最大自由权的知识共同体形成一个新的媒介集体，形成一个集体智慧的知识社区，这样，人们就能更加全面地看待这个世界。维基百科、百度知道、豆瓣、知乎都是这样的共享社区。知识在流动中被赋予新的意义，更多的共享带来更多交错的知识流，集体意义在这种流动中被构建起来，融合文化则体现出它强大的聚合功效。共享文化与商业文化的较量驱动了媒体融合的深入，也决定了融合文化的走向。

3. 有利于文化产品的跨媒体化

媒体文化融合创造的融合文化生态使得文化内容可以在电影、出版、电视、网络、动漫、游戏等多个媒体行业间流动，不同媒体平台根据自己的平台特点对文本重新加工制作，而用户则可以通过不同媒体平台获得内容，并把分散在各个媒体平台的内容以某种内在逻辑重新联系到一起，生成新的意义或后续行为。[①]

詹金斯把这种媒体和用户协作生产文本内容的文化生产方式称为"跨媒体叙事"，即运用多种媒体平台和传媒产品来讲述故事。但与"多媒体叙事"在不同平台发布同一个故事不同的是，"跨媒体叙事"更注重对网络和各种社交媒体的运用、线上与线下的互动，更注重媒体作为系统的运作机制和团队协同机制对于各种媒体平台和传媒产品以及相关经济、社会、文化资源和资本的综合运用。[②]

典型的跨媒体叙事项目的案例很多，比如英国广播公司出品的《神秘博士》、美国漫威动漫以及其周边产品等。它们最初可能是一本小说、漫画，跨媒体叙事项目把它们变成电影、电视剧、网络剧、游戏等并在不同媒体平台播出。这些衍生产品并非是对原著内容的再现或简单改编，而是在原著基础上的发展乃至再创作。基于跨媒体叙事的文化产业制作强调用户的参与，对在社群得到广泛关注的 IP 内容进行二次生产，不断提高文化产品与单个用户需求的关联度。与此同时，一些被闲置的资源也在跨媒体叙事中获得了被重新整合和利用的机会。

---

① 张天莉、王京：《融合的受众及其媒介习惯的新特征》，《电视研究》2013 年第 4 期，第 34 页。

② 程丽蓉：《跨媒体叙事——新媒体时代的叙事》，《编辑之友》2017 年第 2 期，第 55 页。

4. 有利于构建和谐共生的市场结构

媒体融合有助于打破传统媒体对文本信息分发渠道的垄断，也促使传统媒体创新内容、开发新渠道、与小型机构互融共生，形成有利于文化产业发展的市场结构。文化创意产业是文化、技术、经济的结合，三者缺一不可。文化最核心的驱动力和最本质的特征是创意，创意决定了产业的内容、性质和运作方式。但是，小型新媒体传媒企业抗击风险的能力较弱，要想进行好的艺术创作并获得商业利润，需要借助经济组织的力量来寻求更大范围的用户。媒体融合形成的融合文化范式使个性化文化产品生产有可能获得大型媒体公司和互联网巨头的资金支持和更加强大的技术支撑。比如，像暴走漫画等内容制作企业与BAT等互联网巨头的关系正日益密切，其最终目的不言而喻。

由此可见，媒体文化融合不仅是互联网时代文化变迁的范式描述，也给媒体产业发展带来了商业模式创新的契机。随着文化生产者主导权的日益衰弱和消费者话语权的不断增强，必然倒逼媒体企业的经营方式从粗放经营向深度开发转变，从单一的双边盈利向复杂的多边盈利转变。在媒体文化融合的过程中，连媒体价值观传递的内容和方式都发生了很大的变化——避免了枯燥的说教，转而以更加艺术化和更加平民化的方式主动而精准地表达，整个行业也呈现出"重塑"和"融合"的趋势，进而为文化产业的发展带来了前所未有的机遇。

(二) 媒体融合文化碰撞的负面效应

媒体融合的过程并不总是那么美妙，甚至有的时候还会出现刺刀见红的惨烈场面。在这个大浪淘沙的过程中，悄无声息消失的弱小企业数不胜数。有些媒体看似强大，也曾经风光一时，但随即被淹没在历史的长河中。优胜劣汰、适者生存，这是媒体竞争合作中不可避免的结果。但不管是失败者还是优胜者，都要对媒体融合过程中文化碰撞的一些负面效应有清醒的认识。

1. 新旧媒体暗中较劲，内伤严重

传统媒体和新媒体本来就具有不同的文化"基因"。融合的关键是"人"融"心"合，只有双方都敢于和勇于面对自己的缺陷，学习对方的优点，并将对方的文化精髓深深地融进自己的"血液"中，才能真正做到合二为一。但在实际融合的过程中，很多传统媒体和新媒体"面和心不和"，把对方当做对手，互相防范，暗中较劲，互不相让，结果使得媒体融合变成一种明争暗斗，甚至你死我活。这些负面心理和行为对媒体的融合和经营管理必将带来消极的影响。

2. 用户自我赋权过度，娱乐至死

媒体融合所创造出的融合文化的主体往往是积极参与媒体文本生产的大

众。他们的集体智慧打破了过去由传播者平台垄断、单向传播的"传者生产"格局。① "受众制造"和"传者生产"博弈的背后体现的是参与式文化和中心式文化的冲突以及多元价值观与单一价值观的对立。融合文化的本质在于文化消费者与生产者社会话语权的权力结构发生变化。虽然没有任何传播主体主动授权给用户，然而在融合文化的媒介生态下，用户通过参与和互动生产文本实现了自我赋权。媒体文化融合使得媒体文化正在经历快速转型，文化与信息互动交错掺杂在一起，形成了文化消费的独特景观。在融合文化参与性、分享性、个性化充分发展的同时，也引发了整体性的负价值弥散。融合文化能否实现文化转型或者促成培育一种新的社会文化，这存在一定的不确定性，但是，用户的自我传播和传播自我的赋权在技术赋能的环境下确实处于一种野蛮生长的状态。用户不再是"沉默的大多数"，网络意见领袖和"大 V"们的言论可以轻而易举地掀起网络舆论，甚至可以设置舆论议程。用户在实现自我赋权的过程中不可避免地会产生过度扩张或是扭曲运用传播主体权利的现象。用户自我把关的不足以及把关标准的参差不齐深深引发了人们对于融合文化质量的担忧。传统大众传播时代的文化意涵建构已经被用户和玩家趣味所取代，玩家趣味甚至成为资本筛选的投资方向。"南抖音、北快手"的市场格局在某种程度上是用户意志、资本推手、市场逻辑以及短视频文化共同发展的结果。在全民参与的短视频嘉年华市场上，以含蓄著称的国人逐渐变得喜欢表现自我和张扬个性。这种变化在给国人和用户带来快乐的同时，也带来了一定的负面效应。比如，一些红色经典、政治人文、传统文化纷纷被解构甚至恶搞。在融合文化生态中，对于"高点击量""高点赞量"的追捧，催生出了价值观的漂移。在一些短视频 APP 上，类似"14 岁少女怀孕晒娃"的网红视频不断出现，甚至已经演变成了一种时尚潮流。当媒体文化因为过度娱乐化、庸俗化、碎片化而逐渐失去生命力时，其功能就只剩下让人"娱乐至死"了。

因此，个性和参与虽然是对传统一元文化价值观的反抗和颠覆，但是，如果没有一定的传播标准和管理配套，媒体融合和媒体文化就会因缺少精神内核而给社会带来不良后果。②

---

① 吴世文：《融合文化本质与受众自我赋权》，《重庆社会科学》2011 年第 3 期，第 86~87 页。

② 刘衡宇、褚志亮：《新媒体文化的多重面相审视》，《理论与改革》2013 年第 2 期，第 151 页。

第三节　媒体融合的文化创新

习近平总书记在十九大报告中指出："文化是一个国家、一个民族的灵魂。文化兴国运兴，文化强民族强。""没有高度的文化自信，没有文化的繁荣兴盛，就没有中华民族伟大复兴。"加拿大学者麦克卢汉认为"媒介即信息"，真正有意义、有价值的"信息"不是各个时代的媒体所传播的内容，而是这个时代所使用的传播工具的性质、它所开创的可能性以及带来的社会变革。但这种基于传播工具和传播技术的融合还只是表面的融合，不同媒体只有实现了文化上的融合和创新，产生了化学反应，才算是实现了真正意义上的融合，才能跨越"你中有我，我中有你"的阶段，进入"你就是我，我就是你"的境界。

一、媒体融合文化创新的内涵

(一)文化创新的内涵

"创新"一词出自《南史·后妃传上·宋世祖殷淑仪》："据《春秋》，仲子非鲁惠公元嫡，尚得考别宫。今贵妃盖天秩之崇班，理应创新。""创新"是指以现有的思维模式提出有别于常规或常人思路的见解，利用现有的知识和物质，在特定的环境中，本着理想化需要或为满足社会需求，而改进或创造新的事物、方法、元素、路径、环境，并能获得一定有益效果的行为。

创新是人类主观能动性的高级表现，是推动民族进步和社会发展的不竭动力。一个民族要想走在时代前列，一刻也不能没有创新思维，一刻也不能停止创新。

"文化创新"是指人们为了发展需要，运用已知的信息和条件，在文化传承的基础上，结合时代精神的一种文化创造。

文化创新是社会发展的必然要求，是文化自身发展的内在动力，也是一个民族永葆生命力和凝聚力的重要保证。只有在实践中不断创新，传统文化才能焕发生机、历久弥新，民族文化才能充满活力、日益丰富。

(二)媒体融合文化创新的内涵

"媒体融合文化创新"的概念可分为狭义和广义两个部分。狭义的媒体融合文化创新是指人们在媒体融合过程中的文化创造；广义的媒体融合文化创新则是指在媒体融合过程中，人类结合新技术、用户的新需求和市场的需要，改造客观世界和主观世界的活动及其成果的总和。这里的"文化"是"大文化"的概念，既包括通过物质活动及其成果体现的物质文化，又包括通过人的精神活动及其成果体现的精神文化，可以说涵盖了理念、制度、生产方式、经营模式、管理方式以及企业文化等各个方面。本章提到的"媒体融合文化创新"均采用这个广义的"大文化"概念。

媒体作为文化产品的生产平台和传播平台，是肩负文化使命和文化自信的关键载体，在引领社会风尚、教育人民和推动社会发展等方面有着义不容辞的责任。媒体融合文化创新的基本内涵包括：

1. 从受众到用户的理念创新

"受众"是传统媒体传播的对象，"用户"是新媒体从营销学上借用的术语。从受众到用户，不仅仅是概念的变化，而且体现了媒体社会角色认知的改变，更带来了媒体理念和服务手段的改变。

（1）从单向、线性传播向平台化、多样化传播方式的转变

在以受众为服务对象的电视传播时代，媒体的推送手段和能力受到很大的限制，同时也相对容易和简单。除了在编排策略上着力体现传播者的意图之外，其方式主要是荧屏导视、宣传片、滚动字幕、收看提示等。而在以用户为服务对象的融合传播时代，内容推送是一项集内容生产、界面设计、宣传推广、技术应用、用户挖掘于一身的系统化工程。媒体不仅要尝试以最方便、简洁、直观的方式让用户准确且迅速捕捉到目标信息，而且要善于利用不同终端的社交功能使用户从内容的消费者成为内容的推送者。

（2）从单一的内容生产者到全媒体信息服务商角色的转变

在新技术迅猛发展的传媒环境下，各终端的应用功能会更加强大，承载的服务也将更为广泛。特别是伴随着数字电视、IPTV、互联网电视技术的不断升级，媒体的平台作用已不仅体现在图文、音频和视频内容的承载上，还体现在购物、教育、安防、娱乐、医疗、视频通话等更多服务的应用上，媒体的智能化特征更加凸显，用户也需要获得更多的来自各种媒体的全方位、全业务服务。在媒体融合时代，只有充分利用自身所掌控的平台资源，进行全业务开发、全媒体联动，才能实现对用户从视频内容到商业应用的全方位服务。

（3）从满足用户实用性需求到满足用户体验式需求的转变

简单化的功能与操作，是维护用户的关键所在。西方发达国家提出的"让人们通过点击3次鼠标就能够办完事"的理念深入人心。它真正洞察用户的心理，消除用户的紧张感，在快速变换的现实环境中还给用户一个简单的世界。因此，媒体在设计终端界面时不仅要突出实用性，还要站在用户的角度换位思考，才能带来真正良好的用户体验。

纵观媒体融合成功的案例，思维理念创新都是成功的一大利器。以凤凰出

版集团的报刊《现代快报》为例，它被新闻界誉为中国报业的一匹黑马，是一份主打南京地区新闻的区域性报刊，在南京地区的发行量逾 40 万份，在报业发行量普遍断崖式跳水的当下可以说是一个奇迹。《现代快报》在融合之路上一直秉持着思维创新这一核心理念。

2016 年，《现代快报》响亮提出"忘掉一张报纸，迎接一场革命"的口号，跳出传统的内容采写分发、报纸广告经营的单一思路，从用户、媒体、新业态三位一体来考量传播，通过内容来撬动发展，从而实现读者到用户的转变、内容到产品的转变、纸媒到终端的转变。2017 年，《现代快报》确定了"科技、创意、服务驱动，做全媒体内容生产商、全媒体产品分发商、全媒体技术服务外包商、全媒体创意营销提供商"的"三轮四商"发展战略，在媒体融合的道路上迈出了新的步伐。2018 年，《现代快报》又提出了"现代快报＋"的新理念，通过融合、转型的升级，＋产品、＋技术、＋创意、＋服务、＋资本、＋项目、＋客户、＋用户，以更加开放的心态，实现跨界聚合，打造了一个全新的平台，通过更多的传播形式、更新颖的创意服务和更优质的产品形态，为用户呈现了一个更好的媒体品牌形象。

通过不断提出新的理念和改革赋能，《现代快报》的融合之旅走出三部曲后，迈向了更为广阔的天地，取得了较好的业绩。2017 年，中宣部就《现代快报》的一系列现象级作品推出《新闻阅评》，认为《现代快报》在媒体深度融合之路上已经初现成效。

2. 从标准化到个性化的制作模式创新

传统媒体内容制作基本上是大众化的、无差异的、标准化的工业化制作模式。媒体融合后内容制作必须适应两个明显的变化：一是制作主体多元化、社会化；二是用户需求个性化、定制化、差异化。个性是创新的基础，创新是艺术的生命。媒体融合文化创新的核心是内容创新。无论传播渠道如何变化，优质的、独特的内容都是用户最需要的。因此，媒体融合文化创新的重点是：及时把握内容市场的变化，尽快调整原来的内容生产模式，充分运用原有的内容生产资源优势，以市场为导向，从传统媒体的标准化内容制作向新媒体的个性化、差异化、多样化转变，在媒体融合过程中不断满足个性化的用户需求。比如，未来的有线电视网络可以根据用户 IP 地址进行准确的用户信息记录和分析，而用户也可以在线对电视内容和相关信息进行定向追踪。通过对这些数据的整理，电视媒体可以很轻松地获知用户对内容的需求。若能在此基础上充分发挥新媒体平台的互动性和可监控性特点，加上基于地理特征和人口统计学的研究，主动分析以家庭为单位的每一个用户的年龄、阶层、性别、种族、文化因素、职业因素、生活观念、心理因素以及消费观念、价值观念，建立专门的客户信息数据库，将用户的态度、行为特征等加以记录、汇总和分析，便可以针对不同的个体开展不同的内容传播，使每一位用户都可以根据自己的喜好定制不同种类的内容，就如今日头条算法推荐带来的定制化用户体验一样。

3. 从单一的全民所有制向混合所有制转变的体制创新

内容、网络和用户是媒体产业竞争的三大核心资源，而这三种资源的组合形式很大程度上受到媒体经营管理体制的限制。在新媒体市场已经是各种所有制企业百花齐放的状况下，媒体融合不可能继续走清一色国营体制的老路，必须适应技术和资源市场的变化，把媒体所有制和经营管理体制创新纳入媒体融合文化创新的议事日程。具体内容包括以下几个方面：

一是按照中央深化改革的决定，加快公司制、股份制改造，打造合格的市场主体；

二是进行融合生产体系改革，筑牢内容制作优势，强化内生式增长；

三是推动传统媒体由为播出而制作向为市场而制作转变，实现外延式扩张，既要从外面引"狼"，也放自己人出去当"狼"；

四是积极鼓励和扶持传统媒体与新媒体开展良性合作，实现所有制混合、优势互补、利益共享、融合发展；

五是激活员工积极性，实现责权利有机统一，在现代企业制度基础上探索对优秀骨干人才实行股权激励措施；

六是促使制片人由内容生产管理向项目全程管理转变，实现管理者角色的升级；

七是强化与市场的对接，实现资本运营的乘法效应；

八是在经营机制创新上更加灵活多样，打破收入结构单一依赖广告的一元化盈利模式，积极发展付费节目盈利模式、版权分发盈利模式、院线票房售卖模式和合作开拓海外市场盈利模式，拓展媒体多元经营的途径和空间。

4. 从单一向复合转化的品牌文化创新

技术与介质的更新只是在"硬件"上为媒体融合文化创新的建构提供了物质基础，"软件"的创新才是媒体融合文化创新的关键所在，而媒体融合文化创新的"软件"则主要表现在内容与品牌的打造上。媒体融合文化创新最终的目标是品牌文化的创新。只有通过打造高品质和有特色的品牌栏目、确立明确的品牌战略、培养品牌意识，才能拥有更多的受众，进而占有更大的市场份额，产生更大的文化影响。

媒体融合中不乏品牌文化创新成功的案例。中国第二大传媒集团上海东方传媒集团(SMG)的第一财经(CBN)旗下拥有广播、电视、日报、周刊、网站等不同的媒体平台,很容易实现信息资源的共享和整合。它们在品牌经营之路上不断探索、拓展,创建了一个跨媒体传播的品牌价值链发展模式。它们把打造跨媒体、跨行业、跨地域的产业价值链与打造国际一流财经媒体,做全球华语财经资讯供应商的国际化发展战略结合起来,把搭建跨媒体传播平台和传播品牌价值贯穿于第一财经品牌打造的全过程,从而实现品牌文化价值的增值。比如第一财经、东方卫视、唯众传媒联手打造的《波士堂》节目,定位为"财经+娱乐",在节目设置、栏目理念和氛围营造等方面都独树一帜,在节目录制中就进行互联网同步直播,利用自由、个性的网络形式与受众互动,从而拓宽了受众群,提高了受众的黏合度。①

二、媒体融合文化创新的必要性

习近平总书记提出融合发展关键在融为一体、合而为一。为了实现这一目标,传统媒体必须要在文化上创新、变革,实现与新媒体文化基因的融合。新媒体是多层次的文化体系,拥有与传统媒体完全不同的文化生态,是一种共享型、参与型、开放型、平等互动的文化模式,可以兼容多种媒介形式。新媒体文化是一种产业文化,它产出的是文化内容也是产品。随着媒体融合的不断深入,媒体格局和文化生态也在加速重构,主流媒体需要不断创新文化、加速推进文化融合发展来占据制高点、增创新优势,从而提高竞争力。无论是从增强媒体竞争力的角度,还是从促进媒体文化繁荣和社会文化繁荣的角度,媒体融合文化创新都显得非常迫切,具体来说就是:

(一)文化创新有利于重塑新型主流媒体的价值观

美国管理学家彼得斯·沃特曼认为,文化创新是一个构建新的媒体形象的过程,融合文化的创新也是实施媒体融合战略的动力。一个媒体只有具有强有力的价值观和文化特色,才可以激发员工的工作激情、统一员工的意志,使媒体战略得以有效地贯彻实施。② 不同的媒体有不同的文化基因,在融合的过程中不仅会有文化碰撞,也会促进文化的创新。

---

① 杨婷、黄慧泉、张晓松:《从〈波士堂〉谈财经类电视谈话节目品牌战略》,《声屏世界》2010 年第 10 期,第 35 页。

② 黎晓春:《融合创新:传统媒体的文化重建》,《新闻战线》2017 年第 12 期,第 8 页。

媒体文化创新的过程，就是一个打造新型主流媒体的过程，也是一个重塑新型主流媒体价值观的过程。媒体融合之后，会生成一种与以往任何一个媒体都不同的新的媒体主体，也必然需要建立起适合新的融合媒体的新文化。新的媒体文化不仅要继承原有媒体的优秀文化基因，还要为新的融合媒体注入新的文化内涵，而这种新的文化内涵则应该具有与时俱进的精神特征、市场特征和技术特征。

(二)文化创新有利于提高媒体的竞争力和综合实力

国内外行业发展的经验已经证明：媒体竞争和企业竞争一样，归根到底是文化的竞争。企业的文化创新能力越强，产品的市场竞争力就越强。① 媒体企业即便自身已经具有优良的文化传统，仍需根据媒体环境的变化不断丰富创新自己的品牌文化、企业文化，努力打造优良的媒体企业品牌和优质的文化产品。② 良好的企业文化有助于推动产品销售、品牌形象塑造和企业价值观的传播，提高媒体企业的竞争力。媒体企业文化创新要在注重企业文化培育、凝聚员工精神归属感、激发员工创造力的同时，兼顾企业或媒体的社会效益。对一个媒体来说，只有具有强大的文化意志，才能拥有真正的竞争力和社会影响力。

(三)文化创新有利于促进社会文化发展和文化繁荣

文化创新是一个民族永葆生命力和凝聚力的重要保证。文化在交流的过程中传播，在继承的基础上发展。只有在实践中不断创新，文化才能焕发生机、充满活力、日益丰富、历久弥新。

无论技术如何发展，都不能替代媒体融合中的文化创新。文化创新不但是媒体的核心竞争力，也是媒体促进社会发展和文化繁荣的不竭动力。一个没有文化的人不可能让别人更有文化，一个没有文化和创新的媒体也不会真正懂得怎么传播文化和促进文化繁荣。因此，媒体在融合过程中实际上担负双重的文化使命：一是自身文化的培育和创新；二是促进社会文化发展和文化繁荣。

三、媒体融合文化创新的源泉

媒体融合文化创新并不只是一句口号或者抽象的目标，媒体融合文化创新必须具有深厚的生活基础和文化基础，才能如源头活水，常清常新。具体来

---

① 吴文平：《文化建设：媒体发展的新力量》，《新闻实践》2011 年第 8 期，第 36 页。

② 张晨羿：《媒介融合背景下媒体企业文化的构建》，《大众文艺》2019 年第 14 期，第 186 页。

说，媒体融合文化创新必须建立在社会实践和传统文化的沃土上，并适度借鉴西方优秀文化的精髓。

（一）社会实践是媒体文化创新的第一现场

优秀的媒体是社会真实的镜像。丰富多彩的社会生活不单是媒体内容的制作原料和不竭源泉，也是媒体融合文化创新的第一现场和肥沃土壤。离开了社会实践，文化创新就会成为无源之水、无本之木，甚至失去了服务的对象。此外，社会实践也是媒体融合文化创新的动力。一方面，社会实践不断变化、不断产生新问题，需要媒体融合文化不断适应才能准确反映；另一方面，社会实践的发展也为媒体融合文化创新提供了新的方向和目标。

（二）传统文化是媒体文化创新的基因宝库

媒体文化是社会文化的内容之一。媒体融合文化创新在新时代的重要使命就是更好地继承和传播中国的传统文化。而要完成这一重大使命，就必须在媒体融合理念、内容制作、企业文化建设和价值观传递等内在和外在各个方面体现中国优秀传统文化的精髓和特色。中国媒体不能仅仅满足于做一个信息的传送带，中国媒体的融合也不能仅仅是信息资源的横向融合。中国的媒体无论是单一的个体还是融合的新型主体，都必须把优秀的传统文化作为融合创新的基因宝库，在传承中发展，在传播中创新。

（三）世界文化是文化创新的他山之石

文化多样性是当今世界的基本特征，也是媒体融合文化创新的重要基础。中国是世界的一部分，中国文化和中国的媒体文化也是世界文化和世界媒体文化的一部分。因此，中国媒体融合需要借鉴世界媒体融合的经验和教训，中国媒体融合文化的建设和创新也需要借鉴世界媒体融合文化的经验和教训。

当然，无论是借鉴传统文化还是世界文化，中国媒体融合文化的创新都要取其精华、去其糟粕，力求在传承中发展、在借鉴中创新，能够切实推动媒体融合的内容创新。

四、媒体融合文化创新的标准

随着媒体融合进入"深水区"，人们开始越来越清醒地意识到：媒体融合绝不仅仅是媒体内容、渠道、人员、技术、体制、机制等方面的融合，如果不能打破媒体原有文化的隔阂，媒体融合就会有体无魂，甚至是一句空话。通过媒体融合推动社会实践发展，建立直达用户心灵的文化连接，是媒体融合文化创新的根本目的，也是检验媒体融合文化创新是否成功的基本标准。具体说来，媒体融合文化创新成功与否，主要依据以下几个标准：

（一）政治标准

中国的媒体基本上都是政府主办，接受政府的财政补贴，因此，中国媒体的重要功能之一是传达政令、提气鼓劲的政治传播和社会动员功能。能否符合新时代的政治需要，向人民群众推出主题健康、正面鼓劲、弘扬正气、积极向上的正能量节目，为国家提供新的精神文化动力，这是衡量媒体融合文化创新是否成功的最重要的标准。

（二）时代标准

一个时代有一个时代的媒介和适应这个时代要求的媒体。媒体融合是一种与时俱进、适应用户需要的市场潮流。媒体融合文化创新必须有利于媒体进行内容设计和充分反映社会现实、体现时代精神，同时兼顾传播终端的媒介特点和用户需要，最终实现全息、全程、全员、全效的全媒体传播。

（三）文化标准

这里的文化标准有两层含义：一个是媒体融合后内容产品自身的文化含量，一个是媒体融合后的企业文化建设。随着互联网技术和智能技术的推陈出新，视频消费多元化、多屏化的趋势已然呈现。在媒体融合背景下生产出来的文化艺术产品只有具备更高的文化含量、更高的价值标准和质量标准，才能适应时代发展的需要，为其他媒介渠道所接受。而媒体融合后的企业文化建设应该围绕创新型组织的文化建设要求展开。具体来说，媒体融合后的企业文化建设应该具备表 2-1 中的七个基本特征：

表 2-1　媒体融合企业文化建设的基本特征

相互学习	传统媒体和新兴媒体相互学习借鉴
搜索或调研	为改进工作而开展调查研究
鼓励尝试	鼓励尝试各种具有不确定性的新路径
自主性	赋予创新主体在工作中的决策权
创造性	能够激发新想法的产生
激进性	鼓励产生不同寻常的创新
灵活性	员工能够灵活调整、更改工作任务

（四）艺术标准

这个标准主要是针对广播影视媒体和视频网站新媒体的作品而言的。媒体融合文化创新要有利于作品艺术质量和感染力的提高。媒体融合成功的重要标志是更会讲故事、出更多精品、得到更大范围用户的喜爱。媒体融合文化创新成功的标志之一就是文化精品不断涌现，使中国的传统文化得到充分开发，使中国的故事能够为世界人民知晓，使中国的媒体文化产品在国际上更有竞争力。

（五）技术标准

媒体发展的历史就是一部媒介技术发展的历史。不论传统媒体还是新媒体都是人类文化、媒体文化与媒介技术紧密结合的产物。尤其在信息化、智能化高速发展的今天，几乎所有的文化产品都要依靠一定的技术手段和技术终端来呈现和传播。以互联网、大数据、云计算和智能化为特点的新媒体技术打破了传统媒体相对封闭的信息系统，弥补了传统媒体与用户之间的距离感，避免了单向传播的弊端，为满足用户的差异化需求和实现精准的个性化内容传播提供了最大的可能。因此，媒体融合文化创新的重要标准之一就是借助最先进的技术力量，最高效和最大范围地传播最优秀的内容产品，扩大媒体和内容产品的影响力。一句话，让技术为媒体融合文化创新插上翅膀，让媒体融合文化创新为技术安上灵魂。

（六）市场标准

媒体融合不是传统媒体与新媒体的简单相加，而是从内容到形式、从技术到运营的全方位融合。媒体融合和文化创新的效果需要市场检验，其标准就是媒体的内容和服务能否更好地满足人民群众的需要，能否更加有力地参与国际市场竞争，是否符合文化市场规律、行业信息规律以及国内市场和国际市场的统一标准。市场是媒体融合和文化创新需要迈过的第一关，也是最终一关。

第四节　媒体融合文化创新案例分析

从 2014 年 8 月中央提出传统媒体与新兴媒体融合发展战略目标以来，媒体融合进程已经走过了 7 个年头。各大主流媒体内容、渠道、平台、经营、管理五个方面的融合取得了长足的进展，一批具有互联网思维、拥有强大传播力和影响力的新型主流媒体正在形成。本节从组织文化创新的角度，对人民日报、新华社、腾讯和今日头条公司推动媒体融合的举措和成效进行分析。

一、人民日报媒体融合文化创新案例分析

(一)人民日报全媒体矩阵的建设历程

人民日报的全媒体矩阵建设大致经历了三个阶段:

第一阶段为1997—2005年,主要任务是建设报刊网络版。1997年1月1日,人民日报网络版正式接入互联网。2000年8月21日,更名为人民网。这一阶段人民日报媒体融合的主要特点是:传统报刊在媒体融合进程中占据主导地位,网络新媒体只是作为附属、补充存在。

第二阶段为2005—2012年,主要任务是推进报网融合。2005年,人民网发展有限公司成立,实行公司化管理运营,标志着一个新的报网融合时期开启。人民网于2012年上市,成为第一家在国内A股整体上市的新闻网站。上市为人民日报的全媒体战略带来充沛资金,并以上市公司体制推动了传统媒体管理经营体制的改革。

第三阶段为2012年至今,主要任务是打造新型主流媒体。2012年7月22日,人民日报法人微博上线;2013年1月1日,开通微信公众号;2014年6月12日,人民日报客户端正式上线,建立起"两微一端"移动媒体平台。至此,人民日报建立起了包括报纸、刊物、网站、"两微一端"、电子阅报栏、二维码、手机报、网络电视等多种形态于一体的现代化全媒体矩阵(图2-1)。

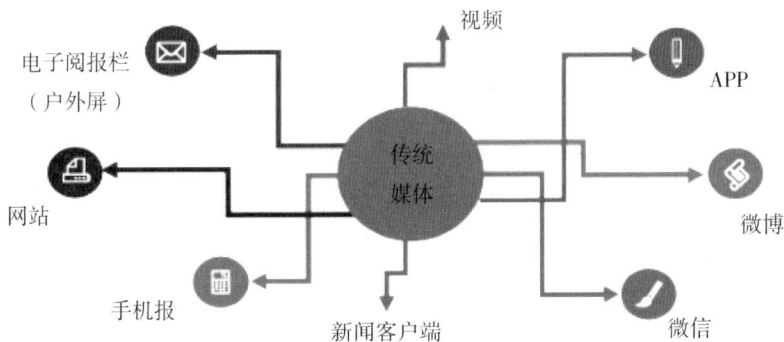

图2-1 人民日报全媒体矩阵示意图

(二)人民日报全媒体矩阵的运行方式

不同媒体平台有不同的内容生产制作模式。纸质媒体需要用户主动获取信

息，互动渠道少，信息传播具有时间滞后性。"两微一端"等移动媒体平台内容生产时效性强，重视与用户之间的互动，内容生产主体也更加多样化。① 在全媒体矩阵内部，人民日报社充分发挥不同平台的传播优势，形成功能互补的传播格局；在全媒体矩阵的外部，与地方政务新媒体、百度、腾讯、搜狐、科大讯飞等 IT 公司合作，打造符合党媒用户特点的资讯产品。

人民日报的"中央厨房"是针对移动新媒体的发展，为推进内容生产流程的融合而建设的全媒体智能化平台，也是所有媒体矩阵内容策划、采编、编辑和发布的指挥中枢和控制平台。该平台创新机制，建立了融媒体工作室，鼓励报、网、端、微采编人员按兴趣组合，实现"跨部门""跨媒体""跨地域""跨专业"作业，促进传统媒体和新兴媒体工作人员的协同作业，提升全媒体产品采集、制作和发布效率。

人民日报法人微博以"权威声音、主流价值、清新表达"为目标定位，内容以传播人民日报观点和信息为主，兼顾国内外重大事件和服务类信息，语言清新活泼，内容短小精悍，信息传播速度快，对弥补新闻时效性、扩充信息量、强化与受众互动等方面发挥着重要作用。因为有独立团队运营，因此效率高，专业性强。人民日报旗下共有 44 个公众号，形成了一个公众号矩阵系统，读者可以根据自身兴趣选择关注相应的公众号。

人民日报客户端秉承母体的风格和定位，在主打时政新闻彰显自身资源优势的同时，也凸显评论的特色。客户端的评论栏目不仅整理了母报旗下所有的新闻评论，还推出了用户原创评论，形成了独特的评论风格和特色，有效地引导了网络舆论。客户端作为新媒体产品，融合了很多娱乐元素，把严肃的新闻做得引人入胜、活泼生动。

(三)人民日报全媒体矩阵的融合实效

人民日报适应分众化、差异化的传播趋势，转战新媒体，借助互联网信息平台的传播优势，通过多元的信息传播手段、高效的受众信息交互和完整的信息流传播体系打造全媒体矩阵，拓展互联网宣传新阵地，将传播力、公信力迅速转化为媒体影响力。

1. 传播力提升

在媒体矩阵的纵轴上，新旧媒体的类型越多，用户覆盖面就越大。截止到 2019 年上半年，人民日报的全媒体矩阵综合覆盖受众超过 9 亿，其"两微一

---

① 李惠敏：《媒体矩阵传播路径与方法研究——以〈人民日报〉融媒体矩阵为例》，《东南传播》2018 年第 2 期，第 25 页。

端"的融合传播力均居全国媒体前列。

2. 公信力增强

新媒体"多渠道发布、多层次传播"的内容生产链极易产生快速且广泛的媒体效应，这就要求传统媒体在发布信息前要经过再三甄别、反复研究，以形成权威形象、提高公信力。此外，人民日报注重把握主流思想的舆论导向，在关键或热门事件发生时掌握主动话语权，注重舆情传播的动向。在一项主流的网络媒体公信力排名调查中，人民网、凤凰网、央视网、新华网、新浪网分列前五位。在报纸公信力排名中，自 2013 年起至今，作为大报的人民日报与其子报环球时报的公信力一直稳居前五。①

3. 影响力扩大

在媒体矩阵的横轴上，各媒体平台之间相互带动所形成的合力越大，就越能提升矩阵传播的影响力。通过建立"中央厨房"运行机制，人民日报统筹国内外，打通全链条，实行资源共享、平台共用、创意共生和成果共推，初步实现了融策划、融采集、融制作和融传播。

(四)人民日报全媒体矩阵的传播特点及趋势

1. 发挥集群效应

人民日报在全媒体矩阵中，发挥平台间互推的力量，在内容制作中合作推广，打造优质资源共享平台；同一平台发布文章或信息时，可顺带呼叫相关账号，不同平台之间也可以在文章中加入关键词，增加面向新用户的几率；发挥带动关注的力量，用线下人际关系带动线上用户增长，从而深化全媒体矩阵平台之间的联系和互动，充分发挥互通互联的集群效应。

2. 重视大数据思维

人民日报在媒体融合发展过程中，一方面通过用户思维和大数据思维明确用户需求，提升传统媒体的内容价值；另一方面通过对媒体数据、场景数据和用户数据的有效整合，实现资源的对接和转化，挖掘内在的商业价值，抢占大数据传播的新高地。

3. 弘扬创新文化

人是创新的主体。创新发展需要全员参与，在组织内部弘扬创新文化，唤起员工创新的热忱与活力，这也是媒体融合创新的重要基础和保证。融媒体工作室是人民日报融媒体产品的创新之源，而工作室考核机制则是创新不竭的制

---

① 尤蕾：《媒体公信力调查：传统媒体突围信用榜单》，《小康》2018 年第 22 期，第73 页。

度保障。"中央厨房"根据各工作室融媒体产品的传播效果对各工作室进行考核，并按照月度、季度和年度数据对工作室的优秀作品进行评选，培养各个工作室的创新文化。

二、新华社媒体融合文化创新案例分析

新华社是中国目前唯一的国家通讯社，在国内各个省级行政中心都设有分社，已形成覆盖全国各个区域的通信网络。同时，新华社在世界各个主要国家设有近两百个分社，使用各个国家的语言进行外文报道，提供最新新闻信息，塑造国家形象，影响国外舆论。

(一)新华社新媒体的发展概况

1. 新华社网络媒体的发展

1997 年 11 月，新华社官方网站上线，成为国内首批运营的网络媒体。新华网设置了国际和国内各个方面的频道栏目，内容丰富，并用多国语言呈现，凸显出了网页的国际风格。近几年新增了无人机、VR 等前沿栏目，探索新技术与优质内容的结合，并提高了网页呈现的可视化程度。2016 年 10 月，新华网股份有限公司在上海实现上市，走上了市场化和资本化经营管理之路。

2. 新华社电视媒体的发展

2009 年底，中国新华新闻电视网有限公司(简称 CNC)在香港正式成立。2010 年元旦，CNC 的第一个中文直属台——覆盖亚太和部分欧洲地区的环球频道在香港上星开播，开辟了世界通讯社办电视的先河；同年 7 月 1 日，中国新华新闻电视网英语电视台也正式上星播出。作为新华社电视新媒体，CNC 新华网络电视基于视频流媒体和云端内容服务技术，面向国内外高端受众，以全球视角及时、准确、权威地报道国内外时政、财经等领域的重要新闻。新华社通过创办国际电视台，增强了我国在国际上的话语权。[①]

3. 新华社移动终端的发展

新华社早期的移动端是"新华手机电子报"和 2009 年 9 月开通的"新华视讯"手机电视。2012 年是微博元年，新华社各个单位甚至新华社记者都开通了微博号，形成了庞大的微博群体矩阵。而后，随着微信的出现，新华社迅速进驻微信公众平台，创办了一批微信公众号。2014 年 6 月 11 日，新华社正式发布 1.0 版本客户端，迄今已更新到第 8 版，累计下载量早已超过了 2.5 亿。

---

① 蔡名照：《探索有通讯社特色的融合发展之路 推动媒体融合向纵深发展》，http://mlzg.shjnet.cn/html/2019/shjnet_headlines_0313/514693.html。

(二)新华社融合创新举措

近年来,新华社聚焦通讯社主业,推动融合发展,以供稿线路改革为核心,全面提升服务各类媒体水平,积极探索具有通讯社特色的融合发展之路,经过几年努力,初步形成了新型世界性通讯社的架构,站在了国内外媒体创新的前沿。[1]

1.建立一体化指挥体系

新华社通过组建指挥全社融合报道的全媒报道平台,构建了从采集端、编辑端到播发端的全媒体传播链条,形成了集约高效的优质内容生产体系,推出了一大批在传统媒体产生"镇版之势"、在新兴媒体产生"刷屏之效"的报道力作。拳头产品《新华全媒头条》专栏 2018 年发稿 367 组,平均每组被 243 家媒体采用,在客户端和微博平台总浏览量超过 10 亿次,有力唱响了网上主旋律。

2.打造智能化生产平台

新华社新媒体中心是媒体融合的探路者——通过试点智能化编辑部,推动人工智能技术全流程嵌入,推进系统化创新;建立"现场云"新闻直播平台,聚合新华社和国内媒体直播资源,实现全流程在线采集、加工和传播;推出机器生产视频、人机一体协作的智能化系统"媒体大脑",实现短视频产品大规模自动化生产,并将其广泛应用于重大报道之中;推出全球首个人工智能合成主播,引领媒体人工智能发展潮流,走在世界媒体前列。

3.构建全媒化业务布局

通过对供稿线路进行全媒化改造,新华社实现了融合产品生产常态化、系统化和规模化,构建起了以全媒体供稿线路为主体,以网站、客户端、社交平台等终端为渠道的传播矩阵,覆盖了全球一半以上人口。目前新华社在全世界共有各类媒体机构用户 5500 多家,覆盖国内全部传统媒体和新兴媒体,海外用户遍布 205 个国家和地区,海外社交媒体账号总粉丝量超过 1 亿,位居世界主流媒体前列。

4.形成网络化技术体系

新华社的另一个融合创新举措是实现了传统通讯社技术体系向基于互联网的现代传播技术体系的转变,技术建设服务水平及其引领业务建设的能力显著提升,推出了全媒体采编发、全媒体供稿、全媒体业务管理监控和信息化办公协同这四大技术平台,成立了新华智云技术公司,创办了"媒体创意工场",形成了一批自主创新技术成果,为融合发展提供了先进的技术支持。

---

[1]　http://www.cnsa.cn/index.php/Industry/in_dynamic_details/id/410/type/。

5. 培养现代化采编队伍

新华社还在全媒型、复合型人才培养方面加大了力度。经过大规模培训，全社掌握融媒体报道技能的采编人员超过 2000 人，占采编人员总数的三分之一。在重大报道中，全媒体采编团队协同作战已经成为常态，传统的按报道形式分割的人力布局正在走向深度融合。

(三)新华社发展新媒体业务的启示

从亮点式创新到常态化创新不是一件容易的事情。新华社坚持创新为要，把创新作为全社工作的重点和事业发展的第一驱动力，努力实现由单个产品创新向系统化创新转变。新华社在建设国际一流新型通讯社的过程中，给媒体转型提供了如下启示：

1. 以内容创新为根本

新华社发挥遍布全球的采集网络优势，以内容创新为本，推进新闻信息生产供给侧结构性改革。2016 年 5 月，新华社成立了产品研究院，下设技术研究、传媒咨询研究、媒体未来研究、新媒体研究、全媒体研究和对外传播研究六个中心，目标是有效盘活各种创新资源，汇聚创新力量，优化采编、技术、市场、资金等环节资源配置，通过孵化创新项目和设计紧跟前沿科技的创新产品，形成覆盖全社的多层次立体化产品创新体系。①

2. 以体制机制改革为突破

媒体融合不是简单相加，也不能局限于单个产品的创新，必须按照一体化发展的要求来谋划部署，对组织体制、运行机制、人力布局等进行全方位升级改造。新华社在全媒报道平台的基础上组建全媒体编辑中心，承担全社融合报道组织指挥、创意策划、统筹协调、考核评估等职能；与此同时，建设海外全媒体编辑中心，推动各编辑部、各分社增强融合报道能力，形成一体发展、深度融合的业务布局，加快从相加阶段走向相融阶段。

3. 以先进技术为重塑生产方式的重点

近年来，新华社紧跟人工智能技术发展浪潮，积极探索人工智能与通讯社主业的深度融合。从"快笔小新"到"媒体大脑"，从"现场云"到"AI 主播"，新华社在新闻信息策、采、编、审、发等全环节都在积极探索智能化之路。②2018 年，新华社党组提出建设世界首个智能化编辑部，启动了通讯社智能化

---

① 周瑜：《新华社融媒体产品创新及背后的机制变革》，《中国记者》2017 年第 3 期，第 10 页。

② 闫帅南：《新华社智能化编辑部建设初探》，《中国记者》2019 年第 7 期，第 75 页。

建设的"衣领子"工程。智能化编辑部着力提高通讯社新闻信息聚合分发能力,"媒体大脑"着力提高大数据获取加工和自动生产能力,"AI 主播"着力探索人工智能时代新闻呈现方式上的突破。

4. 坚持移动终端优先

当前,移动互联网已成为信息传播主渠道,受众向移动端转移的趋势越来越明显。新华社坚持移动优先策略,抓住 5G 发展机遇,抢占"万物皆媒"高地,打造移动优先的全媒体供稿体系,推出面向县级融媒体中心的供稿线路,加快新华网、新华社客户端、"现场云"直播平台以及国内外社交媒体账号等的迭代更新,打造特色鲜明、差异发展的移动传播矩阵,不断扩大在移动终端的影响力。

三、腾讯媒体融合文化创新案例分析

腾讯公司在 1998 年 11 月成立伊始,只是一个提供网络聊天工具的小公司,谁能想到这家公司 20 多年后竟然能发展成为中国最大的互联网综合服务提供商之一和中国服务用户最多的互联网企业之一!可以说,腾讯公司的媒体融合策略与模式为当下的媒体融合提供了一个很好的研究范本。

(一)腾讯公司发展概况

腾讯公司自马化腾、张志东、许晨晔、陈一丹、曾李青五位创始人共同创立以来,一直秉承着"一切以用户价值为依归"的经营理念,几乎所有工作都围绕用户展开,始终处于稳健发展的状态。2004 年 6 月 16 日,腾讯公司在香港联交所主板公开上市。

目前腾讯公司的业务主要包括:社交和通信服务(微信和 QQ)、社交网络平台(QQ 空间)、游戏平台(腾讯游戏旗下 QQ 游戏)、门户网站(腾讯网)、新闻客户端(腾讯新闻)以及网络视频服务(腾讯视频)等。

2020 年 8 月,在《财富》杂志发布的 2020 年《财富》世界 500 强排行榜中,腾讯排名第 197 位;[①] 2020 年 9 月,在《财富》杂志和怡安翰威特公布的中国最佳董事会 50 强榜单中,腾讯夺得榜首;[②] 2020 年 10 月,在中国企业联合会、中国企业家协会发布的 2020 年中国服务业企业 500 强榜单上,腾讯控股有限公

---

① 《2020 年《财富》世界 500 强排行榜揭晓:京东位列 102 位,阿里巴巴 132 位,腾讯 197 位》,http://finance.sina.com.cn/stock/relnews/us/2020-08-10/doc-iivhvpwy0256433.shtml。

② 《中国最佳董事会 50 强排名》,http://www.smesun.com/zx/show.php? itemid = 88486。

司排名第 28 位;[1] 2020 年 12 月,在世界品牌实验室(World Brand Lab)独家编制的 2020 年度世界品牌 500 强(第十七届)榜单中,腾讯排名第 33 位。[2]

(二)腾讯助力传统媒体转型

在 2015 年的媒体融合发展大会上,腾讯集团副总裁程武阐述了公司帮助传统媒体变"智慧"的方式——通过微信、QQ 等社交工具以及腾讯云等底层平台,再加上版权合作、渠道推广和流量分发等方式,让传统媒体全面融入"互联网+"的大潮。

根据腾讯最新财报显示,2020 年第二季度微信的月活跃用户规模已增至 12.06 亿人(图 2-2)。通过开办微信公众号,媒体可以向读者推送不同形式的新闻和资讯,使媒体内容在公众号菜单上分领域展示,与用户实现线上线下互动;可以号召读者向公众号直接投稿,从而获得更丰富的内容资源;还可以在公众号上实现报刊征订、广告投放、会展活动等创收形式的应用。

图 2-2　2014—2020 年微信月活跃用户规模(单位:亿人)

数据来源:腾讯公司财报、中商产业研究院整理等

作为当时国内第一大社交平台,QQ 也在 2015 年 9 月推出了公众号。未

---

① 《2020 中国服务业企业 500 强榜单》,http://www.zgyhys.org/bencandy.php? fid = 75&id = 4217#_bdtz。

② 《2020 年世界品牌 500 强发布:亚马逊第一,腾讯中国第二》,https://www.360kuai.com/pc/9f649038e11c917af? cota = 4&kuai_so = 1&tj_url = so_rec&sign = 360_57c3bbd1&refer_scene = so_1。

来，QQ 群、兴趣部落和公众号将成为 QQ 移动社群的"三驾马车"。一旦这三者被打通，也就是说，如果媒体除了运营公众号之外，还能进行社群化运营，就有可能为媒体运营带来变革契机。

此外，作为国内领先的云计算服务平台，腾讯云也能为媒体提供包括网站架构搭建、专业服务器部署、配置 CDN 加速等在内的专业服务，帮助媒体网站获得更好的浏览体验。

(三)腾讯推动自有媒体升级

互联网天生就具有强大的媒体属性。目前，腾讯的网络媒体主要包括腾讯网、腾讯视频、天天快报和腾讯新闻客户端，已经形成一整套媒体平台。从大型综合性门户蜕变为专业化、个性化、立体化的新一代移动网络平台，腾讯为中国新媒体的转型发展打造了一个新范本。

从 2003 年到 2009 年，腾讯网用了 7 年时间从门户 1.0 过渡到了以互动和分享为特征的门户 2.0 时代，成为国内门户网站的领跑者。2010 年，在打造"下一代互联网"战略指导下，腾讯推出了微博，这种兼具媒体与社交网络属性的社会化媒体平台，迅速成为腾讯媒体全产业链的重要一环。而 2011 年上线的腾讯视频则成为一个集热播影视剧、独家出品内容、体育赛事、新闻资讯等于一体的综合视频平台。至此，腾讯网媒三大平台构建完成。

腾讯董事局主席马化腾曾经说过，未来腾讯只做两件事——连接器和内容产业。而腾讯新闻在运营和内容方面正在以马化腾提出的连接器为核心，通过内容的构建去连接媒体和网民。

(四)腾讯对组织架构的调整与创新

与腾讯的互动娱乐事业群(IEG)和微信事业群(WXG)相比，网络媒体事业群(OMG)中的大部分业务投入产出比并不高，属于公司的弱势业务。2018 年 9 月 29 日，腾讯对公司架构进行了调整，将原来的七个事业群重组为六个事业群。撤销了原有的社交网络事业群(SNG)、移动互联网事业群(MIG)、网络媒体事业群(OMG)，新增了云与智慧产业事业群(CSIG)和平台与内容事业群(PCG)(图 2-3)。原有的内容资源都被统一到了平台与内容事业群，包括腾讯新闻、腾讯视频、腾讯体育、微视、腾讯影业、腾讯动漫等业务。

新架构下的平台与内容事业群(PCG)拥有 QQ、QQ 空间以及多个流量平台和内容平台，这将为内容产业创造更好的生长环境，而腾讯的技术团队将成为内容创新的驱动力。一方面，内容能够丰富和提升平台用户的价值，是平台吸引用户的磁石；另一方面，各大平台也激发了内容传播的效率，成为内容传播的放大器。

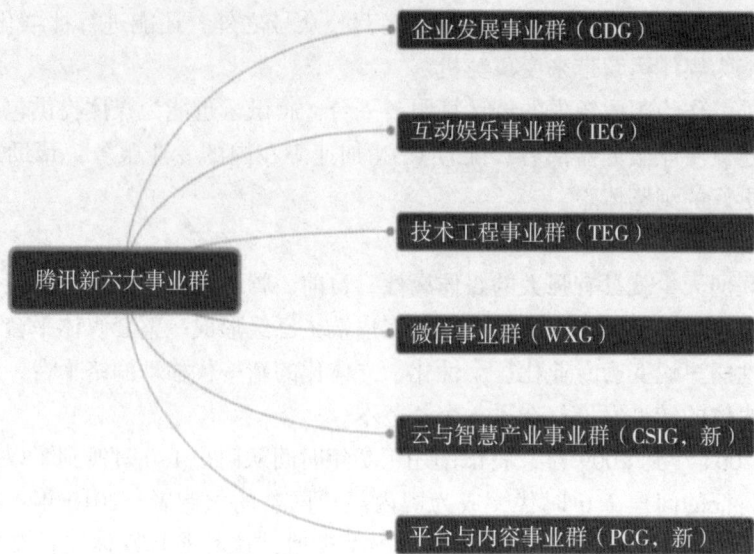

图 2-3　腾讯新六大事业群

腾讯历史上共有过三次架构调整。2005 年的第一次调整使腾讯由单一的社交产品变成为一站式生活平台；2012 年的第二次调整使腾讯从 PC 互联网升级为移动互联网；2018 年的第三次调整是基于消费互联网向产业互联网升级的前瞻思考和主动进化，也是对自身"连接"使命和价值观的传承。

四、今日头条媒体融合文化创新案例分析

随着大数据、云计算、人工智能等概念的兴起，传统媒体纷纷将客户端开发作为移动互联时代媒体融合的又一主要阵地。今日头条并不是最早出现的新闻客户端，但它的出现改变了新闻类客户端的呈现方式，给传统的新闻客户端带来了极大冲击。研究今日头条在短期内成为现象级产品的原因，能够为传统媒体的融合提供有价值的参考。

（一）今日头条的发展概况

今日头条是一款基于数据挖掘的推荐引擎产品，它为用户推荐有价值的、个性化的信息，提供连接人与信息的新型服务，是国内移动互联网领域成长最快的产品服务之一。它由国内互联网创业者张一鸣于 2012 年 3 月创建，于 2012 年 8 月发布第一个版本。当用户使用微博、QQ 等社交账号登录今日头条

时，它能在 5 秒钟内通过算法解读使用者的兴趣 DNA，在用户每次操作后 10 秒内更新用户模型，越用越懂用户，从而进行精准的阅读内容推荐。今日头条的这种推送方式已经深深地影响和改变了资讯行业的生产模式和产品样态，也受到了用户的追捧。根据权威第三方平台 Quest Mobile 的调查数据，截止到 2019 年 6 月，今日头条月活跃用户达 2.6 亿，日活跃用户达 1.2 亿，用户人均单日使用次数达到 12 次，领跑行业同类 APP。[①]

(二)今日头条的独特优势

1. 算法推荐，分发优先

传统的新闻客户端大多依靠专业的采编团队进行内容生产，通过编辑把关推荐，试图以内容优势抢占市场。今日头条则是内容聚合平台，借助强大的数据整合能力，通过机器抓取、收录其他平台的资讯和用户生成内容，再通过复杂的算法推断用户可能感兴趣的内容进行推送。其新闻筛选和把关的主体不是新闻编辑，而是计算机算法。传统新闻客户端的"编辑推荐"重视媒体的立场、报道的角度、稿件的来源和权威性，侧重于内容优选；而"算法推荐"注重的是全方位、广度和资源的丰富程度，侧重于分发。

2. 内容细分，个性订阅

今日头条目前共有 20 个频道，每个频道下还有很多细分的子频道，用户可以根据自己的兴趣进行订阅。比这更重要的是，这款应用致力于"你关心的，才是头条"，将用户个性化发挥到极致，即针对每个不同个体进行传播，每个用户在今日头条上获得的内容都不一样，今日头条会根据用户特征、场景和文章特征作个性化推荐，而这些推荐不靠编辑，靠技术算法。大数据基础上的个性化信息推荐细致描述了用户画像和文章画像，判断用户的兴趣所在，并据此调整推荐信息。用户的使用行为越丰富，今日头条推荐的精确度就越高。

3. 打造媒体平台，探索多元商业模式

媒体平台和平台型媒体是两个不同的概念。前者是指内容聚合和分发平台，国外媒体平台如 Facebook、Twitter，国内媒体平台如微信、微博等；后者既是一个平台，也是一个有"把关人"的媒体。今日头条作为媒体平台，积极探索多元商业模式。广告目前是今日头条的重要收入渠道，利用算法投放精准广告也是其重要的获利空间。此外，今日头条也与视频网站、手机游戏、社交应用等进行导流合作，为内容提供者设立"头条号"，以寻求合作、实现突破。

---

① 《〈今日头条内容价值报告〉解密》，https://www.chinaz.com/news/mt/2019/0807/1037419.shtml。

而作为平台型媒体的传统新闻客户端，其盈利模式只有广告。

(三)今日头条媒体融合的启示

1. 注重用户思维

互联网思维的核心是用户思维。新闻客户端也应根据不同的用户需求，有针对性地进行特色信息的推送，改变传统报业模式中受众的被动局面，在新闻内容真实、及时的基础上更加注重与受众的深度互动，通过推出滚动新闻、微博新闻等报道方式，给大众一个讨论的平台，以利于将潜在读者发展成资深读者。[①]

2. 树立平台思维

平台思维实质上就是开放和共享的思维。媒体融合发展背景下，内容生产商与内容分发平台日益分离已经成为重要趋势。今日头条自身并不生产信息，只是作为一个信息传播的渠道存在于新闻客户端当中，但是它却创造了一个互利共赢的生态圈，通过自身对信息的超强聚合，拓宽了信息的传播渠道，与此同时也做大了自身的平台优势。

3. 加强技术创新

媒体融合从梦想到现实，内容与技术缺一不可。如果说内容是硬道理，技术则是生产力。新技术决定新媒体的诞生，也影响其走向。从内容创作到内容生产，再到内容分发，技术创新贯穿了媒体融合的全过程、全链条。一个能够适应媒体融合发展的新闻工作者，必定是一个精通业务和技术的高手。如今，媒体融合发展已进入"下半场"，新闻工作者的任务不再是简单的采访写作和编辑发布，创意策划、数字加工以及精准传播等新技能也是传媒职场人的标配。

本章小结

本章主要探讨媒体融合与文化创新之间的关系问题。首先梳理了不同历史时期的媒体文化，分析了媒体文化融合存在的问题、未来发展的趋势以及新旧媒体的文化特点，指出文化是媒体融合的重要内容和润滑剂；其次详述了新旧媒体文化碰撞的原因和正负效应，接下来分析了媒体融合文化创新的内涵、必要性、标准、作用、源泉和途径；最后梳理了人民日报、新华社、腾讯和今日头条的媒体融合文化创新案例。

---

① 李可：《从今日头条看媒介融合》，《新闻世界》2016 年第 6 期，第 46 页。

【思考题】

1. 从文化的角度看，传统媒体和新媒体分别有哪些特点？

2. 是什么因素导致了新旧媒体之间的文化碰撞？

3. 你认为媒体融合文化创新有哪些途径？如何看待文化在媒体融合中的地位和作用？

4. 结合媒体融合文化创新实例，谈谈你对传统媒体与新媒体融合发展的看法。

第三章 媒体融合生产

媒体融合的要义简单地说就是生产集约化、传播立体化、服务贴近化、发展更优化。对中央级和部分实力强的省级主流媒体而言，媒体融合的方向与目标是发展成为具有强大影响力和竞争力的新型主流媒体；对地市级传统媒体而言，媒体融合的基本诉求和现实需要是探求走出困境的路径。

当下，许多传统媒体身处困境，业内弥漫着悲伤与惆怅，许多人徘徊、挣扎、无所适从，究其原因主要是决策者思路不清，一方面他们已认识到传统媒体正面临新兴媒体猛烈的冲击，不融合没有出路；另一方面，他们至今还没有认清传统媒体与新兴媒体融合发展的决策依据、融合路径、发展模式是什么。其中，传统媒体与新兴媒体究竟如何融合生产是从业者亟待破解的难题。

众所周知，用传统媒体思维做新兴媒体根本行不通。"现状是雷声大雨点小，讲重要性的多，真抓实干的少，动辄大谈互联网思维，遇到问题又退回传统媒体思维；还有一种是把媒体融合当做面子工程、政绩工程来抓，不认真论证，动辄数千万投入，上'云端'、建'厨房'、搞'剪彩'，结果一地鸡毛、一盘散沙；有人总是对BBC拥有广播、电视、互联网3个工作区及460个工位的开放式编辑部津津乐道，认为那是媒体融合的典范，殊不知在达到那个水平之前，他们耗费了6~7年的时间统一认识、容错试错。"[1]

全媒体时代，研究、分析传统媒体与新兴媒体融合生产首先要明确用户对传媒产品消费需求、消费心理、消费习惯的变化。

第一节 全媒体时代的用户分析

在新闻传播实践中，媒体人大多以多元化表达与传播为追求目标。多元化的意涵除了指竞争、参与、互动、批评等，还表现为抗拒媒体单一化、反控制

---

[1] 张君昌：《聚集十三五 谋划新思路——十三五规划对广电改革发展的启示》，济南出版社2016年版，第1页。

与去中心化，生产传播更多选择、反映社会差异、满足用户个性或多样化选择等。正因如此，我们要着重深入了解、准确分析用户需求。

如今，越来越多的用户向互联网转移，电视、报纸、广播等传统媒体的观众(读者、听众)即用户越来越趋向中老龄化，大量年轻用户流失已是不争的事实。传媒人不得不面对一个十分纠结的问题：尽管电视等传统媒体拼命向年轻用户靠拢，想方设法取悦他们，因为大部分年轻群体熟稔新媒体规律且具有极强的购买力和消费欲望。但真正留在电视机前的是老年人，是他们的父母和爷爷奶奶。越来越多的年轻人不看电视了，要看也仅限于娱乐类的真人秀或体育比赛直播。电视产品的娱乐化、庸俗化、同质化、表演化倾向与在新的文化特质和文化土壤中成长起来的新型用户无法产生共鸣。一方面，传统媒体人不得不承认年轻人越来越远离电视等传统媒体，另一方面，其节目或产品也越来越不被传统用户(老年观众)看好。于是，传媒从业者不得不反思：传播者的用户思维和行为模式是否存在矛盾？

用户的媒介消费行为已经呈现出移动化、数字化和网络化趋势，各种电子传媒，如门户网站、微博、微信、网络视频、手机报等风生水起，它们凭借免费、互动性强、草根化等优势正在不断地瓜分传媒市场。当下，用户人群及信息接受方式的变化主要呈现以下四种趋势：

一、传播方式移动化

截至 2020 年 6 月，我国网民规模达 9.40 亿，较 2020 年 3 月增长 3625 万，互联网普及率达 67.0%，较 2020 年 3 月提升 2.5 个百分点。我国手机网民规模达 9.32 亿，较 2020 年 3 月增长 3546 万，网民使用手机上网的比例达 99.2%。[①]（移动）新闻客户端能迅速分析用户兴趣并推送其所需信息，实现个性化、精准化推荐，提升用户体验，这是新兴媒体受年轻用户青睐的主要原因。

当下，我们的生活、时间、行为方式、娱乐形式都发生了巨变，用户不再花太多的时间去关注某一媒体。他们对媒体的需求是多样化的、移动化的、即时发布或及时推送的。他们需要的是信手拈来的、可移动的、伴随性的、方便获取的、可互动的媒体。前些年，大家还热衷于在微博上看新闻，如今大家已热衷于在手机上看新闻。对许多年轻人来说，如若游戏里、手机上不主动推送新闻就不看新闻了。

---

① 参见第 46 次《中国互联网络发展状况统计报告》。

当有人认为新兴媒体对电视的冲击远没有对纸媒的冲击那么大时，当电视人认为带宽成本和技术给视频网站所带来的成本制约较大时，殊不知，近年来，随着技术的进步和网络资费的大幅度下降，特别是 WiFi 覆盖范围越来越大，视频网站和移动视频已高速发展，其对电视行业的实质影响越来越大。

手机传播使得时间与空间的概念消弭，且跨时空跨语境互联传播成为可能，让随时随地的交流与评论成为现实。相对于互联网时代，移动互联网的未来会更加人性化。移动媒体正在改变人们的消费习惯。如今，大部分新闻机构过半的阅读来自移动端。数据显示，无论从渗透率还是从使用时长来看，中国消费者的注意力和时间都持续地从电视和 PC 端转向移动端。手机上网的周渗透率已经略高于 PC 上网，手机上网的时长已经超过 PC 上网。移动互联网技术的发展改变了人们掌控与获取信息的渠道。人们在固定时间、固定地点收看电视的行为习惯正在转化。移动互联网改变了人们对时间和空间的定义，移动互联网时代必然要应用场景化传播的思维，毕竟人使用手机的时间 80% 以上都是琐碎的时间，离散状态下很难长时间聚焦于某一手机应用。随机性、碎片化是移动互联网时代的特点。随着人们生活节奏的加快，移动端的便捷性特点愈加凸显，无论是收入分配、产品设计还是用户运营，传统媒体必须意识到移动端的争夺是最激烈的。手机电视正全面冲击传统电视是不争的事实、必然的趋势。移动媒体已在媒体融合进程中占据十分重要的地位，它甚至正在改变媒体和媒体人的命运。综艺节目在移动视频中一直扮演着重要角色，《奔跑吧，兄弟》由于较高的制作成本和强大的明星阵容位列 2015 年以来最受关注的十大综艺节目第一，其次是《我是歌手》和《花样姐姐》。经相关调查发现，现在有 65% 的移动视频用户的移动终端设备上安装着多个视频客户端，而只安一个移动视频客户端的用户占比仅有 35%。

尽管如此，当地突发新闻仍是所在城市市民首选的资讯消费。此外，就医、上学、旅游、保健以及衣食住行等生活服务资讯也是市民们十分关切的。在新老媒体融合发展中，开发、营运以新闻为先导，以生活服务为主干的原创性的贴近市民日常生活的手机 APP 终端有较好的发展前景。移动终端的普及使用户的收视习惯正在发生改变，手机已经成为用户获取突发新闻事件资讯和权威信息发布的首选媒介，移动收视已经成为用户的第一需求。移动化是媒体产品迁移的基本方向，智能手机终端的普及增加了人们接触与使用这些终端的机会，使人与终端的联系更为紧密。现在通过终端不仅可以获得信息，还可以获得服务。譬如，中纪委发布案例，召开新闻发布会，不借助记者，不发通稿，直接在中纪委网站、新闻 APP 上发布，媒体再转载。此类新闻，各新媒体都会在第一时间转发、推送。此时，因为手机终端的及时定点推送，以往的人找信息变成了信息主动找人。有了移动互联网，专业化的传播媒介功能在弱化。在"互联网+"时代，电视及传统门户的用户迁移过渡到移动端是大势所趋。近年来，欧美老牌媒体已将"数字化""移动化"作为其生存发展的命脉。《纽约时报》、BBC 等大型媒体集团相继开启了数字化和移动化发展之路，以满足用户个性化和移动化需求。国内的《新京报》以及《人民日报》不仅限于移动 APP 的设立，近几年纷纷开始组建 MCN 媒体移动矩阵，更有利于全方位、立体化、多层次地传递新鲜资讯。传统媒体再不切实重视移动化的趋势并施行强有力的举措，结局可想而知。好在 2017 年 2 月 19 日，中央广播电视总台打造的移动融媒体新闻平台——央视新闻移动网正式发布上线，这对中国电视界媒体融合实践将起到引导与示范作用。

二、接受终端立体化

移动互联网的迅速普及，特别是"三微一端"（短视频、微博、微信、移动客户端）的快速发展促使接受终端越来越立体化。截至 2020 年 6 月，我国网络视频（含短视频）用户规模达 8.88 亿，占网民整体的 94.5%，其中短视频已成为新闻报道新选择、电商平台新标配。网络新闻用户规模为 7.25 亿，占网民整体的 77.1%，网络新闻借助社交、短视频等平台，通过可视化的方式提升传播效能。① 移动互联网发展带来的信息膨胀和碎片化，加速了网络用户对于个性化、垂直化新闻资讯的需求。同时，移动互联网的媒体属性日益增强，对新闻媒体也提出了更高的要求。信息分发方面，移动互联网促进了网络新闻"算法分发"模式的快速发展，基于用户兴趣的个性化匹配与算法分发逐渐成为网络新闻主要的推送方式。相比于纸媒和 PC 门户时代的"编辑分发"模式，"算法分发"利用大数据技术，筛选用户感兴趣的新闻资讯，极大地提升了新闻的分发效率。网络直播、网络视频蹿红不是偶发性事件，也不会昙花一现。在"东方之星"沉船事件、天津港爆炸、法国恐怖袭击事件、"9·3"大阅兵等重大新闻事件中我们都能看到网络视频令人震撼的新闻传播能量。"2016 年，是属于直播的一年，超过 500 家直播平台如雨后春笋般冒出，每天的活跃用户过亿，创造了一系列的观看神话和网红传奇。一夜间，资本市场、技术平台以及内容生产机构争先恐后赶搭直播这趟列车，直播市场瞬间

① 参见第 46 次《中国互联网络发展状况统计报告》。

从汪洋大海进入了红海。"①

　　2016 年称得上是"网络视频"元年，年初的巴黎和布鲁塞尔恐袭事件将各路媒体推入视频直播战场，也将网络视频拉入传媒业热议榜单。此外，数字录像机等也正在成为市民收看电视节目的新方式，其预约性、选择性、便捷性及收视效果的保障性都对传统电视的收看方式发起直接的挑战。"它会颠覆我们的频道化生存，颠覆我们的广告投放方式。"②信息分发的视频化转向足以牵动整个业界的发展态势。无论是何种通道，移动化的内容生产，都不单是将媒体原生内容迁移到小屏幕中，它还需要新的传播思维支撑。

三、传统媒体社交化

　　除了在岗的各级官员、退居二线的老干部和退休下岗工人，如今还有多少人在办公室或家里看电视、听广播、看报纸？其实，一天的大事、要事、突发事、新鲜事，通过社交媒体或手机，用户早已知晓。使用率排名前三的社交应用均属于综合类社交应用。微信朋友圈、QQ 空间作为即时通信工具所衍生出来的社交服务，其影响力如日中天。社交网站又击败了搜索，尽管社交网站只是平台，并不产生任何内容。你进入社交网站就能找到你需要的信息，所以，"新闻报道需要做到社交网站分享最优化。即使是最严肃的内容，也要找到社交网站分享的切入点"。③

　　当下，用户接受、获取信息的方式不再局限于电视等传统媒体，他们对日常社交平台信息的接受度逐渐提高。社交媒体的新闻传播功能满足了用户的基本需求，况且，还能及时发表自己的见解，参与诸多公众讨论并进行社交互动。

　　传统媒体作为获取公共信息的垄断性渠道的地位已被打破，正面临被大幅削弱的尴尬局面。在这样的背景下，我们为什么还要选择传统新闻媒体？巴西红网总编辑伊纳西奥·科埃略认为：缺乏互动性是传统媒体今天面临的主要问题之一。如今，建立与用户的互动，对传媒人来说尤为重要。哈佛大学课堂教学常常在讨论中进行，其案例教学法、案例分析法很有吸引力，互动性、针对性强。新闻传播与课堂教学有一点是相同的：传者与受者要平等交流、互动，

---

　　①　单文婷：《直播来了》，《视听界》2016 年第 11 期，第 1 页。

　　②　高晓虹：《电视批评》，转引自谢耘耕、徐浩然主编：《传媒领袖大讲堂》（第 2辑），上海交通大学出版社 2012 年版，第 249 页。

　　③　[美]马克·库珀：《媒体融合，生死攸关》，http://mp.weixin.qq.com/s/H_CVzAG-MZSvbjlMK-9ryxA。

讨论、分析、探讨的内容要有针对性。传者要明确受者(用户)的需求,受者要体验到传者的经验与意图,新闻传播中的互动对话是建立新型传受关系的关键一环。

四、传输技术高清化

车载摄像头、拍摄和编辑软件的开发与升级打破了内容生产制作专业化的壁垒。宽带技术、数字压缩技术、卫星传输技术、有线与地面无线传输技术和 IPTV 技术的发展,为数字高清电视节目的大量传输提供了可能。随着具备高清屏幕的手机、平板设备的普及,用户能够随时随地观看高清视频。

此外,还有一个不可忽视的问题是广播电视网用户的逐年减少。例如南京市在高峰时期有线用户曾经累计达到 70 万户,而如今,几乎每天都有用户叫停。问题是只有叫停的,没有新增的。用户去哪儿了?毫无疑问被电信网 IPTV 等新媒体吸引去了。近 5 年来,电信由 2G 进入 5G 时代,互联网进入了移动和智能化时代,而广播电视网的业务与服务既传统又落后,特别是有线电视收视费等价格居高不下,服务方面也无法与电信、移动两大运营商角逐,从而导致用户大量流失。

传统媒体用户规模持续缩小,而网民的规模则在持续扩大,基本上可以做出判断,传统媒体的用户流失已成不可扭转之势。

第二节　媒体融合生产理念

一、组织生态和运行机制的重构

媒体融合发展的前提是媒体组织生态和运行机制的重构。这个重构要以新闻产品的生产传播营销流程最优化为导向,集聚所有的新闻资源,集聚各类媒介和具备多种技能的人才,在一体化的生产、传播、营销平台上进行。媒体组织和运行机制的重构其实是最困难、最艰巨的任务。"融媒体的概念除了包含媒体要'全'的意思外,还注重各个介质之间的'融',即打通介质、平台,再造新闻生产与消费各个环节的流程,熟稔各类采编技能等。"[①]许多单位的媒体融合出现这样或那样的问题,出现"肠梗阻"或"异化"的情况,原因就在于媒

---

① 栾轶玫:《建议用"融媒体"代替"全媒体"》,《新闻论坛》2015 年第 1 期,第 122 页。

体组织生态和运行机制重构出了问题。出现这种情况不难理解，因为这一重构触犯了许多人的切身利益。

BBC 颠覆了大电视、大电台、小网络的传统结构，革除自建平台、各自为政的局面，建立统一的新闻中心。这些举措值得我们学习、借鉴。21 世纪初，英国广播公司将所有的新闻融合成一个整体。此前，公司有广播新闻中心、电视新闻中心、报纸新闻中心和手机新闻中心。在实践中，公司发现同一个新闻现场往往有四批以上的记者赶去采访。为了避免资源的过度浪费，他们不再按媒体划分，而是成立了一个全媒体新闻中心。中心以下设新闻采集部、新闻编辑部和节目部。新闻采集部记者负责采访、收集新闻资源，新闻编辑部的编辑负责编排滚动新闻，而节目部则负责电子媒体的编发，做专稿和深度报道。面对收视收听用户越来越少的现状，欧美许多新闻集团或广播公司主动求变，对自身做出重新定位，打破单一媒介边界，寻求交汇点、融合点，重建新的组织生态和生产传播流程，打破所有的壁垒，盘活资源，摒弃粗放经营，实行集约营运，从而提高了生产传播效率和影响力。

作为一家媒体，如果不成立唯一的融媒体新闻中心，必然会出现一个新闻事件多批记者前去采制的情况，靠管理制度去约束没有多少效果。对传统媒体而言，只有对运行机制作彻底的革新，在采编流程上进行颠覆式重构，才能杜绝浪费和成本扩张，才能实现新闻资源的最优效应，才能在融媒体平台上做差异化、个性化传播，才能满足进而创造新的新闻消费。

关于融媒体新闻中心的组织架构、运行机制建构和流程再造，我们亟待进行可行性路径研究与探索，需要冷静思考、大胆探索，在个性中寻求共性，在共性中探索发现适合自己的战略与路径。

传统媒体与新兴媒体融合回避不了生产运行机制的创新。在节目的分配和发布环节，应强调各频道各栏目的特色定位，强调与用户的及时互动，提升互动效果。"传统媒体的内容生产方式都是块状的。集团内的报纸与报纸，台与台，下面的部门与部门，直到具体的版面和节目栏目都是块状的。彼此之间没有关联。很多集团越做越大，内核没有改变，块状之间老死不相往来。这是基本现状。可以想象，互联网+媒体的内容生产方式，其特点是网状的，呈发散状，其用户状态是一个节点间紧密相连且互通有无的网络社会。网状的信息结点之间是相互关联的，信息相互连接累积叠加，可以形成大数据和云计算的基础……许多媒体在转型融合的时候，可能连最基础的信息化基础工作都没有完成。至于信息化的程度，有人说过一个标准，看他们使用纸张的数量。这个问题，到行政办公室一查便知。"互联网+"的媒体形态，信息共享，数据关联，从个人到部门的内容生产，可以从单个的劳动升级到聚合类的产品。譬如，数据新闻。从数据融合到可视化效果，这是传统的媒体内容生产链根本不可能完成的。"①电视台不论是实行中心制还是频道制，都改变不了各自为政、画地为牢的小农意识和小单体承包的恶习。

"流程重构或流程再造是指对组织的业务流程、组织结构、运行机制、信息化等企业文化在内的一系列变革。"②传统媒体与新兴媒体的业务流程包括生产(策划、采集、编辑)、分配(分发、编制、调配)、交换(传播、销售)、消费(交流、互动、分享)等环节。业务流程再造要围绕内外资源的整合与采集、节目的生产制作、节目的分配与发布，用开放性思维和手段，在内外资源的整合与采集环节更好地获得新闻线索、节目创意及其他各种资源。

在节目的生产环节，为了更好地获得新闻线索、节目创意及其他各种资源，流程再造突出融媒编辑部功能，提升思想创意能力和融合能力，提升节目品质和针对性；在节目的分配和消费环节，流程再造强调各频道各栏目的特色定位，强调用户的及时干预与反馈性，提升互动效果；在管理机制方面，流程再造界定各部门、各岗位工作职责，确定融媒体生产传播的绩效考核办法、成本管理办法等，制定融媒体记者编辑采访制作的工作规制，从而确保规范化、制度化、简约化。其中，就考核而言，我们再也不能仅限于考核收视率了。在融合生产与传播的新常态下，我们要考核多平台独立访问量、多平台总浏览量、多平台访问时长总量、视频播放次数、视频播放时间、社交媒体互动发布总量等，切实了解不同平台内的数据反馈情况，以把握用户倾向和节目发展走势。

二、技术与内容的融合

长期以来，因为新闻与技术分属不同的集团(或报、台)领导分管，许多媒体的内容生产与技术支撑团队分离。如此分离导致技术部门仅仅承担安全生产播出的责任，对研发、引领、支撑等技术部门理应承担的责任置若罔闻。这已经严重影响、制约节目创新和融合产品的研发。媒体融合的大势客观上要求新闻采编与技术研发、支撑、保障深度融合。为什么说技术研发部是融媒体新

---

①　徐世平：《互联网＋，传统媒体怎么＋上去？》，http://chuansong.me/n/1435269。

②　桑强：《以流程再造为中心的组织变革模式》，《管理科学》2004年第4期，第7页。

闻中心的关键部门呢？因为技术引领、支撑、保障新品的研发和创新。技术研发部要切实变安全保障与技术服务单一功能为技术研发、引导、支撑等多重功能。国外许多媒体有新媒体研发中心或实验室。它们强化研发新闻融合传播的技术，让新闻产品更能满足用户的接触习惯、欣赏品位和消费心理。有的媒体开发新闻应用程序，采集、呈现和分析有关数据，让媒体人及用户便捷查看与自己相关的信息。彭博新闻社为网上报道的某项专题开发了交互式图示，让用户自己控制阅读的速度和深度。创意设计部、新闻采集部、融媒编辑部、产品运营部都应配置大数据分析、视听觉设计、网络编程等技术人才。他们与记者、编辑融为一体，为了一个共同的目标去策划、设计、生产、传播。时至今日，如果新闻的策划、采集、编辑与视听觉设计、技术编程、技术研发保障仍然各自为政，那么，新闻生产传播就会僵化、退化、弱化。

　　近年来，媒体人一直将新媒介技术当做工具来使用。"从传统媒体接触运用新媒介的历程来看，一般经历了新媒介工具性使用、内容融合和基于新媒介特性思考问题等三个阶段。"[1]互联网正在不断打破产业之间的壁垒，科技与传媒的融合越来越超出人们的预料。互联网的先进技术绝大多数掌握在商业网站手里，而不是掌握在广播电视机构手里。因为技术问题，许多台不得不将优质内容拱手相让给商业公司、互联网站，为他人做了嫁衣。人工智能等技术迅速颠覆传媒业，我们将步入智媒时代。智媒体首先是"智能"媒体，通过人工智能重新赋予媒体技术基因，改造媒体生产、传播全流程，让传播更自动、更精准、更高效。其次智媒体还是"智慧"媒体，通过价值主导，更加突出信息背后的价值匹配，算法也要有价值观，算法也要被赋予价值导向，算法是否善用也间接导致了内容是否客观，是否符合公共准则。

　　"新闻媒体保持技术敏感，推进媒体生态不断进化。随着移动互联网的普及和5G、AI等新兴信息技术的不断演进，媒体格局和舆论生态发生深刻变革，传统媒体和新兴媒体依托新技术深度融合，推进媒体生态不断进化。"[2]技术驱动、引领新兴媒体快速发展是不争的事实，媒体离不开技术，媒体的每一次创新都离不开技术的驱动、支撑、引领。"从传播技术角度看，媒体的发展总是与技术的创新紧密联系在一起。新兴媒体诞生和发展的过程，实际上就是

---

　　① 廖文峰、张新新：《数字出版发展三阶段论》，《科技与出版》2015年第7期，第90页。

　　② 参见第45次《中国互联网络发展状况统计报告》。

网络技术和信息内容相互结合与发展的过程。技术与内容互为支撑、相互融合，共同构成核心竞争力。"①媒体必须靠新技术与新艺术(传播内容的艺术表达)的融合，求新、求变，研发独特的技术，设计、创造独特的传媒产品来迅速占领市场。新传播技术与新传播艺术深刻而真正的融合是媒体融合的基础。路透社亚洲区媒体运营执行总裁李家惠认为："绝对不要害怕技术，因为技术其实是新闻的一部分，用了技术我们才能打造更强的品牌。"问题是没有多少人能真正意识到技术是新闻的一部分。技术与新闻内容生产真的不能分离，实践证明，分则两损，合则共荣。

建构融媒体新闻中心，推进集成创新，自主开发满足多媒体传播需要的技术系统，如 iStudio 系统、视频新闻 Xnews 系统，这是分散采集、集中编辑、一次生产、多平台发布的技术支撑。"新媒体技术不单是一种知识论的技术事实，更是一种实践论的价值事实，日常生活的媒介化、媒介技术的意识形态表意、新媒体技术美学的商品化叙事共同构成了它的实践论论域。"②笔者在专访中国传媒大学原校长、现中国教育电视台总编辑胡正荣教授时，他指出，技术是媒体融合的制约因素，媒体要利用社会力量，降低合作成本。技术的接口、IP 技术等要留好接口，技术可以外包化、公司化。作为媒体负责人要树立技术、内容同等重要的观念。城市电视台一位副台长曾经既分管新闻内容生产又分管技术工作，《民声》《创赢未来》等名牌栏目的创新实践让其深切地感受到内容与技术的融合是大力度超常规创办新栏目，研发新融合产品的决定性因素之一。

技术支撑新兴媒体研发全新的内容生产模式，进而消解了电视等传统媒体在内容生产方面的优势，网络等信息媒体已经成为主流媒体的重要组成部分，并正在为确立主流媒体的地位而拼搏，因此，电视等传统媒体要在新传播技术与新传播艺术的融合中夺回产品研发传播的先机。传统媒体与新兴媒体争夺第一信息源是融媒体时代的必然态势，不认识到这一点，不争夺之，党报、电视将逐渐丧失主流媒体的地位。以智能设备为代表的新技术催生促进新闻生产、传播方式的多样化，传感器、人工智能软件、GPS 定位等一系列技术在新闻采集、管理、发布过程中的应用，必将助推新老媒体深度融合发展。

---

① 张君昌：《加强顶层设计 扎实推进媒体融合》，《中国广播》2017 年第 6 期，第 94 页。

② 李胜清：《新媒体技术的实践论命意解读》，《湖南科技大学学报》(社会科学版) 2012 年第 4 期，第 166 页。

　　有的台准备一次性投入 4000 万元人民币，组建所谓的全媒体媒资平台。就其内容设计和构件来看，在媒资设备购买上过度花钱，反而会物极必反，引发投入产出比不高的后果。新闻部门原来有一个比较成熟的网，只要增加 800 多万元人民币就可建构新闻等信息的统一运作平台，既省钱又实用，但有关方案却要推翻，重建一个全台共享的大媒资库。作为一家城市媒体是否需要一次性投入 4000 万元人民币建这样一个又大又空、不知谁用、怎么用的媒资库？融媒体新闻中心究竟如何组建？生产、传播、运营的机制如何建构？谁在用？创新点在哪儿？融合点在何处？大数据采集与分析谁来承担？有没有培训大数据采集与分析人员？这些问题不研究、不对接、不明确，先花 4000 万元再说，且没有相应的预备应急方案和合理的进程设计，这就是典型的瞎花钱。

　　2018 年初以来，在媒体融合实践中，中央广播电视总台高度重视技术与内容的融合创新，在产品的研发与制作中大胆探索、寻求突破。为记录"嫦娥四号"探测器在月球背面着陆这一航天科技重大创新成果，中央广播电视总台和国家航天局合作，共同创作了 4K 科学纪录片《飞向月球》，于 2019 年 4 月 24 日"中国航天日"当天在央视综合频道、科教频道、4K 超高清频道先后播出，引起强烈反响，吸引了约 1.39 亿观众观看，全网累计播放量超过 3800 万次。这是一部具有国际视野，国际政治经济与文化交流价值、思想探索与创新引领价值、艺术审美价值均十分突出的精品力作，成为技术与内容融合创新的代表作之一。"《飞向月球》的成功，很大程度上得益于对新技术的开发使用。节目采用 4K 超高清拍摄制作，搭建了全球首个 4K IMR 原创混合现实特效制作环境，实现节目、技术、创意、制作四位一体、协同作战，为节目带来沉浸式、突破性的视听效果，充分体现出技术进步为节目创作带来的巨大增量。"[1]

　　不可否认，在传统媒体内，封闭、保守、各自为政、山头林立的管理体制与运营机制造成的传媒生产关系成为阻碍传媒生产力发展的桎梏。改革的突破口在哪里？我们认为这一突破口就是技术与内容的融合。"坚持技术创新驱动，需要探索新的内容生产方式。《飞向月球》在创作上打破了内部节目部门和技术部门的边界，把后期前置的沉浸式工作模式覆盖到策划、创作、审片、播出全流程，打破了机构的边界、部门的边界，甚至各工种的边界，让技术充分融入作品当中，实现了内容与技术、艺术与科学的融合交互，在传播效果上

① 慎海雄：《让科技报道更迷人》，《电视研究》2019 年第 7 期，第 6 页。

产生了叠加的化学反应。"①推动技术更加高效地转化为内容生产力谈何容易？中央广播电视总台的决策层下了大决心来解决技术与内容融合的瓶颈，"我们要着力把总台的技术优势更充分、更高效地转化到节目生产链条中去，以大数据、人工智能等先进技术为节目生产赋能，全方位推进总台节目生产制作能力转型升级"。②

技术与内容的融合要从以下几方面发力：

首先，机制重构与创新。当下，绝大多数传统媒体的内容生产与技术保障是平行并列的两个内设部门，而且基本上是两位集团或台（报）领导分管。内容生产与技术保障两个部门大多老死不相往来，这不能简单地用干部素质来衡量，而要从体制机制上找原因。这两个部门工作追求、出发点、利益诉求、员工职业文化背景等差异较大，要真正实现技术与内容的融合首先必须进行体制机制改革，在运行、管理、考核等机制与制度上实施有利于增进融合的规范、制度与机制。技术与内容生产的人才需融为一体，实施一体化创意、创作、传播与营销。

其次，重新确立技术的功能与作用。多年来，在传统媒体内，技术的功能比较单一，除了保障没有其他作为。在全媒体融合时代，技术在生产、传播、营销中的作用越来越不可或缺，其功能至少有引领、支撑、保障三个方面，保障只是技术的最基本的功能，在融产品的研发和各类节目创新中技术理应承担引领、支撑的职责。

最后，坚持以融合效益为导向。技术与内容的融合不能有一搭无一搭，仅仅靠一两个节目或产品来实现融合是难以为继的。我们应坚持以技术与内容的融合效益最大化为导向。在实践中，融合效益最大化不仅是导向还是目标。组织者、从业者要打破因循守旧的僵局，破除论资排辈的惰性文化，鼓励年轻技术人员参与创新，让有新闻采制经验的编辑记者学习并逐步熟练应用技术，齐心协力，研发、传播新品，想尽办法让融合效益成为技术人员和记者编辑的共同追求与理想。

三、"中央厨房"构建依据、功能呈现及问题剖析

传统媒体与新兴媒体融合生产传播的重点在于将视听资源进行优化整合，

---

① 张宁：《内容与技术、艺术与科学的融合交互——4K 科学纪录片〈飞向月球〉研讨会综述》，《电视研究》2019 年第 7 期，第 8 页。

② 慎海雄：《让科技报道更迷人》，《电视研究》2019 年第 7 期，第 6 页。

配置到适合的视听平台，满足用户的视听需求。如今，随着媒体融合不断推进，各级广电已逐步具有了互联网融合思维，努力促成传统媒体和新媒体融合互联互通，同时实现了各种视听资源的共享。以用户为中心，视听内容与视听平台的融合更加紧密，单向度、分散的、封闭的、精英式的视听内容制作与播出方式发生了变化，广电媒体的人财物得到重新整合，提升了视听资源使用的效率，并建立了安全、稳定、高效的全媒体分发流程。2017 年作为"中央厨房"元年，标志着我国媒体融合的蓬勃发展。作为融媒体中心，"中央厨房"是"一种集媒体策划、采访、制作、播发等功能为一身的多媒体综合平台"。它既是融媒体采编发系统当中的硬件基础和技术平台，也是整个媒体运营的大脑和神经中枢。下面以广电媒体为例，介绍"中央厨房"生产传播特点。

1. 构建依据

"中央厨房"模式的主要理论依据为"波纹理论"，当一个新闻事件发生后，不同媒体平台像水波一样一层一层传播出去，各平台发挥各自的媒体优势，形成一个完整的传播体系。"中央厨房"可以让价值观通过不同平台辐射出去，最终凝聚成该媒体的核心力量，使各类产品覆盖面更广、影响力更大。[①] "中央厨房"或融媒体中心要解决的一个关键问题是，"如何从多元信息聚集走向多屏多语境的分发"。[②] 这需要各级各类主流媒体协调多屏之间的互利互惠关系，形成普遍联动的局面。但首先得有数字内容，将这些内容聚合起来，然后才能分发分享。

"中央厨房"是媒体融合背景下分布式智能化集中系统这一互联网思维的践行，体现了"从用户到用户、从单向传播到互动交流的转变；从流程到数据、从繁杂的数据图表到有用数据可视化的转变；从单一到融合，从各子产品'各自为战'到统筹作战、形成合力的转变；从封闭到开放、从闭环的'传播圈'到发散的'传播网'的转变，用互联网思维和大数据等先进技术，构建适合新形势的现代传播体系"。[③]

2. 功能呈现

"中央厨房"的运作模式打破了单纯以内容领域为主的横向划分标准，立

---

① 徐世平：《东方网"中央厨房"的建设与实践》，《青年记者》2017 年第 7 期，第 27 页。

② 冷淞：《融媒体影响下的视频节目创新与营销传播》，《视听界》2017 年第 5 期，第 42 页。

③ 张云泓：《依托"中央厨房"打造新型主流网络媒体》，《传媒》2017 年第 9 期(下)，第 24 页。

足信息传播特性，整合新的业务部门，力促组织结构更加扁平化，避免了原有的采、编、发等各职责的交叉与重复。"不仅在应用技术、生产流程等环节实现了革新，也开始在顶层设计上建构相对应的运行制度"，① 目的是促进建立决策层和执行层之间直接沟通的扁平化关系。

媒介融合背景下建立"中央厨房"，不仅仅是资源共享，而是整个视听流程的重新改造，实现视听素材资源的多次调配、加工、整合，同时促成各个部门之间联动。其核心在于视听内容采、编、发流程的数字化再造，实质是视听素材信息处置、整合的常态化运行。这样才能在规模基础上产出规模效益，让部门生产、个体原创等不同的视听内容生产更具关联性和个性化，更科学地提升视听内容的丰富性和有效性。"中央厨房"可以起到以下功能：

首先，它为更具有特色的视听内容提供丰富的视听素材类型，保证视听内容的品质。视听素材资源库，按照音频、视频、图片、文本等不同的方式分类，并采用先进的自动匹配智能系统，让每一条视听内容和视听信息都可以根据不同的平台需要自动匹配音频、视频和图片、文字等。

其次，它通过集中采集视听信息、动态整合、多个渠道、多次发布的传播，提高视听内容的附加值，实现用户视听体验的最大化。视听数据采集的技术研发是整个"中央厨房"的命脉和基础，对广电媒体而言，采集系统的开发建设是关键，在有效数据的支撑下，素材采集、加工可以与不同平台需求更相匹配，同样的素材通过整合可以针对不同用户视听需求，提供更佳的视听体验，为素材内容增加附加值。

再次，它可快速有效地应对各个平台需求，通过视听素材和内容的细致化分类和个性化处置，实现多种类、多形式、小众化、高效率视听服务，在搭建全媒体平台后，打通 PC 端、新闻客户端、微博、微信等多种媒体和数百个终端载体，逐渐发展为全媒体形态的视听内容传播矩阵。

最后，它可降低媒体的人事费用及生产、加工成本等，提高视听服务的水平，提升视听传播的效率。美国学者布雷德利通过测算得出：同一个新闻选题，报纸、广播、电视记者的前期采访成本比例大约是 1∶1.8∶3.5，如果把同样的信息包装成适合不同媒体的产品，一物多用，就可以相对节省成本。②

---

① 徐世平：《东方网"中央厨房"的建设与实践》，《青年记者》2017 年第 7 期，第 29 页。

② 陈国权：《新媒体拯救报业？》，南方日报出版社 2012 年版，第 87 页。

3. 问题剖析

"中央厨房"或者称为融媒体中心、融媒体新闻中心，通过"视听内容生产集中化、传播发布多元化、运营管理数据化"来构建传统媒体与新兴媒体融合生产传播平台。"中央厨房"的理念来自道琼斯公司的"波纹理论"及实践，此后，大部分研究都将"波纹理论"当成"中央厨房"报道模式的主要理论依据。

当下，业内外许多人推崇"中央厨房"，有的主流媒体还总结出了不少经验。笔者曾与数十位同仁交流，大家对"中央厨房"争议较大。"中央厨房"的理念仍值得我们探讨、研究。

杨振武认为，"中央厨房"是面向受众、面向国际、面向未来的新一代内容生产、传播和运营体系。李宝善认为，"中央厨房"要实现策、采、编、发的"自我革命"。叶蓁蓁认为，"中央厨房"有四新，即：新流程、新机制、新技术、新内容，认为这是内容供应的新模式、新机制、新改革，一定能产生新产能。他进一步分析指出，"中央厨房"有 6 个"不是"：不是任何单一厂商承建，而是集纳众家之长；不是采编发一体稿库，而是内容生产分发体系；不是封闭的内网系统，而是开放的协作生态；不是单纯的技术工具，而是(移动)互联网思维和模式；不是单纯的投资建设，而是建构盈利模式；不是层级化的网络，而是平等的"蜂窝结构"。[①]

"中央厨房"这一模式诞生于餐饮行业。"中央厨房"是传统媒体流程再造值得探索的路径之一。从人民日报社"中央厨房"运作模式看，其将新闻事实视为"原材料"，在编辑的指点下，记者完成采集，接下来由"厨师"进行"分拣""切割"，再将"半成品"调配给各栏目施行报道、评论等深加工，最终通过传统媒体和"三微一端"等新媒体为用户推送文字、图片、音频、视频等多样化"大菜"。"中央厨房"打通了内容生产、运营管理和用户链接，整合了内部、行业、产业三个资源，提升了生产效率、社会效益和盈利能力，优化了资源配置，节约了成本，边际综合效益突出。

融媒体"中央厨房"是目前各大媒体都在争相建设的核心平台。如何利用自身优势建设有特色、有效率的"中央厨房"？不仅要发挥传统媒体的内容采集优势、专业化团队生产优势、终端发布可信优势，把融媒体带入大片时代，还要在传播策划响应速度方面发挥新媒体优势，做到快速响应、快速传播、快速迭代。2017 年 10 月，浙江广电集团融媒体中心"中央厨房"项目正式投入使

---

① 参见张建波：《"中央厨房"烹制新闻美味》，http://news.dahe.cn/2016/08-26/107396574.html。

用，实现了"电视+新媒体+广播"的多形态传播以及异构平台上视频内容的协同生产发布；通过新闻大数据深度分析处理实现采编发高效的联动生产，达到对重大事件的预先判断以及事后有效分析；融合创新了广电新媒体优势，人员优化配置，机构精简，最大限度节约广电媒体的人力成本，并提高新闻视听素材的利用率。[①]

在运营过程中，融媒体中心在重大事件报道和重大主题宣传中发挥了智能化系统中心的作用。它把媒体集团内部各个部门以及新媒体部门的记者、编辑、视觉、技术人员集中起来，进行统一管理、指挥、调度，并联动微博、微信和新闻客户端以及网站，通过融合媒体素材库、电视和新媒体协同生产系统、新闻云生产体系、新闻共享云平台、用户新闻上传平台（UGC 系统）、新闻栏目等，通过整合，最终产生合力。不同省级媒体包括广电媒体在内，构建大视听融合全媒体的重中之重在于视听内容的效益化。

"中央厨房"并非万灵药。正如一些研究者指出的，这仍是以传者为中心的传播理念，应系统、辩证地看待"中央厨房"在传媒转型中的价值；"中央厨房"是传媒转型的一种可尝试的手段与工具，而不应是最终目的。"中央厨房"仍是以传者为中心的传播理念，成本高昂，容易导致同质化，无助于新闻产品的个性与特色；不适合作为"标配"在所有媒体中推广。[②]

目前，许多传统媒体都建立了物理化的"中央厨房"，采用方正、大洋等全媒体数据化运作系统，其中，传统媒体如报纸、电视等采编板块比较成熟，新媒体衔接还在磨合，移动端改稿技术应用问题成为生产瓶颈，操作不慎容易造成流程中断、卡壳，问题较多，尚不能满足一线需求。为打通全流程，许多媒体设立了白班总值班室，编委轮值，统一指挥全媒体内容生产，但各部门存在不同利益和考核标准，担心影响创收，协调难度较大，运转尚不流畅，甚至"空转"，有的轮值老总整天没有事做。编辑的作用逐渐丧失，决定第二天见报的内容不是编辑的决断而是实时监测数据。因此，有人主张报社、广电集团内分设采访中心、编辑中心，以新媒体为主，"玩真融合"，理顺新媒体采编和发布体制机制，做好 APP、微信和微博。

许多传统媒体"一哄而上"，纷纷建"中央厨房"。建成后，其相应的体制机制还没有建立起来，与以往相比，记者编辑的工作量、工作难度和工作压力

---

①　陈晓东、高永飞：《广电融媒体中心"中央厨房"的设计与实施》，《广播与电视技术》2018 年第 4 期，第 15 页。

②　陈国权：《中国媒体"中央厨房"发展报告》，《新闻记者》2018 年第 1 期，第 51 页。

明显增大。同工不同酬问题造成新闻职业期望值降低，但记者编辑收入主要还是来自报纸、广电，他们转型的积极性不高。有的报社版面上稿不再计分（时政新闻除外），记者发稿时间有要求，比同城融媒体晚要扣钱，虽说初步解决了即时发稿问题，但操作起来千头万绪，枝枝节节的问题还有很多。融媒体采编系统技术上还没有特别完善，相当多的传统媒体"中央厨房"大屏和物理空间还没有充分利用起来。许多报纸、广播、电视的传统思维还是改不掉，不愿接触新生事物。

"中央厨房"提供了一种优化视听资源的途径，但要彻底摆脱以传者为中心的思维，向用户思维转变，要将用户的视听需求与自身视听内容资源的生产融合起来，因为用户有权决定何时以什么方式来光顾你的"中央厨房"，所以，必须充分体察用户使用时的感受，才能够进行有效的模式创新，应在互联网多向度立体化生产业务中充分调动媒体从业者、用户等多方的互动积极性，做好资源的整合和媒介的融合。

"中央厨房"是新闻生产模式创新和流程再造的举措之一，但把它作为媒体融合发展的目标模式就有点夸大其词了，因为"中央厨房"存在以下值得注意的问题：

（1）产品同质化

信息的有限性加上"厨师"难免偷懒，在短时间内很快地满足各媒介独特的需求十分困难，造成内容及产品越来越同质化。纸媒修改、重新编辑相对简单容易一些，电视等视频产品的加工、编辑要复杂得多，编辑一旦偷懒，同质化便泛滥。

由于"中央厨房"工作量的加大，编辑自然会选择快捷省力的方式。四川广播电视台在运行中就发现，"中央厨房"模式下，编辑记者工作量大增，很多编辑为了省事，会直接把电视媒体的内容复制粘贴到新媒体上。[1] 这样的工作方式更是加重了同质化。浙江日报报业集团全媒体编辑中心的范锐说，"中央厨房"中三个端口根据自身属性各有侧重，但是目前仍可以在集团的报纸、网站和客户端上看见内容大部分相似甚至相同的产品。[2]

广电媒体需要突破视听采访源单一的问题，避免视听素材和内容库的"孤

① 王军、王茂羽：《"中央厨房"释放洪荒之力　多屏共振"川味"飘香——四川广播电视台 2017 年全国"两会"融媒体报道探索》，《新闻界》2017 年第 5 期，第 8 页。
② 范锐：《"大脑"如何更聪明——浙报集团技术驱动型"中央厨房"运行模式及效果分析》，《传媒评论》2017 年第 7 期，第 15 页。

岛效应"。暨南大学新闻与传播学院院长范以锦认为，子媒体不能完全依赖"中央厨房"的素材，还应有自己的专业采访队伍。因此，不同形态的媒体从"中央厨房"得到的材料，不要看成是终极产品，而应当做新闻线索来看待，根据自身特点，继续派出队伍挖掘新材料或背景，最终采编出有别于其他媒体的产品。这样，视听传播的各个平台才能各具鲜明特色，不是只标题不同内容却相似的同质化呈现。

（2）人的融合十分艰难，奖惩考核机制有待规范

媒体融合的核心是人的融合，融媒体中心最重要的事是人事制度与文化价值观的改革。传统媒体目前还处在生产内容与技术融合的阶段，实现人的融合才是打通广电媒体任督二脉的关键。一个媒体的改革表面上是组织重构，具体则落实到每个职位与人的相互关系上，每一次变动直接影响到产品的质量。"中央厨房"内新老媒体体制不同，如何建立统一规范的奖惩考核机制是一大难题。

（3）用户参与互动不足

"中央厨房"对用户的反应比较滞后、迟钝，如何第一时间满足"食客"即用户的关切与需求，尽快做出调整是另一个大难题。不只是"千人一面"，而要做到"千人千面"，激发所有渠道的积极性，对信息进行深加工，创造附加价值。

（4）沟通成本剧增，工作效益提升亟待破题

"中央厨房"在节省人力成本的同时沟通成本却明显增加，扯皮成了常见的事情。组织生态与运行框架需要作相应的彻底的配套改革。

"中央厨房"未必适合省市媒体集团，因为各地差异性实在太大。媒体融合千头万绪，当务之急是成立融媒体新闻中心。在融媒体时代，媒体再不模糊部门之间的界限，再不推倒各有关部门之间的那面"墙"或"隔断"，采集、编辑、技术保障与设计应用、用户服务与维护、数据分析、产品设计与研发等部门再不通力协作，再各自为政，老死不相往来，顽固坚持小单体承包，那电视只能等死了。

此外，"中央厨房"日常运营困难重重。"中央厨房"融媒体新闻中心解决了统一"买菜"的问题，"烧菜"则由各个平台自行解决，这种各播出平台之间完全切割的"单体外挂"方式会导致内部运作比较复杂，随之带来大量的日常管理问题，如各个平台上新闻产品的个性问题，内部的业务边界、业务流程、运营机制、考核机制、保障机制如何改良与维护等问题，整体运作的协调沟通成本也会比较高。

　　"中央厨房"资本融合风险也是值得关注的问题。融合不仅是资源的融合，还是资本的融合，将分散的资本资源集约化，抱团抗风险能力更强，实行资本化运作也更有利于提升传统媒体的整体效益。但是并非所有的资本融合都会得到1+1大于2的效果，如时代华纳的融合反而降低了整体的利润。目前，省级广电媒体的"中央厨房"在盈利方面的贡献率不高，甚至出现亏损。

第三节　融媒体新闻中心构建

　　当下，许多传统媒体与新兴媒体所谓的联动、整合是徒劳的，因为其人、财、物及新闻等资源无法实现互联互通，平台、渠道单一运作，传播依然不畅通，单一内容产品指望在联动、整合的号召下多平台、多渠道发布显得不现实。传统媒体与新兴媒体只有实现真正的融合，才能线上线下结合，屏内与屏外互动，根据各个媒介特质及传播特性，作个性化、适应用户需求的产品定制，才能实现共生共荣、一体发展的目标。

　　目前，许多省市正在探索将报纸、电视、广播等传统媒体与新兴媒体融合组建成新闻传媒集团。如大连市将报业、广电合并，总编辑的抓手是编委会，编委会的平台是融媒体新闻中心。记者统一管理，编辑分散管理。记者方面，报纸广电两大板块加起来有四五百人，一部分负责公共新闻采访，一部分负责定制新闻采访，公共新闻解决同质化问题，定制新闻解决延伸服务内容；编辑还沉淀在各个发布端，报纸、频道还由各家成立的编辑部来呈现，当然，融媒体中心也有一部分公共编辑。

　　"互联网+"的模式实现了模式理念应用创新，它使得各种有服务需求的人和希望提供服务需求的人都成了用户。融媒体新闻中心要从这一模式理念应用创新中得到启发，从生产与运营融合中寻求创新与突破。

　　构建符合本单位实际的开放、集约、高效的组织生态和运行机制的重点是成立融媒体新闻中心。"融媒体新闻中心坚持采编分离、统分有度、集中编辑、效率（效益）优先的原则，是一个宜分则分、该统即统，以创意设计部为大脑，以融媒编辑部为核心，以移动互联网、互联网+、大数据为技术支撑的思维方式，采编系统和传播营运模式彻底融合，生产、分配、交换、消费相统一的新闻中心。"[①]有人问为什么要成立融媒体新闻中心？意义何在？有人认

---

　　①　金莉萍：《构建高效集约新闻生产传播机制之策略》，《新闻战线》2016年第9期，第111页。

为，作为城市电视台不必走高大上路线，不能为了满足领导要求而做事。这是自己做不了，又不想让别人做的典型的懒人观点。成立融媒体新闻中心是传统媒体与新兴媒体融合传播、融合发展的客观要求，是总结过去实行多年的所谓频道制、中心制、频道中心结合制经验与教训并立足于立刻改、改彻底的必然产物。融媒体新闻中心组织框架的建构要以生产传播效率最优化为导向，以传播价值增值为目标，以用户满意、服务用户为宗旨，打破所有新老媒体之间的物理的、心理的间隔，产生化学融合反应，推进生产传播营运流程简化、顺畅、快捷、高效。

组建融媒体新闻中心就是要实现新闻采集全媒体化，实施交互共享、统分结合、高度集约的融媒编辑部制，实行多平台、多渠道发布运营的融合盈利模式。当下，采编部独立于其他部门，只关注内容生产的单一模式亟待颠覆。部分媒体只看到了生产技术的更新换代，却看不到工具更迭背后带来的生产方式和社会关系的转变。采编人员必须加强与技术、设计、产品、市场部门的合作，记者编辑要参与内容推广的流程当中，也就是说，采集、编辑、技术保障、数据分析、产品设计、传播运营、市场拓展等部门和人员都必须融合，否则，传统媒体在社交网络和移动互联网快速发展的竞争环境下将更加举步维艰。

在组织结构方面，在融媒体新闻中心内，拟设创意设计部、新闻采集部、融媒编辑部、产品运营部、技术研发部，实现真正意义上的融媒体生产传播的组织框架。融媒体新闻中心的指挥部应建立在网络平台上，媒体组织必须有一个开放包容的体制和文化，主动去寻求新的立足点和增长点。创新指挥体系，在采集、编辑、传播、营运机制等诸环节进行重构。组建融媒体新闻中心要建构融合平台，这是不同属性媒体之间、传统体制机制下各部门之间产供销相互渗透、相互协作的平台。

融媒体新闻中心有一个分工细致、职责明晰、运转高效、协调有致的生产传播营运流程。在运行机制和流程再造方面，我们要制定严格、细致、简便、操作性强的工作职责与规制。各部门、各板块、各栏目等都要加强沟通交流，相互支持配合，包括制定严格的考核办法、成本管理办法等，制定融媒体记者编辑采访、制作的工作流程规制，从而确保规范化、制度化、简约化，尽可能降低沟通成本与管理成本。

一、打造强大的创意设计部

创意设计部是融媒体新闻中心的大脑。创意设计部每天都要进行"头脑风暴"，这是日常的创意思维训练。久而久之，中心内部就能形成一种创意文化。创意设计部由一群有新闻理想，擅长于议程设置及具备讲故事能力的记者编辑，和有数据挖掘分析、可视化美学设计能力的大数据分析师及有计算机编程能力的技术人员构成。他们的主要职责是每天聚集在一起阐释奇思妙想，分享彼此理念，批评对方观点，推出创新思维与创业之举。他们要进行用户调查，潜心研究用户的行为特征、内容偏好，寻找、设计、创造用户需求，设计、研发并协助采集、编辑有创意且适销对路的多种类型的融媒体产品，以适应多媒介、多平台、多渠道传播需求。在生产制作环节提升创意能力，对于提升节目品质和针对性尤为重要。创意设计部负责原创内容产品的前瞻性战略分析、品牌设计与锻造及版权管理系统，负责战役性报道和大型直播活动的策划、设计与总结。

创意设计部还有一个非常重要的职责，即用户调查。这项工作事关栏目创办、生存与发展，关乎每一个重要选题和新闻战役性报道的取舍与质量。创意设计部既是融媒体新闻中心的战略决策机构，也是品牌创造与维护机构。在分析收视数据的基础上，创意设计部的员工要设计许多具体细致的问题。譬如节目评估时，不是简单地统计有多少人看了某个频道某个栏目，而是要具体分析谁在什么情况下看的，是无意的浏览、不经意的停留，还是较长时间守候性的观看。不仅如此，还要分析用户究竟喜欢哪些环节、哪些节目元素等。调查结果汇总后，及时反馈给采集部门、编排部门、采购部门，作为调整、修正和创办新栏目新节目的重要依据。推出新栏目时，通过用户分析将用户的形象具体化——他们的年龄、性别、工作、收入、爱好、家庭结构、作息习惯、语言习惯、餐饮习惯、读报习惯、娱乐方式、心理预期、消费偏好、过去追捧过什么节目等，再根据这些特征来挑选合适的元素，为观众量身定做节目。一个台推出新栏目或大型节目，没有审慎的作风与态度，没有严格的评判和考量机制，任凭个别人随心所欲，那这个台的节目创新必然出现恶性循环。新老媒体的新创栏目试播应成为惯例。没有用户需求体验的分析，没有真实客观的用户兴趣图谱，没有专家学者和用户的反复论证，就没有用户收看行为的准确预测与判断，因此，基于大数据的融媒体研发平台的创建将为新栏目、新节目的研发及制作提供反馈信息和决策依据。

创意设计部另一个主要职能是建构新闻媒资和用户两大数据库，承担融媒体新闻中心媒资和用户研究的职责。

媒体人应清醒地意识到，在大数据分析、应用性增强的趋势下，无论是新闻资讯消费的用户还是广告经营的客户都越来越挑剔，越来越注重实效。了解用户是为了洞察、理解和服务用户。电视新闻、故事类节目、法制类专题、纪录片、综艺、脱口秀、真人秀等节目都应基于大数据进行用户需求分析，设计、建构故事弧和收视兴奋点。这就是设计、创造观众需求。我们必须不断研发出更多吸引用户，黏性更强，更能吸引年轻人，更贴近实际、贴近生活、贴近用户，互动性更强，更适合在移动端传播，更有可持续性发展力的融产品。作为新闻人，我们一直在研究如何实现在正确的时间内将正确的观念传达给用户。这就需要我们从一开始就设计采制故事生动、印象深刻、引发共鸣、可读性强的融媒体作品。

当下，用户已不再被动地接收灌输的信息，而是主动地参与采制、筛选、甄别、传播。媒体融合不仅增加了产品销售、消费的路径，更重要的是增强了用户对媒体的信任度、忠诚度，融合重塑了用户与媒体之间的关系。新闻APP一定要与服务平台结合起来设计、建构、营运，至今还不依靠服务的质量与水平来扩大用户规模、增强用户黏性，那么，这个新闻 APP 既无法生存，也无法得到发展。

2015 年央视春晚最吸引人的不是明星大腕，不是小品相声歌舞魔术杂技，而是抢红包。2015 年央视春晚最大的亮点无疑是以"抢大运"为幌子的抢红包。数亿电视观众和网民争先恐后晃动手中的手机，这是央视春晚设计的最成功的互动。这也再次证明，作为传统媒体的电视要向新媒体学习创造需求，在满足用户的同时要千方百计创造需求。这种需求的创造与设计之所以成功是因为国人有深厚的红包文化。这一文化特质是有比没好，越多越好。于是，老板为讨好员工发红包了，董事长、台长为营造欢乐祥和的节日气氛，为了增强员工的向心力、凝聚力发了红包，一些大大小小的官员们为了各自的意愿和目的也发红包了。线上红包拜年逐渐演变为一种仪式和一种文化，丰富了用户体验，拉近了距离感且带来了人际关系的紧密。于是，2015 年春节红包全国飘红，大家都说这个春节最忙的不是嘴而是手。央视春晚依旧热闹，但亮点不多，更多观众只紧盯手机屏幕，生怕少抢了一个红包。

二、统一采集，提升融合生产效率

创意是生产力，但执行力更是生产力。再好的创意，执行出偏差，必然异化为坏创意或差创意。所以，怎么强调重视执行力都不为过。为切实提高执行力，我们必须建构集成高效的采编平台，加速生产融合。

新闻采集部是融媒体新闻中心的采编核心，它不仅是采访平台还是编辑平台，是强大的信息存储和信息处理平台。该部门要承担所有频道新闻类栏目的

"原料"，要建设融媒体媒资系统和用户数据分析系统。它所供"原料"的时效、数量、水平和质量是播出产品的来源与基础。

在融媒体新闻中心，新闻采集部包括选题组(采访指令、新闻邮件、热门趋势)、搜索引擎优化组、数据分析组、要闻组(含摄像)、跨平台协调组、专题组(含摄像)、社会新闻摄像组。我们必须改变过去封闭独立、粗放单一的新闻采集模式，建构统一的内容制作平台，强化协同性、集约性、开放性，以整体化理念重塑新闻采集生产流程。当下，主导信源越来越困难，对传统媒体而言，仍渴求独家新闻是不现实的，学会寻找第二第三落点，发掘独家背后的故事新闻才是正途。新闻采集部记者要调动一切积极因素，集聚政治资源、行政资源、平台资源、人才资源等，确保第一时间、第一现场采集权威、生动、真实的新闻。新闻采集部各组记者要根据创意设计部的统一要求、各栏目编辑组提出的定制需求以及自己捕捉到的各类资讯，将采制的半成品上传至融媒编辑部。

新闻生产与传播必须充分利用、融合社交媒体等新兴媒体。"以新闻为主导的用户参与内容创作的这场革命与更大规模的超越媒体界限的社交网站革命是一致的。"①如今，用户在社交媒体，特别是微信等朋友圈上投入的时间和热情要比电视等传统媒体包括新闻网站多得多。他们彼此转发、交流、评论、分享各自的观点。电视等传统媒体的从业者不得不正视这一现实，主动地与社交媒体联姻、联络，在社交媒体上争取一席之地，传播自己的观点，分享用户的体验，挖掘、定制用户需要的产品。

在融合传播时代，我们还要重视视频直播。当下，新闻直播俨然成为大众喜闻乐见的传播形式，直播接地气且符合平民旨趣，较为生活化、日常化，比较受用户欢迎。如《青奥来了——南京青奥会开幕 12 小时融媒体大型直播》《勿忘国耻 圆梦中华——国家公祭日 15 小时全媒体大型直播》《和平必胜》等就是比较典型的策划性直播。这几场大型直播获得了巨大的关注，有的直播网民微话题浏览量、点击量超过一亿。社交媒体的支持与联动是其吸引人并获得成功的重要原因之一。直播视频的交互性来自社交媒体的支持，我们可以通过社交媒体与观众进行实时交流，更重要的是，让观众感受到直播的意义所在。当下，用户大多青睐交互式新闻直播讨论的功能，这样的直播往往要求主持人或记者及时回答网友的提问，或者抛出一个有争议、能吸引用户的话题，从而

---

① [美]肯·多科特：《传媒经济学——信息传播的 12 种新趋势》，何钏、徐继华译，电子工业出版社 2011 年版，第 164 页。

引起社交媒体用户的热议。衡量新闻直播成功与否的重要标志是有没有尽可能多地让用户参与进来，因此，直播时，编导们要尽可能设计出更多与观众的互动环节。视频新闻直播将成为融媒体发展战略中极其重要的策略。实践表明，没有统一采集的高效率，高质量完成大型融媒体视频直播是不可能的。

三、统分有度，彰显集约编辑效率

融媒编辑部是融媒体新闻中心的神经中枢。编辑部内各编辑组既要向新闻采集部提出采购需求，确定符合本频道、本栏目特色定位和用户消费习惯的产品，又要及时根据传播平台及渠道的需求适时做出取舍、调整、更新，还要服从编委会或主编、执行主编的统一策划做出必要的"牺牲"，以防止同质化，致力于实现立体化全方位传播目标。该部门是编辑、集成、分发内容与提升产品质量把关的第一责任部门。融媒编辑部要强化议程设置，不断提升内容整合、品牌价值开发、用户数据分析、技术研发和产品运营等能力，打通价值链，实现传播价值增值与传播效益最大化。

在融媒体新闻中心内，融媒编辑部分为：视觉制作组、图片新闻组、专题评论组、互动新闻制作组、数字可视化组、视频组及各平台、各媒介主要栏目编辑组。

在融媒体时代，舆论生态发生了重大变化，许多"意见领袖"相互点赞，彼此呼应，引爆热点，制造焦点，形成压倒性的、声势浩大的舆论场。为此，传媒人要主动变革，推进融合传播。通过整合采编资源，打通信息节点，共享、互用渠道平台，推动新闻生产方式与传播方式的融合升级，在选题定制、议程设置、产品创意、观点引导等方面狠下功夫，捏成拳头，多层次、多角度、多方位传递主流权威的声音，牢牢掌握舆论的主导权，强化传播力、引导力、影响力和公信力。

新老媒体的各栏目编辑要及时依据新闻采集部记者采集的新闻事实，根据各媒体的定位与特色，特别是用户独特的消费需求与消费习惯，提出特别的定制需求与编辑目标，挖掘新闻背景，剖析新闻事实，阐述独特观点。通过与大数据分析师、计算机编程等技术人员合作，生产有价值、有深度、有故事性、有人文情怀的内容，制作更能满足新老媒体用户需求的产品，力求第一时间将内容传送到各类媒介。

各栏目编辑要依据融媒编辑部的指导精心策划，研究、生产符合本栏目定位的，适合在本栏目传播的更能吸引用户的产品，然后分发传播出去。这是在互联网思维指导下的内容生产方式，统一策划、一次采集、分别编辑、多次分发传播，实现信息、资源的逐层扩散和累积叠加，实现传播效应的集约化。

为了适应移动收视、收听的消费习惯，我们还要改进传统的内容叙述方式，创新突发新闻报道模式，尝试使用用户喜爱的形式来呈现新闻产品，研究如何让电视新闻报道更适合在移动端传播，怎样吸引用户在突发新闻发生后能不断地重新访问自己的网站，手机台和电视栏目等，如何提升用户的留存度，提升内容的黏性与分享性。这意味着各家媒体都需要有一个或多个实时更新的媒介来报道突发新闻，而不仅仅是等到晚间新闻或明日的新闻栏目再去报道。新闻基本上是一次性消费，如何确保优质内容在第一时间内被分享出去，就需要媒体在报道的时效性上下狠功夫，迅速、准确地把握用户脉搏。

融媒体编辑要挖掘锻造跨媒体叙事的潜力，以产品的思路来编辑新闻，学会充分利用搜索引擎和社交媒体生产新闻。有些新兴媒体将来自网络的不同新闻源对相同事件的报道进行聚合、整理，让用户能够更加全面地了解事件的全过程，还能给用户一个比任何一家媒体都更加优越、更加细致全面的新闻产品体验。这是融媒体时代新闻低成本、高效益融合生产传播的捷径。不仅如此，用户在消费产品时要求有新见解、新体验。如果我们还不满足他们这种参与感、投入感、支配感，那么，用户必然放弃选择或拂袖而去。

融媒体编辑部的工作模式主要是订单式生产。编辑既要主动向创意设计部提需求，也要向新闻采集部下订单，还要对其产品所对应的传播平台、渠道有深刻的认识。记者根据这些需求和自己所采集、搜集到的信源、资源、素材生产出初级产品投放到片源池，各栏目编辑在片源池里选择、加工，生产出新的符合所在传播平台、渠道特色定位的产品，以体现不同产品和平台的差异性，充分满足固定传播、移动传播、深度报道、微视频等各类用户的消费需求。

社交媒体是报道工具，更是报道推广和与用户交流互动的工具。融媒体记者编辑要熟练运用社交媒体，准确判断哪条新闻或照片能在哪个平台上有最佳呈现。新兴媒体无论是内容储存还是内容生产，其成本越来越低。当电视新闻的思维和价值观逐步成为核心的时候，新兴媒体的产品、机构、组织、服务也愈加完备，致使新兴媒体的从业者人人成为记者。新兴媒体的新闻传播也许不太专业，缺乏新闻理念，但其内容传播之快、互动性之强令人瞩目。作为媒体人只有融入其间亲身实践才是适应其变化的最好方式。无论新技术如何改变提升新闻节目的呈现和传播形式，时效性、真实性、贴近性都是衡量新闻价值和媒体权威性、公信力、影响力的最重要指标。

四、跟踪用户，强化运营，开发产品多重价值

在融媒体时代，传媒产品再也不能播出后即入库成为资料。产品运营部负责包含移动端、网页及移动优化、通信、可穿戴设备、直播流等多种产品和技术的开发与推送。电视纪录片"一鱼多吃"已形成共识，成为传播常态。即使被称为易碎品的新闻产品在融媒体时代多次加工编辑，多渠道传播如今也是司空见惯了。CNN 网页主编 Carl Levin 说："以前的新闻学院里，老师告诉学生，只有你的内容在电视播出后任务才完成。而现在，电视播出后，只是任务的开始，全媒体新闻才是当代新闻的形态。"[①]

传媒人要设计生产融合产品，以实现一次采集、分散编辑、多渠道多平台发布，进而实现传播价值的最大化和融合传播的新效应。无论传统媒体还是新兴媒体都要立足于设计研发适合多媒体、多平台传播的融合产品。传媒人当然要做最擅长的事情，但也要学会"链接"，链接其他媒体对新闻的报道。传媒人虽然并不想把用户链接到其他媒体，但也不得不充分利用互联网带来的经济效益，不得不研究如何用尽可能低的成本获得尽可能高的综合效益。新闻产品的多重价值开发值得研究。互联网世界的纷繁芜杂现实，要求我们做出更好看、更有趣、推送更精准的新闻产品，为此，新闻的生产者必须十分重视用户拓展工作，这是一项极其重要且十分复杂的工作。

产品运营部的人员要研究如何尽快地在社交媒体上推送新闻，怎样通过微信、微博等工具直接与用户接触、交流、互动，了解他们的观点，转发他们的意见，点燃他们的激情等。怎样把新闻重新打包以适应新平台，实现个性化传播考验着他们的运营能力。"新闻要抓住一切能使大多数人感动、任何人都不能对此无动于衷的内容并把人的情感，即喜、怒、哀、乐、爱、憎等作为衡量新闻价值的补充指数。这些指数在一定情况下，往往超过其他因素在新闻中的作用。"[②]产品运营部主要的职责之一是控制与反馈的融合，着力促进媒体人与用户沟通、交流、互动，促进有的放矢地生产与传播。其实，产品运营部也是用户服务中心，其员工要致力于用户数据的收集、研究与运用，强化服务质量与实效，竭力维护好用户关系，将各类数据、信息及时反馈到创意设计部、新

---

① 参见杜毓斌：《CNN 一年后就没电视记者岗了！央视员工的深度调研》，http://mp.weixin.qq.com/s/UL6cgoZ7iLW4fsPc1vnG8g。

② ［法］贝尔纳·瓦耶纳：《当代新闻学》，丁雪英、连燕堂译，新华出版社1986年版，第247页。

闻采集部和融媒体编辑部。

媒体融合传播的内容应根据其平台特色、传播流特点和用户需求定制。美国三大新闻频道已不再靠消息制胜，而是集体转型为"观点频道"。有些新闻频道的评论类节目比例已高达85%。将用户服务、引导、黏住的理念贯穿于新闻产品研发、生产、传播、营运全过程，传播用户喜闻乐见的内容才有意义、才有效用。为打通新闻资讯与关系产品、服务产品之间的通道，千方百计开发社交价值潜力，美英等老牌传媒机构已经采取了一系列举措。"在新闻内容生产方面，引入综合新闻工作室机制，力图打造跨媒介新闻报道。""德国ZDF 打造 heute+——以年轻人为目标受众的跨媒介新闻平台。""在新闻发布方面，以视频为核心开发移动新闻客户端，实现从'滚动新闻'到'流媒体新闻'的升级。""同时，综合利用 Facebook、Twitter、Instagram 等社交平台发布新闻内容以扩大用户覆盖率，稳固品牌优势。"近年来，CNN 集中力量开发新闻微视频目的就是吸引年轻人转瞬即逝的注意力，如其开发的"你的 15 秒清晨"视频新闻系列。中央广播电视总台也已经采取行动。该台投入 4 个亿用于中国移动的招标，在中国移动的合作手机中预装央视 APP 的客户端。此外，中国国际电视台 CGTN 新媒体推出竖屏社交互动产品"问中国"、海外拍客社交精品短视频产品"环球客"、汇聚 AR/VR/数据新闻的"创新频道 C-lab"，用短平快的方式讲好中国故事。

新闻人都十分清楚，我们每天都在打仗，打新闻仗。接到党代会、人大政协会、"12·13"国家公祭日等重大战役性报道任务，新闻仗打得更加激烈。于是，我们不得不认真思考，在融媒体时代，新老媒体如何建成新闻融合生产、传播协同高效的战时机制，这是打赢新闻仗，有效履行使命担当，切实提高新闻传播力、引导力、影响力、公信力和经济实力的必然要求。打赢新闻仗需要建构扁平化、利于实现多"兵种"（即媒介、部门）联合作战的战时机制，这是锻造强大战斗力的基础。融媒体新闻中心就是打新闻仗、营销仗的一个战区。中心内各部门主建，中心主战，"建"为基础，"战"为准绳。融媒体新闻中心内部必须有一个分工细致、部署明晰、运转高效、协调有致的生产传播营运流程。在这个平台上，每一个业务骨干（理想化的状态是每一个人）既不可缺少也不可替代。各部门各栏目的日常生产、管理和监督形成链条，按照移动优先、集成采编、互通有无的原则，构造融合生产传播的力量编成队伍，同时，优化规模结构，完善运行机制，健全管理制度，服从服务于融媒体新闻中心打赢新闻仗、营销仗的目标。只有这样，我们才能有效履行使命担当。

第四节 融产品研发及创新创优策略

融合传播要找准突破口。突破口是研发出适销对路的融产品。互联网助推了新的传播革命，通过云计算和大数据分析进行针对性、实用性、个性化的新闻生产传播和营销是必然趋势，特别是 5G 的大规模商用和 WiFi 的广泛覆盖及带宽资费的大幅下降，在移动互联网和云计算的双重推动下，大数据应用已经进入爆发增长期。在移动互联网和大数据时代，是否充分有效利用大数据技术将决定媒体融合的命运走向。

一、融媒体平台建设与问题剖析

"融媒体平台肯定是我们融合媒体必须要做的一件事，融媒体平台的打造就是事件内容表达的多媒介化，组织结构的复合化，传播全平台化，传播效果叠加化和产业效益增值化的生态圈。这是我们在生态式改革下想要达到的一个理想模式。"①当下，中国新闻界和传播业已进入融媒体时代，打造融媒体平台是电视和新兴媒体必须探索布局的方向。什么是融媒体平台？其特征是什么？所谓"融媒体平台"指的是媒体单位通过业务融合的方式，整合广播、电视、出版、网站、微博、微信、手机台、移动应用等全部的传播产品，实现终端上的高覆盖率和高触达率。为此我们要积极推进内容融合，推动多渠道内容在同一空间储存、同一空间共享；要推进平台融合，打通新闻文稿、指挥调度、渠道分发，实现内部全业务流程贯通。通过多渠道、多终端、多媒体集中发力，秉承一体采集，一个中心，多个出口理念，进而实现各平台差异化展示。我们应以用户为中心，而非以发布者为中心，基于用户兴趣、需求、消费习惯的分析，打造优良、高效的交互平台。这个交互平台是屏幕之间的连接互动，是跨平台、跨屏幕的，同时，用户与媒体之间的互动、用户和用户之间的互动都是非常充分的，这样的平台就是我们所期待的以用户为中心的融媒体平台。

单就南京的新闻环境而言，以所谓的民生新闻大战为标志的同城电视新闻大战已打了十几年，南京有条件、有环境、有能力创办城市融媒体平台。城市融媒体是在互联网思维下融合当地政治资源、行政资源、机制资源、平台资

---

① 李岚：《互联网+电视媒体融合发展新升级》，http：www.dtnel.org/2015/dtbd0616/1156.html。

源、人才资源等，以开放共享的技术平台、大数据、云计算等手段为技术支持，革除传统体制沉疴、生产分配方式等，重设以用户为中心，以传播效率及价值最大化为核心的媒体平台。城市融媒体本质上是融合了科技平台的开放特质和媒体的把关属性，汇集各方资源，基于互联网思维，以用户为中心，以数据为依据，让用户和数据渗透并参与生产、传播、营销各环节和全过程。融媒体平台的本质是立足于服务性最优的平台而非简单的播出渠道平台，"它呈现出显著的社交和跨界特征。这种开放、聚合、社交、跨界平台的所有应用都通过提供贴身的信息服务打造传媒的功能，形成内容入口、关系入口、服务入口'三位一体'的媒体融合平台"。① 城市融媒体不是简单的"一个产品，多个出口"，"一次采集，多次加工"，而是让用户参与多次采集生成不同的产品，以适应多渠道、多平台传播的需求，真正实现在互联网环境下的平等、互动、融合。城市融媒体坚守优质内容和权威信息发布，贯彻时度效准则，充分发挥内容优势、编辑优势和议程设置能力，传播正能量，弘扬主流价值观，做到可传可控。

　　另外，城市融媒体能催生新的商业媒体。增加产品附加值，形成数据时代新型的商业中心，通过争夺用户、黏住用户，依靠忠实的用户留存，融合"电视+"和"互联网+"，通过探索引流（流量）、服务通道、品牌特约、广告合作等，特别是通过一站式服务，即市民可通过政务移动端，一站式补齐日常信息需求和服务过程中的疑难解答，让服务型政府的承诺成为更直接、更方便落地、更注重实效的实践。与此同时，我们要竭力将资源、价值转化为财力资本，以便进一步拓展融合新模式。城市融媒体含广播、电视、微博、微信、（移动）客户端、网站和短信等，以新闻、资讯的权威发布为主，整合、联通各部委办局和区的新闻资讯及网站，实现资源价值的最大化。相较之下，城市融媒体不同于"智慧无锡"。"智慧无锡——一中心四平台"主要包括大数据中心和电子政务、城市管理、经济运行、民生服务。它虽定位于集新闻资讯、社交娱乐、生活服务于一体的移动应用客户端，比较突出服务功能，但没有真正实现新闻的融合传播、权威发布及新闻与服务资讯的联动共享效应。城市融媒体要紧盯互联网的领先技术，持续研发新产品，真正做到可控可传，在传播效率和持续传播质量上下功夫、求突破。同时，紧紧依靠、充分挖掘党政、公检法、12345 平台等资源，以庞大的、黏性十足的用户量为依托，创建互联网+

---

　　① 石长顺、梁媛媛：《现代视听新媒体产业模式创新研究》，《现代传播》2016 年第 2 期，第 118 页。

医养、互联网+旅游等 APP 产品，探索几何级数增长的商业模式和盈利模式。

建构融媒体不会一帆风顺，困难与阻力可想而知。其中，传统媒体人自身存在的问题是主因：

问题一：知识结构单一

传统媒体从业者基本上没有互联网基因，缺乏技术引领融合创新的认知和紧迫感。大多数人的学习方式封闭、僵化，存在墨守成规的偏安思维，禁锢创新步伐。新闻之新首先是知识新，而不仅仅是眼界新。判断新、认识新、评论新、产品新的前提首先是知识的不断更新。业内许多人一方面怕学习，以各种理由不学习；另一方面学习方式笼统固化，以为观摩新节目、参加研讨会就是学习了。殊不知，学习要系统，要有计划、有目标、肯钻研、定期出成果。只有在反思中学习，在不断否定中提出新问题才能学有所得，学有成效。没有学习力，哪来思想力；没有学习力，行动力、执行力从哪儿来？要学会博采众长，定期吸收海内外的创新实践经验，引进、选拔、重用有互联网基因，熟悉编程、大数据分析，有研发新产品能力的人才。

问题二：思维方式封闭、保守、固化，胆小怕事，固步自封，长期沉迷于过往的成功经验

目前，少数主导媒体融合的人，既缺乏创新思维、技术思维及素养，又没有互联网思想，缺乏对用户的研究，满足于一次传播。团队成员从主管到员工基本上都是专注做内容的，习惯于自我满足。为此，必须注入用户为王的互联网基因，确立互联网思维；组建专门队伍每天监测数据、想对策，掌握用户实时动态，研究吸引、挖掘、汇聚、黏住用户的方法与策略；不换脑筋就换人，加大淘汰比率。

问题三：生产方式和生产关系落后

传统媒体内容生产山头林立，频道之间及频道内栏目之间形同陌路、画地为牢，习惯于、满足于小单体承包，资源分割，产品单一，生产短路，效率低下。传统媒体的生产方式导致其生产的内容没有竞争力，传播者即生产者以自己为主导，他们更接近、贴近意识形态和权力的中心，其内容生产的指令性、计划性较强。从传播活动来看是单向的，受众只是被动地强行消化传播者所提供的信息。小农意识根深蒂固，以小单体或自身利益为第一诉求，生产运行机制机关化，人为物理阻隔严重。为此要依托"互联网+"思维，强化信息连接，累积迭加，形成大数据和云计算的基础；以用户为中心，以大数据为支撑和依据，营造开放式的策划与设计，一次采集，多维编辑，实现多平台传播。

问题四：传播方式单一

许多媒体在部门内组织几个人，发微博、做微信、管理 APP，信息传播依旧各行其是，最多由值班主任或总制片人选择几个自认为适合在新媒体上传播的已播出的电视新闻在网络、微信中发送。这些所谓的新媒体人其实是在应付差事。如此多平台、多渠道传播是媒体融合传播吗？有意义吗？至于 APP，现在城市台做的移动产品基本上是小而全。APP 有上百万个，但下载到我们手机上的有几个？经常点开看看的 APP 客户端有五六个就不错了，绝大多数 APP 没有价值，装了不久就会被用户遗忘。从民生服务的角度看，只有将资源用足用好才有生存希望。此类 APP 必须以新闻为由头，以服务为平台，以两个效益并举为诉求，这样的 APP 才可能有价值。真正的融合传播方式应该是由若干个有"互联网+"思维与意识的员工组成的编辑小组，该小组要具备适应融媒体特点的敏捷生产和业务弹性部署能力；完成统一的信息采集，音频、视频、图文等多种媒体格式的内容编辑和格式适配，具备面向多渠道、多种终端的发布能力；应具备内容监管审核能力，并支持与宣传部门对接，接受管理和指导；应具备安全、高速、稳定的网络支撑。如此，用户感觉到了快捷、方便、互动，传播者感觉到了信息的多次发布、全方位展示，影响力和引导力大大增强，工作效率与传播效率明显提升。

问题五：运营方式陈旧，应用创新疲软，大而全，高成本，低效益

传统媒体的广告投放方式因为不精准而存在巨大的盲目性和浪费。如今还过度指望关系、人情或情感投入来获取广告真是贻笑大方。新媒体最大限度地赋予了用户选择自由，用户可以不再毫无抵抗地被二次售卖。因此"互联网+"时代的广告投放一定是基于大数据的分析判断，基于用户数据和行为的分析，尽可能精准投放，满足不同用户在不同时空的需求。

问题六：分配理念陈旧，分配不公，杠杆失灵，激励失效

分配是极其重要的杠杆，分配不公直接伤害员工的积极性、主动性和创造性。许多业内人士在谈到分配时都在抱怨可供分配的盘子小，粥少僧多。殊不知，许多传统媒体最突出的问题是分配不公，过于机关化，没有向采编、经营一线倾斜，挫伤了一大批业务骨干的积极性。为此，传统媒体要重新制定分配制度和奖惩办法，实行一人一岗、以岗定薪、效益优先、兼顾公平的分配政策，建构快奖快罚、重奖重罚的机制，下决心施行股权激励机制。

问题七：缺乏风投与资本意识

传统媒体人长期在体制内工作，不敢不愿冒风险，没有资源资本化的责任与担当。在媒体融合探索中，制订系统的、长远的资本运作计划刻不容缓。城

市媒体必须放弃与省级媒体同质化竞争的思维模式和行为习惯。绝大多数城市媒体在大型节目内容的制作和播出上没有优势，但城市媒体完全可以凭借贴近用户、接近终端的优势，改变竞争的侧重点，变换竞争路径，改变竞争策略，追求自身利益的最大化，寻求局部胜出的机会。作为内容的生产者与传播者，我们要清醒地认识到接近性、及时灵活的互动是城市媒体的优势。我们必须立足于长期定向培养用户，强化沟通与互动，强化用户个性化体验，响应、满足其独特的需求，同时，基于用户数据的分析、判断，评估生产内容，选择传播渠道与方式，这是城市媒体与省级同城媒体异质化竞争的突破口。

当下，媒体人理应清醒地认识到，在融媒体传播时代，寄希望于局部的项目化、公司化等运行机制的微调，期望局部的创新与探索是很难成功的。我们需要以壮士断腕的勇气，彻底地注入互联网血液，再造体制机制、组织生态系统、运营模式等。在优胜劣汰的过程中，新兴媒体不会一家独大，以新一代媒体自居。不久，极可能产出一个当下我们难以想象的全新融媒体。目前，欧美电视台正积极向网络播出形式转化，其速度越来越快。BBC 已经开设了 3 个纯网络播出的电视台，并以点播的方式向观众提供视频内容。但是，即使出现广告市场的投放规模压倒性地倾向网络媒体，网络等新媒体获取比传统电视台更大的收益等情况，电视也不会轻易地失去视听传播的主流地位。电视在融媒体中仍将展示其重要的影响力。不管你愿意不愿意，喜欢不喜欢，也不管你身处什么岗位，以何种视角和思维观察思考，媒体融合都是大势所趋，是传统媒体生存与发展的方向。

无论传统媒体还是各类新兴媒体都将在融媒体的大平台上展示博弈、竞合的才智。互联网的进化推动了媒介融合的样态从"传者和传者之间的融合""受者与受者之间的融合"，走向"传者与受者之间的融合"，而"传受融合"才是媒介融合的本质内涵。[①] 媒体融合尤为重要的是融中有分，融中有合。从融合之初起，我们就要防止走向另一个极端，即同质化。我们要准确判断传统媒体与新兴媒体的传播特性、特长，在产品设计、生产、传播时，因地制宜，在创意、内容、形式、风格等方面扬长避短，各具特色，以求更高的综合传播效应，充分满足不同年龄、不同文化层次用户的需求。广播节目突出其可听性、生动性、幽默感，尽可能发挥语言的交流感、感染力；电视节目要突出其现场感和视听语言的综合感染力，突出画面的细节和冲击力；网络节目要突出短平

---

① 党东耀：《互联网进化路径与媒介融合模式的变迁》，《编辑之友》2015 年第 11 期，第 76 页。

快，彰显其互动性、及时评论性和实时跟踪报道的魅力。

"未来，以政府为代表的行政力量和以资本为代表的市场力量之间的分合，将会影响融合的方向、性质，乃至融合之后的组织架构以及文化体系。"①媒体融合的本质与目的是发展、壮大，这是硬道理。在融合过程中，我们必须清醒地认识到市场的力量，唯有开发出盈利的产品，才能维持媒体融合的成果，才能保持媒体融合旺盛的生命力。"这场新闻出版业革命的核心是一次巨大的变革：我们从一种资源稀缺的境况——读者受到开支和所处的地理位置的限制，只能获得有限的新闻和信息——到达了可以自由切身获得海量免费资源的状况……从稀缺到充足的转变为消费者提供了更多种选择，但是却限制了新闻出版业制作新闻的能力。"②我们要认清融合背景，顺应融合趋势，进一步提高聚合化生产效能、立体化传播能力和智能化服务水平，这是加快传统媒体与新兴媒体融合发展的职责。

为什么不研究节目的创新点？当下，广播电视节目创新的趋势是民生化、移动化、社交化、直播化、融合化。内容生产者要清醒地认识到传媒产品吸引用户的四大特性，即参与性、服务性、娱乐性、融合性。我们要竭尽全力从策划、选题、制作、传播、营销等各环节强化与用户互动，为用户提供服务，实现多媒体全方位高效的融合。从这个视角来分析，创新点就是融合点。一方面，由生产者(意见领袖)、生产工具(社交媒体)和劳动对象(信息流)共同组成的新的传媒生产力正在颠覆电视以生产者(编辑记者)、生产工具(采编体系)和劳动对象(播报新闻)组成的原有的传媒生产力；另一方面，传统的生产、传播、运营方式已成为传媒生产力发展的桎梏，严重阻碍融合产品的生产与创新，正在阻碍破坏新的传媒生产力的发展。新技术和大数据所代表的先进的传媒生产力迫使"互联网+"语境下电视的生产、传播、运营做出颠覆性的变革。只有这样，才能解放传媒生产力，发展传媒生产力。

二、融产品研发的误区

当下，无论业界还是学界都十分重视融产品的研发和创新创优。融产品是指传媒机构在全媒体时代向用户提供的能引起关注、选择、消费、传播并能满足其某种需要的服务、观念或组合。融产品的研发和创新创优受品牌化战略驱

---

① 刘珊、黄升民：《解读中国式媒体融合》，《现代传播》2015 年第 7 期，第 5 页。

② ［美］肯·多科特：《传媒经济学——信息传播的 12 种新趋势》，何训、徐继华译，电子工业出版社 2011 年版，第 133 页。

使。传媒机构越来越重视融产品的品牌化建设。没有独具前瞻性、系统性的品牌化策略及品牌产品的研发运营，无论哪家媒体都无法在博弈、竞争中构建自身的优势。近五年来，在融产品的创新创优实践中，部分媒体步入了认识与实践的误区。

（一）重形式，轻内容

许多媒体负责人认识到了媒体融合发展的重要性和紧迫性，也想创办融媒体名牌栏目等高质量融产品，以期证明自己的能力。但由于缺乏互联互通的融合思维，对媒体融合的本质与目标没有清醒、理性、准确的认识，尤其是媒体的生产传播运行机制没有变革，普遍存在重形式、轻内容的问题。在实践过程中，一些媒体加上与网民的互动、简单拼贴一个二维码、开放一个微信公众号等，以为这就是媒体融合了。

尽管许多媒体负责人也在多种场合大谈"内容为王""内容是核心竞争力"，但研发、把关新产品时没有切实重视内容，以致研发出的产品形式"华而不实"、内容不接地气。笔者认为，传媒产品无论是栏目还是具体的节目，内容的选择是首要的基础性的工作，其结构设计、艺术表达方式、呈现手段、传播渠道等都是内容的组成部分。创作者要进行整体考量、反复权衡，作比较研究，切实提高内容质量。

（二）重技术投入，轻技术与内容生产传播的融合

融媒体时代传媒产品创新创优必须十分重视技术的引领、支撑与保障作用，否则，创新创优就是一句空话。但笔者注意到有些媒体不管有能力没能力先投资上亿元进行技术改造，哪些媒介、频道、栏目纳入融媒体中心都没有明确，谁组织领衔设计、创办新产品都不确认到位，却不管三七二十一先投资试水"中央厨房"或不伦不类的融媒体中心，其组织架构、生产传播运行机制并没有创新。有些媒体负责人主观地认为媒体融合就是投入新技术设备，不花钱怎么搞融合？在这一理念支配下，技术与内容生产传播真正的融合被忽视了。有些媒体甚至成立两个中心：一个融媒体中心，一个新媒体中心。技术与内容生产都没有实现真正的融合，怎能指望传播融合？技术支撑引领与内容生产传播两张皮，传媒产品生产传播的质量可想而知。

（三）重资源、生产整合，轻传播、运营融合

在媒体融合实践中，许多媒体注重资源、生产的整合，把有关生产部门整合在一起，建一个融媒体中心，搞一个统一的媒资库，以为这就是媒体融合了。殊不知，这仅仅是物理整合，还远远实现不了化学融合，产生不了融合效益。因为生产与传播运营不实现真正的交融，所谓的生产融合就没有多少实际

意义。轻视、忽视真正意义上的全媒体推送和立体化传播，运营模式创新三天打鱼两天晒网，想起来做做，想不起来就没人管，缺乏传播、运营机制的创新与考核机制，是当下媒体融合发展实践中许多单位普遍存在的问题。

融媒体时代传媒产品创新创优从创意设计阶段就要引进、融入市场营销人才，进行产供销、人财物的总体考量与设计，以期实现盈利模式的融合创新。轻视传播、运营融合必然导致传播效益下滑和创新创优"胎死腹中"。

三、创新创优的形式

(一)生产传播理念人文化、互动化

生产传播理念是人们对传媒产品及生产传播行为的看法及相关思想，其理念贯穿、指导整个传媒产品的生产传播过程。人文化，简要地说就是人本化、文明化、人性化。人文化的实质是坚持以人为本。当下，传媒产品的生产传播要充分体现尊重、关心、发展、依靠用户的原则，表达人文关怀的理念。编导、制片人、主持人等与用户之间的交流应平等、贴心，强化互动性。栏目创新的理念、栏目版块设计、子栏目设置等要有交流的空间和时间。内容选择、策划及传播者的语态、语感、表达方式等都要有互动性。"传播应该是从公众到公众，否则公众就有权利和义务拒绝那些盗用自己的名义说话的人。"[①]

(二)内容选择民生化、故事化

当下，媒介环境、用户消费习惯发生了剧变，传播者首先要在内容的选择上下大功夫。就生产传播的内容而言，无论是传统媒体还是新兴媒体，也不论是中央、省级媒体还是城市媒体都要坚持内容选择的民生化原则。这是任何一个传媒产品研发与创新创优首先必须认真严肃考虑的问题。贯彻"三贴近"原则首先要认清传播内容的民生化趋势。新老媒体理应在内容的判断与选择方面坚持贴近实际、贴近生活、贴近群众。

有些传媒人认为，民生类栏目正在走下坡路。城市媒体的传媒产品内容选择可以坚持民生化，中央、省级媒体不必过多考量民生化，否则主题会低俗、庸俗、媚俗。此观点不符合实际，陷入了认知误区。传媒产品的内容选择必须坚持党性与人民性的统一，坚持关爱民情、关注民生，反映民心所向、民情所指，体现、表达民本意识与人性的光辉。即使是宣教性较强的内容也要探索、研究民生化愿景，充分表达民情、民意，体现各级党委政府以人民为中心的导

---

① 唐宁、金莉萍：《融媒体时代传媒产品如何创新》，《中国电视》2019年第3期，第69页。

向。实践不断警示我们：无论哪一类传媒产品，其民生化程度越高，传播价值就越大。谁轻视或忽视民生化趋势，谁的传媒产品就无价值或价值较低，其内容就会丧失核心竞争力。

近年来，部分民生类栏目面临困境是事实，但不是这些栏目理念有问题，恰恰是执行力出了问题。把关人、执行人换了，不少人似懂非懂、不懂装懂，不推翻前任的做法，不重新搞个栏目就不能"证明自己"。民生化的理念与愿景不明晰、不正当，传媒产品研发与创新创优陷入误区就不足为奇了。

当下，用户每时每刻都面临信息爆炸的困扰，常常不得不在大量垃圾信息中做出选择，信息的有效传播是传播者必须认真考虑的问题。如何传播有价值、有用的信息？选准选好有故事性的信息，将有意义的信息进行故事化叙事，将用户关心关注关爱的内容采用平民化、故事化的叙事方式进行传播是传播者应追寻的方向。

（三）传播渠道立体化、社交化

传媒产品的传播渠道已发生深刻变革，呈现多样化、立体化趋势。以"三微一端"为代表的新媒体传播渠道正与传统媒体融合，传媒产品及其信息聚合式呈现、立体化传播的态势越来越明显。

2019 年，社交应用移动化、全民化趋势进一步增强，是网民消费碎片化时间的主要渠道。许多传媒机构正在打造立体化传播矩阵，以追求、提升传媒产品传播的影响力、传播力。它们不再单一考核某一媒体的收视率、收听率和阅读量，而是考核各新老媒体的到达率、黏性等综合指标，从传媒产品的消费、生产、反应等指标来综合评估传播效率与质量。

正因为用户基数庞大、信息传播迅速、消费方便快捷、互动功能强劲，社交媒体才成为最受欢迎的媒体类型。手机台、手机报的普及，使用户即编辑记者成为可能。越来越多传媒产品的用户同时也是生产者、传播者，他们常常将自主拍摄的视频或制作的节目发布于各社交媒体，并在社交媒体上发表自己的观点，对感兴趣的人或事作各种预测。用户与传播者之间、用户与用户之间在社交媒体上的互动交流往往比传播内容本身更吸引人，他们的观点、判断、预测等常常引发热议、围观，甚至形成网络事件。

融媒体时代，任何一个传媒产品都要在社交媒体上预告、互动、交流，引起热议，引导延伸，引发衍生产品。传媒人要充分利用微信、QQ、微博、手机等社交媒体，通过社交关系和社交活动提升自己所研发传媒产品的感染力、传播力和黏性。

当下，电视、报纸、广播等传统媒体再不主动与手机台、手机报、微信等社交媒体融合，研发出新的融产品，传统媒体还在死守原有的"一亩三分地"，收视、收听、阅读率继续下降将成为常态，传播力、引导力、影响力下降也会成为无言的结局。

（四）传播方式移动化、直播化

在融媒体时代，就传媒产品的传播方式而言，多屏融合传播是一种客观存在。秉承"用户至上"的传播理念必须坚持移动化和直播化。当下，用户大都在移动的状态下消费传媒产品，在手机上看节目已成为大多数人的第一选择。网络视频运营更加专业，娱乐内容生态也逐步构建。各大视频平台进一步细分内容品类，并对其进行垂直专业化生产和运营，以 IP（Intellectual Property，知识产权）为中心，通过整合平台内外部资源实现联动，形成视频内容与音乐、文学、游戏、电商等领域协同的娱乐内容生态。移动化不能简单地理解成将传统媒体的既有产品放在移动媒体上传播。移动化的核心是研发出方便移动收看，吸引用户并满足用户移动消费需求的产品。

在融媒体时代，电视等传统媒体在传播方面的优势日渐式微，直播是其产品传播的唯一优势。随着 4G、5G 等技术的普及，技术支持、保障的成本明显下降，直播将成为传媒产品传播的常态。直播的传播效率和传播效应十分突出，各新老媒体都渴望运用直播争夺用户。新兴媒体上的直播把分散在各处的注意力，通过各种造势手段集于一个直播间，并经过真实可感的即时互动与表演，营销效果不言而喻，因而深受年轻用户的青睐。为此，传媒人在传媒产品研发与设计时就要考虑如何顺应直播化趋势。

（五）传播手段数据化、智能化

随着互联网、物联网、大数据和云计算等通信技术及智能技术的发展，传媒产品生产传播手段创新的趋势是数据化和智能化。"在大数据时代，在数据构成的世界，一切社会关系都可以用数据表示，人是相关数据的总和。"①了解用户需求、分析消费偏好、提升生产质量、反馈传播效果等都依赖于大数据的分析。大数据将突破传媒产品生产传播的瓶颈和阻碍，构建一个全新的生产空间和互联网生态体系，让传媒产品的生产传播更精准、更快捷、更智能、更高效。数据的挖掘、记录和分析直接关系到传媒产品生产传播的质量与效率。数据在经历挖掘、筛选、考证、可视化（或图表化）、观点提炼后，所生产的传媒产品在可信度、真实性、可看性、深刻性等方面明显强于一般的传媒产品。

---

① 万佳：《数据治国》，《红旗文稿》2013 年第 6 期，第 41 页。

"信息在爆炸，数据在革命。人们有理由相信，大数据在崛起，数据治国的时代正在来临。"①围绕中心和主题，分析用户对产品点击、喜欢、分享和评论的最新状况，筛选、过滤、聚焦数据，依据、根植数据开掘，拓展数据的故事与意义，寻找潜在的传播视角、有力的评论方式和吸引用户的故事，进而研发出融产品（栏目、节目、纪录片、电视剧等）及其传播的最佳平台、渠道，这是融媒体时代的必然选择。"智能社会是工业社会与信息社会广泛深度融合、技术全面更新换代、产业系统升级、经济社会结构深刻调整演进而成的新的经济社会发展形态，对人类生产、工作、生活方式以及经济社会结构和治理方式带来新的深刻变革。"②人工智能技术的快速发展必将推动我国人工智能与电子终端和垂直行业加速融合，人工智能对新闻业的渗透和影响也日渐深入。人工智能先驱皮埃罗曾在《2017未来媒体报告》中指出，人工智能与机器人写作将是未来媒体十大发展趋势之一。这将是媒体业最为重大的变革，对于从事媒体的新闻工作者也将产生颠覆性的影响。

大数据和智能化正在改变人们的思维、理念和认知方式，传媒机构的制片人、主持人、编导等都应确立新的认知与思维方式，即基于互联网的融合思维和大数据意识。传媒产品生产传播应主动顺应这一趋势，这是融媒体时代传媒产品创新创优的关键。

在分析了融媒体时代传媒产品的生产传播趋势后，传媒人更应注重研究并施行切实有效的策略。

四、创新创优的策略

（一）优化生产传播运行机制

融产品创新创优的基础与保障是机制创新。就媒体而言，机制创新包括生产传播运行机制、经营机制、利益机制、竞争机制、发展机制、激励机制、约束机制等。这里主要讨论如何进行生产传播运行机制创新。

融产品创新创优最基础、最关键、最艰难的工作就是生产传播运行机制创新。媒体内部内容生产、技术保障、平台营运、经营管理等部门之间，媒体内各生产要素之间如何优化组合？怎样实现生产、传播、技术、营销真正的融合，以增强执行力、提高效率、提升效益，不断锻造新的竞争力。媒体人要有

---

① 万佳：《数据治国》，《红旗文稿》2013年第6期，第41页。

② 杨述明：《智能社会时代企业的生态与创新》，引自"第六届国家治理体系和治理能力建设高峰论坛"会议稿。

改革创新的自觉，肩负担当之责，勇于自我剖析，不断给自己设限，对原有的生产传播运行机制进行再思考、再设计，以实现传播质量最优化和传播效益最大化。笔者注意到，2018年俄罗斯足球世界杯期间，中央广播电视总台力求实现媒体融合传播，电视、广播与新兴媒体融合，传播效率与质量均有明显提升。同时，新媒体平台作为电视端世界杯报道的延展和融合，进一步满足了观众多种条件下获取世界杯信息的需求。

融产品生产传播运行机制创新没有现存的成功的模式，各地各媒体差异太大，不可能也不必实行同一方案。"中央厨房"是一个值得探讨的举措，但它不会成为媒体融合的目标模式。纸媒与广电媒体差异很大，"中央厨房"尚存在多个问题需要研究，如产品同质化如何消除？用户参与互动不足如何解决？奖惩考核机制怎样规范？沟通成本剧增、工作效率提升究竟如何破题等？

媒体生产传播运行机制创新首先要有一个强有力的、想干事的、真正讲政治懂业务、忠诚干净担当的党委班子。机制创新需优化组织生态，营造带头干事创业的环境。媒体必须创造一种以能力、绩效来评价员工的机制，以不断提升传播力、引导力、影响力、公信力为准绳，结合本地舆论氛围和生态，以实现传播质量最优化和传播效益最大化为目标，进行组织构架、流程再造和管理驱动。这必然触动许多人的切身利益。如果媒体机构主要负责人三心二意、因循守旧、胆小怕事、不敢做事、生怕出事，其机制创新只能是一句口号。

(二)组建融合创意团队，着力发掘并培养高素质、融合化、一专多能的融媒体人才

当下，单纯依靠导演、编辑、制片人来提升传媒产品生产传播的质量和效益是不现实的。我们要在导演、编辑、网络编程工程师、创意设计师等传媒人中着力发现、培养复合型的、一专多能的人才。下决心组建创意团队，让技术、设计和编导等人员共同参与传媒产品的创意与生产传播，让他们时常聚集在一起，摒弃层级之分，平等自由地讨论与碰撞，进行"头脑风暴"。另外可以运用VR、AR、MR技术制作可视性、现场感强的传媒产品，提升用户的体验感和沉浸感。为适应移动化的趋势，我们要发现、培养移动制片人，该制片人可每天不间断地与编辑、导演、制片人、应用程序开发人员共同进行有关故事材质的分析、论证、集成、设计，研究开发适合移动传播的应用程序，研究怎样在移动传播中讲好故事？技术如何支持？有何新技巧？传播精准率和影响力怎样才能最大化、最优化？譬如组建一个由"90后"和"00后"导演、编辑、网络编程工程师、大数据分析师等人员参加的创意团队，打造年轻人喜闻乐见的融产品，用他们的视角、语言、方式来生产传播产品。

（三）制定独特、完善的保障及激励制度

有了好的适合本媒体创新创优的运行机制和优秀的创新创优团队还不够，还要有独特、完善的制度。没有制度来保障激励，再好的机制、再优秀的人才也不可能持续创新创优。媒体要制定以下几个制度：选准、重用、保护领军人物的选人用人制度；出台实施人、财、物等政策倾斜制度，不惜成本组团向海内外优秀创意团队取经的学习制度；招才引智，吸引民营项目研发公司参与创新创优的开门办台（报）制度；出台快奖快罚、重奖重罚的激励约束制度。

本章小结

本章分析了全媒体时代传统媒体与新兴媒体融合生产的理念，剖析了"中央厨房"的创新实践及存在的问题，探讨全媒体时代技术与内容融合的理论依据与实践需求，论证了融媒体新闻中心构建的设想，分析了融产品研发的认识与实践误区，阐述了融产品创新创优的趋势和策略。

【思考题】

1. 构建融媒体平台应突破哪些束缚？
2. 全媒体新闻中心内部运行如何提高效率？
3. "中央厨房"建设中有哪些亟待解决的问题？

第四章 新老媒体之融合传播

美国学者切特罗姆在其著作《传播媒介与美国人的思想——从莫尔斯到麦克卢汉》中，用一系列反问："新的传播媒介是如何影响了传统的空间和时间观念、闲暇和消费的实质、社会化的进程，以及思想风气？它们实际上为何对美国日常生活具有如此重要的作用？"①强调了媒介进步对美国社会的影响。实际上不单美国社会，每个国家都在媒介技术的推动下发生着社会结构和日常生活的变化，甚至大到全球范畴内国与国之间的关系、小到每个个体的生活也都随着媒介技术的发展而发生巨大的变化。

第一节 技术与传播融合

人类信息传播的过程是不断突破时空束缚、获得传播自由的过程。最早期的信息传播只能是依托视觉、听觉、触觉、味觉而直接传播的。一般认为，口语的产生形成了人类传播史上第一个高峰，这是因为人们终于可以利用语言、词汇将相对抽象的、难以用动作表现的信息传达出来。

一、言语：人类器官的成熟

人类最早的信息传播无疑是通过口语的人际传播，这是一种面对面的即时互动交流，不借助任何媒介的言语交流，调动了人的发声器官、听觉器官、视觉器官甚至嗅觉器官。由于受到传播能量和时空的限制，"它只能在一个'鸡犬之声相闻'的小范围内即时地发生，一旦要超越这个时空统一的界限以获得信息传播的自由，人类便需要付出超乎想象的巨大代价"。② 马拉松的由来充分说明了时空对于言语传播的限制——当雅典人在希波战争中最后打败了波斯

---

① ［美］丹尼尔·杰·切特罗姆：《传播媒介与美国人的思想——从莫尔斯到麦克卢汉》，曹静生、黄艾禾译，中国广播电视出版社 1991 年版，第 1 页。
② 崔林：《媒介史》，中国传媒大学出版社 2017 年版，第 3 页。

人，士兵菲迪皮茨被选作信使向雅典报信，他从马拉松平原跑了 26 英里 385 码(现代马拉松的长度：42.193 公里)到达雅典，报告了胜利的消息后便倒地身亡。

口语传播表现出以家族城邦为代表的农耕时代特点。"十里不同风，百里不同俗。"言语的时空限制，在中国形成了如费孝通所描绘的"差序格局"的社会结构特征，即中国社会结构"好像把一块石头丢在水面上所发生的一圈圈推出去的波纹。每一个人都是他社会影响所推出去的圈子的中心"。① 由于言语不方便保存，因此历史和知识等信息只能通过史诗、傩戏、游吟诗人或巫师、艺人等口耳相传。口语传播的最大问题在于，由于没有可以留存其信息的载体，信息往往更容易在传承的过程中发生变异或丢失，其准确性和真实性难以得到保证，传播的空间广度和历史深度也极为有限。

二、文字与印刷术：文明的复制与流转

文字的出现是人类传播发展的第二个高峰。文字是一种时间型媒介，依托于岩石、甲骨、竹简、布帛、纸张等介质，文字信息得以在时空上与传播者分离并自由流动和长久保存。文字的抽象性导致了两个方面的结果：一是精英阶层的出现，只有掌握了文字符号意义的人才可能进行读写；二是作为思维的工具，文字打开了人类想象的翅膀，人类文明因此得以飞速发展。

实际上，文字对于社会的革命性影响乃借助于造纸术和印刷术这两项关键性技术的出现。随着公元 105 年东汉蔡伦造纸术和随后唐代雕版印刷及宋代庆历年间毕昇胶泥活字印刷术的发明，文字信息借助于廉价媒介得以大量复制、广泛普及，文字不再成为限制社会阶层的外因，社会底层的民众也获得了读书识字的条件。中国的科学、文化、艺术等因此进入了高速发展的时期。在欧洲，德国约翰内斯·古登堡于 15 世纪初发明了铅活字版机械印刷机。这一发明使信息的批量复制成为可能，降低了信息流通的成本，促进了西方科学的发展，② 为西方启蒙时代的到来打下了物质基础。英国学者玛丽·伊万丝研究了现代社会的起源，认为印刷术对权威提出了挑战："任何压抑民众的政权都很清楚，文字非同小可，一种能够让具有潜在危险的思想传播的技术并非总是受

---

① 费孝通：《费孝通自选集》，首都师范大学出版社 2008 年版，第 321 页。

② 夏德元：《智能媒体时代的阅读革命与编辑出版创新——兼论人与智能机器的共同未来》，《现代出版》2020 年第 7 期，第 74 页。

到欢迎。……印刷术奉献给世界的第一个奇迹的社会运动就是宗教改革：对天主教会宗教权威的成功挑战，其影响至今还在改变这个世界。"[①]

三、报纸与刊物：印刷术的应用与大众文化的兴起

以 1833 年 9 月 3 日《纽约太阳报》和 1835 年 5 月 6 日《先驱报》等廉价"便士报"的发刊为标志，报刊成为大众传播媒介的代表。美国社会学家查尔斯·库利在《社会组织》一书中指出，报纸、书籍和杂志作为新的大众媒介，它不仅消除了人们相互隔绝的障碍，影响到社区相互作用的方式，而且引起社会的组织和功能的重大变化，甚至永久地改变了那些使用者的精神面貌和心理结构。[②]

报刊的出现顺应了社会城市化和现代化进程，伴随着公共学校和公共图书馆等的推行，报刊的读者中工农阶层的普通民众数量不断增加，报刊成为民众了解社会动态、参与公共事物的重要途径。

除了价格低廉外，大众报纸具有以下几个特点：

（1）内容以新闻、信息和社会事件报道和娱乐为主，贴近普通大众的生活；

（2）发行量大；

（3）读者不限于特定的阶层或群体，而是面向"分散的、异质的、不定量多数的一般大众"；

（4）广告收入成了报纸经营的主要财源。报纸在发展的过程中完成了两个转变，一是由"观点纸"向"新闻纸"的转变，二是由政党经费运营向市场化运营和企业化经营的转变。[③]

报纸、杂志等印刷媒介"统治"了大众传媒近两个世纪，培养了大量专业人才，并形成了多元的信息类型与风格。随着印刷技术的发展和数字技术的介入，其图文质量也不断得到提高。

四、电影：符号形式的初步融合

正如媒介演化理论的主要倡导者之一保罗·莱文森所言："我们不甘心

---

① ［英］玛丽·伊万丝：《社会简史：现代世界的诞生》，曹德骏、张荣建、偺永安译，复旦大学出版社 2010 年版，第 8~9 页。

② 邵培仁：《论人类传播史上的五次革命》，《中国广播电视学刊》1996 年第 7 期，第 8 页。

③ 郭庆光：《传播学教程》，中国人民大学出版社 1999 年版，第 117 页。

让电视屏幕上喜欢的形象飞逝而却袖手旁观，所以我们发明了录像机。我们不愿意在文字的沉重压迫下洒汗挥毫，让语词从构思那一刻起就被拴死在纸面上，所以我们发明了文字处理机……"①影像的真正勃兴是在摄影、电影与电视的发明之后，海德格尔在《世界图像时代》中指出：一种基于工业时代的与手工制作完全不同的生产方式，促成了世界的图像化和人们认识世界的间接性。

1895 年 12 月 28 日，法国人卢米埃尔兄弟在巴黎的"大咖啡馆"第一次用自己发明的放映摄影兼用机放映了影片《火车进站》，标志着电影的正式诞生。但卢米埃尔兄弟的电影仅仅是满足了屏幕视像的奇观化，虽然也有排演的短视频，但大多是生活的片断。梅里爱的天才般工作，使得电影真正成为造梦的艺术，才作为一种独立的艺术类型登上历史舞台。"梅里爱的最大贡献是将电影和叙事联系起来，建立了故事片这一重要的电影形式，他将戏剧演出的流程引到电影拍摄中来，他有系统地将绝大部分戏剧上的方法如剧本、演员、服装、化妆、布景、机关装置，以及景或幕的划分等，应用到电影上来。"②其代表作是《月球旅行记》和《灰姑娘》等。1927 年 10 月，克罗斯兰摄制了世界第一部有声片《爵士歌王》，标志着电影进入到有声时代，有声技术的运用使电影中复杂的叙事与流畅的对话成为可能，促成了好莱坞电影的戏剧化风格。1968年，《2001：太空漫游》成为电影史上最早使用 CGI 技术(计算机生成图像技术)的电影，"包括飞行甲板上的平台和一艘太空船在一个轨道空间站停靠的画面"，从此"以计算机生成图像技术为代表的数字化影像潮流开始不断地向电影制作的领域渗透"③(当然也渗透到电视制作领域)。电影技术的发展同时使立体电影技术、IMAX 电影技术越来越成熟，这些技术使电影的视听效果达到了既可表现宏大气氛，又可表现丰富细节；既具强烈的临场感，又超越人类感官极限的观影体验。

五、广播与电视：听觉与视觉的实时传播与无限延伸

19 世纪末至 20 世纪初，电子媒体登上历史舞台，并于 20 世纪初发展成

---

① [美]保罗·莱文森：《数字麦克卢汉》，何道宽译，社会科学文献出版社 2001 年版，第 287~288 页。

② [法]乔治·萨杜尔：《世界电影史》，徐昭、胡承伟译，中国电影出版社 1982 年版，第 24 页。

③ 屠明非：《电影技术艺术互动史》，中国电影出版社 2009 年版，第 193 页。

为大众媒介的主流。电子传播需要三个基本条件：首先，它需要有推动远距离传送的动力来源；其次，它需要有发射和接收渠道；最后，它需要有编码解码声音、图像和其他信息的方式，以使信息得以依附电波传递。[①] 1837 年，英国发明家查尔斯·惠斯通和威廉·库克发明了具有实用价值的电报系统并于1839 年投入运营；1860 年，美籍意大利人安东尼奥·梅乌奇发明了可以远程传输和接收声音的通信设备——电话；1877 年，美国发明家爱迪生发明了用于放送唱片录音的留声机。从此人类开启了电子媒介时代，而其中广播与电视最具有代表性，它们从根本上改变了人们获得信息、娱乐消遣的方式。

广播是以声音为传播介质，实现了长距离、高速度、大范围传播，改变了人类传播的传统时空格局。广播史上公认的人类第一次广播是 1906 年 12 月24 日美国物理学家费森登在马萨诸塞州实验室利用无线电报技术完成了人声和音乐的远距离广播，这些信息被远在美国新英格兰海岸往来船只的报务员们接收到。从广播工程的技术标准看，无线电广播自此宣布诞生。1920 年 11 月2 日，匹兹堡 KDKA 广播电台开始运营。[②] 有趣的是，广播在诞生之初就与报刊合作，在新闻业务上实现共赢。与报纸相比，广播新闻主要解决了"快"的问题，可以以现场直播的方式进行报导；而报纸则解决了"深"的问题，即着重于文字的逻辑性与思辨性。在合作与竞争的过程中，广播和报纸逐渐形成了各自的文体和节目样式。

音频媒介经历了从留声机到录音机(从原始的钢丝录音机到卡式录音机)，从数字 CD 再到 MP3 的渐进过程。从音频媒介发展的过程可以看出，人类对于声音的需求包括以下四个方面：一是希望声音能够远距离传输，如电话和物质化的唱片都可以实现不同形式的时空传播，使语音获得了跨越空间传播的能力，尤其是电话的出现意味着声音自由传播的新时代的开始。如 1888 年，德国人艾米利·伯林纳推出一种名为 Gramophone 的机器，使用扁圆形涂蜡锌板作为播放和录音的媒体，同时也可以制成母版复制，使唱片的商业化量产成为可能。二是声音可以长期贮存，爱迪生的留声机在 1877 年已经达到了这样的要求。三是需要更好地突出声音的质感，实现声音的高保真度。1933 年 Alan Blumlein(阿兰·布鲁姆林)开始立体声录音的尝试，并宣称该技术为 Binaural Sound，即"双耳聆听的声音"；1971 年四声道立体声系统出现，规定了前左、

---

① 郭镇之：《中外广播电视史》，复旦大学出版社 2005 年版，第 3~4 页。
② 姚争：《新兴媒体竞合下中国广播现状与发展策略研究》，上海戏剧学院博士学位论文 2012 年版，第 16 页。

前右，后左、后右 4 个发音点，听众被包围在一个趋于真实的三维声音环境中，获得身临各种不同环境的听觉感。四是具有现实的体验感，即贮存声音的媒介容量要大，并具有一定的便携性。1963 年荷兰飞利浦公司发明了盒式磁带，录音机就此在家庭中得到普及。1979 年，索尼公司研发出世界上第一款便携式磁带播放器 Walkman（国内始称"随身听"），标志着便携式音乐理念的诞生。

1900 年 8 月 25 日，法国人波斯基在巴黎国际电子大会上宣读论文，首次使用了 television 的英文名称，该词是由希腊语 tele（"远处"）和 vision（"景象"）两个字合并而成。1936 年 11 月 2 日英国广播公司在伦敦郊外的亚历山大宫以一场规模盛大的歌舞开始了电视的正式播出。电视的出现改变了人们的生活方式，使人们的生活娱乐节奏逐渐与电视节目表相吻合，电视节目不仅成为人们获得信息和休闲的来源，也成为形成人们文化记忆、文化仪式的对象。如每天晚七点的《新闻联播》，每年除夕八点的《春节联欢晚会》等。在电视出现以前，从来没有一种媒介拥有如此众多的受众和普遍的影响，电视的吸引力来自它的媒介特性：电视集视听觉手段于一体，通过影像、画面、音声、字幕以及特技等多方面地提供信息，给受众以强烈的现场感、目击感和冲击力；它不仅是人们获得外界新闻和信息的手段，而且是丰富多彩的文化生活和娱乐的主要提供者。[①] 新闻、纪录片、专题片、综艺节目、电视剧及各类直播满足了社会受众全方位的信息要求，同时与报刊一样培养了大批专业人才。

第二节 平台与融合传播渠道

未来学家阿尔文·托夫勒认为，技术变革是引发人类社会由"农业社会"经"工业社会"向"信息化社会"发展的核心力量；"媒介决定论"学派的代表人物哈罗德·伊尼斯指出，传播"在政治的组织和实施中"以及"帝国兴衰的经济原因"中都"占有关键的一席"。[②]

结合伊尼斯和托夫勒两人的观点，我们可以看到媒介与社会发展之间的内在逻辑。20 世纪 50 年代中期以美国电子计算机出现为标志的第三次浪潮（信息技术革命），历经早期的电子技术（包括电话、电视等）和现在的数字技术

---

① 郭庆光：《传播学教程》，中国人民大学出版社 1999 年版，第 117 页。

② ［加］哈罗德·伊尼斯：《帝国与传播》，何道宽译，中国人民大学出版社 2003 年版，第 1、3 页。

(计算机和互联网)为主的两个阶段，"不仅使人类的体力进一步得到解放，而且破天荒地使人的脑力也获得了解放"。① 通信技术与信息观念的革命，使信息可以跨越时空的限制和领域的藩篱自由流转，不仅改变了社会结构模式(如麦克卢汉据此提出"地球村"的概念)，更重要的是使信息本身成为极有价值的社会资源。

一、媒体融合的技术准备

数字技术与传统电子技术的最大差别，在于解码与编码方式的不同。

(一)计算机的迭代与数字媒体的发展

1937年，英国科学家艾伦·图灵发表了《论可计算的数字及其在判定问题中的应用》一文，提出了一种抽象的计算模型——图灵机，其基本思想是用机器来模拟人们用纸笔进行数学运算的过程，预言了现代计算机产生的可能。1945年，美国数学家冯·诺伊曼在《电子计算工具逻辑设计》一文中，提出二进制表达方式和存储程序控制计算机的构想。这是所有现代电子计算机的范式，被称为"冯·诺伊曼"结构。实用型计算机经历了采用电子管作为逻辑元件、阴极射线管或汞延迟线为主存储器、纸带或卡片为外存储器的第一代计算机；采用晶体管作为逻辑元件、磁芯存储器为主存储器、磁鼓和磁盘为外存储器的第二代计算机；采用中小规模集成电路作为逻辑元件、半导体为主存储器、磁盘和磁带为外存储器并发展出"面向人类"计算机语言的第三代计算机；以及目前采用大规模和超大规模集成电路、以集成度更高的半导体为主存储器、磁盘或光盘等为外存储器、操作系统更为人性化、具有多媒体技术和互联网技术的第四代计算机。②

二进制的编码解码方式、半导体集成电路等技术的不断发展，让音视频录放媒体设备得到了质的变化。仍然以音频技术为例：传统磁性录制材料只能按时间顺序录制并收听音频，经济和时间成本较高。数字时代的到来使得播放设备更加小型化、便捷化和容量海量化。数字音频播放设备的容量从较早的256M到现在32G甚至以上；最小的MP3播放器只比普通U盘大一点，很多播放器自带音箱。现在一张MICRO SD卡可以拥有8~64个G(1G＝1024M)的容量，如果以音频1分钟约1M计算，64G的SD卡可以容纳约6.5万分钟(约

---

① 谢佑民：《新技术革命与信息革命》，中国财政经济出版社1988年版，第8页。

② 边馥苓：《用数字的眼光看世界：数字技术、数字地球、数字文化漫谈》，武汉大学出版社2011年版，第114页。

相当于 1100 盘磁带），而其只有一个指甲盖大小（15mm × 11mm × 1mm），2018 年 8 月其价格约 90 元人民币，仅相当于 20 多年前 9 盒磁带的价格。听众可以通过设定喜好或排序逻辑更加迅速地检索并播放自己感兴趣的内容，而不用从头至尾依次收听，而且数字音频的复制比传统磁性材料的复制要快捷得多，其在复制和保存中也没有损耗。按照技术发展的"Moore 定律"，集成电路的集成度每 18 个月翻一番，微处理器的性能每 18 个月提高一倍，而价格下降一倍。也就是说，以数字技术为核心的技术发展将导致电子产品的速度（包括网络速度）越来越快，功能越来越强，体积越来越小，价格越来越便宜。

（二）互联网与三网融合

计算机网络（互联网）是将地理位置不同的具有独立功能的计算机（系统）或由计算机控制的外部设备，通过通信设备和传输介质连接起来，在网络操作系统的控制下，按照约定的通信协议进行信息交换，实现资源共享的系统。一般而言，互联网包含了资源子网和通信子网两个系统。资源子网由主机、终端、I/O 设备、各种软件资源和数据库等组成，主要负责全网的数据处理业务，向网民提供各种网络资源和网络服务。通信子网包括了传输介质和通信设备，承担全网的数据传输、转接、加工和变换等通信处理工作。对一般网民而言，互联网可以简化为服务器与客户机（终端）两个重要节点。用户通过自己的客户机与网络相连，从服务器中调取相应的信息和数据，如网页、邮件、文字或音视频，或反过来向服务器存贮相关信息。如同日常生活当中的寄信一样，要实现互联网上的数据传输，每一台计算机必须要有唯一的数据传输目的地址和保证数据迅速可靠传输的措施，这就是 TCP/IP 协议，以保证数据安全、可靠地到达指定的目的地。具体而言，TCP/IP 协议把数据分成若干数据包，给每个数据包写上序号，以便接收端把数据还原成原来的格式；IP 协议给每个数据包写上发送主机和接收主机的地址，一旦写上源地址和目的地址，数据包就可以在互联网上传送数据了。

我国提出的"三网融合"战略构想，是指电信网、广播电视网、互联网互联互通、资源共享，能为用户提供语音、数据和广播电视等多种服务。"三网融合"是对互联网的功能最大化开发。数字技术以服务器和数据库为核心的信息存贮与流通方式，促成了视频服务器和用户终端之间即时流畅的双向交互通信，不仅实现了文、图、音、视频等各信息类型的共平台化（多媒体），也实现了音视频节目传输的流媒体化，即通过特殊编、解码方式保障了音视频等多媒体节目网络播放的品质，更为重要的是，不同行业也融合于网络之上，如网上银行（金融）、网络购物、网络教学、网络办公等。借助于互联互通的网络体系和存储服务器，音视频产业结构从传统模拟电视产业的线性时间结构转变成现在的非线性时空结构，音视频信息不再播完即消失，而是存储在海量服务器内。同时，计算机技术的进步使服务器得以具备大数据运算、分析和判断的能力（当然，这不是由一台服务器独立进行的），不仅可以跟踪网民的客户端行为，而且可以分析其特点并预判其行为。

（三）多媒体与融媒体

融媒体的技术来源于媒体科技和信息观念的发展，多媒体的形式与功能逐渐向融媒体转变。现在通用的多媒体是指"多种媒体的综合"，是与计算机网络发展相对应的，伴随着计算机多媒体技术的发展而成熟的。在 20 世纪 60 年代初，当计算机的能力达到实时处理两个媒体——声音和图像时，"多媒体"（Multimedia）一词开始正式使用。在计算机技术和数字信息处理技术真正得到了实质性进展后，才具备了将文字、音乐、声音、图形、图像、动画等多媒体元素（Multimedia Elements）综合集成，实现不同媒体信息的采集、生成、处理、存储、传送和呈现等功能，而具备多媒体功能的计算机或其他电子设备也就成为一种全新媒体。

信息的多媒体化，首先是要解决多媒体的数字化、压缩、通信传输、存储、同步和回放等一系列关键技术。概括来说，多媒体技术包括多媒体数字化计算机获取技术、多媒体数据压缩编码与解码技术、多媒体数据的实时处理和特技效果技术、多媒体数据的输出回放技术。例如手机的发展，模拟蜂窝电子通信（1G）技术最初只是电话的替代品"大哥大"；第二代数字手机通信技术（2G）降低了成本，使移动通信得到普及；第三代数字手机通信技术（3G）则实现了与国际互联网的结合，使手机具备了多种媒体处理能力（在一个机器上实现了电话、BP 机、录放机、游戏机、摄影等多种媒体功能的融合）和初步的商务功能（如会议）；第四代数字手机通信技术（4G）与 WLAN 相结合，大大提高了传输数据、处理高质量音视频与图像的能力并降低了使用成本，最终形成了由量变到质变的革命性变化。网络社交和电子商务等成为人们生活中不可缺少的部分，人们的现实生活与数字生存已经完全融为一体。5G 技术"两高两低"（高速率、高容量、低时延、低能耗）的技术特征和可以连接 5 亿个场景、50 亿人和 500 亿个数据传感器的强大功能，又给我们带来了无穷的想象空间。如人的生理心理信息可以被提取并成为融媒体中的传输与处理内容，"人机合一"或将成为可能。喻国明教授指出，5G 技术之所以被称为革命性技术，在于它不仅使社会主要交流手段从书写文字转为视频语言，也将改变世界的游戏规则、构造方式等，"社会管理、社会协同、社会协调以及人们的生活都会发生翻天覆地的变化"。[1]

二、媒体融合的精神准备

融媒体让我们联想到两个词，即"教育技术"和"电化教育"。这两个词在 20 世纪 60—80 年代曾经一度发生重合，是指为了满足教与学的需要，最初作为工具技术（即结合包括电视、电影、投影、计算机等软硬件）但很快进入方法理论[2]的研究。教育领域应该是最早进行融媒体尝试的领域。如 300 多年前在直观教育思想的指导下，捷克教育学家阿姆斯·夸美纽斯开始利用不同符号形式进行知识的传授，在其编写出版的《世界图解》一书中，他利用 200 多幅形象逼真的插图、文字甚至声音（"活的字母"，即利用象征字母表使字母与动物形象相对应，动物所发出的声音代表着字母发音），将知识教育与审美教育融为一体，第一次实现了教学是"适合学生心理，是教学艺术的基本方式和途径"的理论探讨与实践梳理。[3] 从教育技术的角度看，媒介融合的最终目标是实现传播（教学）效果最优化，通过对新媒体技术、融媒体功能的开发和结构优化，在达成具体知识传授的基础上，实现多种感官、思维、学科甚或美育、德育等社会化能力的培养。

融媒体的理论探讨发轫于 20 世纪 60 年代的教育技术领域，并于 90 年代逐渐进入媒体技术和传播学的视野。如 1963 年 4 月 J. F. Huber 在 *Medical & biological illustration*（《医学和生物学示例》）上发表论文 *The multimedia approach to the teaching of anatomy*（《解剖学的多媒体教学方法》）。1983 年 12 月朱辉和相天宝在《哈尔滨体育学院学报》上发表论文《新闻摄影与多媒体艺术》，探讨了新闻摄影与多媒体艺术在体育中的应用。1993 年至 1994 年是我国广电网络融合及计算机多媒体研究的重要年份，如 1993 年 10 月张鸿军于《南都学刊》发表的《现代电视广播网络的并存发展——简析卫星电视、有线电视和无线电视》和 1994 年 2 月赵慧玲在《电信网技术》发表的《支持多媒体业务的网络能力及多媒体业务的应用》等论文。1996 年开始出现了互联网与经济和文化方面的相关研究。如该年 9 月沈培钧和董凯分别在《中国投资与建设》上发表了《利用

---

① 喻国明：《5G：一项深刻改变传播与社会的革命性技术》，《新闻战线》2019 年第 8 期，第 49 页。

② 李祺、李春鹏：《教育技术是什么》，《电化教育研究》2006 年第 1 期，第 27 页。

③ 傅松涛：《夸美纽斯教学艺术思想初探》，《河北大学学报》1997 年第 1 期，第 100 页。

国际互联网 面向全球招商引资》和《跨上国际互联网 促进浙江经济发展》两篇文章。蔡泽平和孙学智于 7 月在《情报资料工作》上发表《国际间信息交流与文化保护》、10 月铁梅在《中国科技信息》和刘立伟在《世界知识》上分别发表了《互联网络上如何"斗法"》和《襁褓中的联机文化》两篇文章，对互联网时代的文化安全和可能的亚文化倾向进行了探讨。

1997 年前后西方开始了基于互联网技术的技术架构、传播模式和人才培养以及法规规律等方面的研究。如 1997 年 6 月《世界专利信息》(*World Patent Information*)发布了 IP and the convergence of technology and media(《IP 与媒体技术的融合》)一文，比利时卡托利克大学勒文森斯特拉特分校信息学中心的 Caroline Uyttendaele 在 *Telematics and Informatics*(《远程通信和信息学》)发表了论文 Convergence between telecommunications and audiovisual communications: Perspectives for media law on the information highway(《电信与视听通信的融合：媒体法视角下的信息高速公路》)。传统媒体与互联网融合的相关研究在 1999 年初见端倪，以"媒体"和"融合"为关键词，我们可以看到方明在 2 月《新闻战线》上以《加强第四媒体对现行舆论管理体制冲击的研究》一文提出了互联网信息传播对社会舆论及管理体制的影响，余碧君、古敬深于 4 月在《广播电视学刊》上发表了论文《迎接广播的又一次重大变革》和闵大洪于 1999 年 6 月在《中国广播电视学刊》上发表论文《是范例，还是教训？——对〈迎接广播的又一次重大变革〉一文中所举实例的质疑》，两篇论文成为媒体融合背景下对传统媒体新闻生产方式的探讨之作。

三、媒体融合的现实意义

融合传播，包括了媒体与产业融合、产业数字化以及制播数字化三个层次的媒介传播效果。

(一) 媒体与产业融合

我国"三网融合"的推进导致了大众传媒产业与其他产业领域的融合，促进了产业模式的突破以及业务功能的趋同等。实际上在媒介融合思路的引导下，不同媒体产业之间已经发现了跨媒介合作的可行性和可能带来的收视影响。如 2015 年央视羊年春晚与腾讯微信的联手，在节目中开发"摇一摇"和"抢红包"等互动功能，将人际传播与大众传播有机结合起来，使观众在观看直播时可以分享明星的拜年祝福、制作春晚主题贺卡发送给好友、亲友之间相互派发或"抢"电子红包，将年轻受众重新聚拢在电视机屏幕前，使得 15～24 岁青年观众占比较前一年提高 8.6%。《最强大脑》第二季实现了与优酷土豆的双平台同步播出，观众可以通过电视、电脑或移动终端观看直播，节目受众群得以无限制延伸，在网络上 24 小时内获得超过 2000 万的视频点击率，获得 1 亿以上的互联网版权收益。《爸爸去哪儿》与"同程旅游网"与"携程旅游网"展开深度合作，节目拍摄地成为观众旅游的目的地……可以说，2015 年中国电视产业与其他媒介和市场间的融合趋势已经十分明显，融合的深度与规模也在不断扩大。

所谓"万物皆媒介"，并不是说今天的"万物"才成为媒介，而是技术的发展导致"万物"的属性可以以信息方式被提取出来，通过媒介进行传播、分析和处理，"万物"的媒介属性因此而被凸显出来。如视频网站不仅提供了点播功能，还具备根据观众喜好的推送功能和社会交往功能（B 站弹幕或社区评论）；电商平台可以与新闻门户网站以及电子地图（导航）系统相整合，根据用户的数字印迹进行产品、新闻甚至实体店的"代理"或"建议"；社交平台上更是集成了电商、金融、游戏等诸多功能。我们在优酷、淘宝、微信、抖音上已经看到了产业融通的趋势与成果。如微信不仅成为视、听、文字、图像等多种媒体形式的融合，更重要的是借助其公众号的强大功能，实现了从社交平台向新闻发布平台、电子商务平台、生活服务平台、社会救助平台等商业或公益社会活动的多平台融合。未来融媒体将发展成为怎样的状态，给了我们无限的想象空间。

（二）产业数字化

无论新媒体还是传统媒体内部均已开始相应的"融媒体"结构模式的转型。数字技术以数据库为核心的信息存贮与流通方式，促成了视频服务器和用户终端之间即时流畅的双向交互通信。数字化信息不仅实现了文、图、音、视频等各信息类型的共平台化（多媒体），也实现了将音视频节目以特殊编码方式分成若干信息段落（压缩包），由服务器连续、实时地传输到相应终端，各终端设备再利用对应解码方式边解压边播放（流媒体）。这种流式传播方式大幅度缩短了启动延时，对系统缓存要求也大大降低，保证了音视频等多媒体节目网络播放的品质。

如北京电视台新媒体中心的"智慧"媒体和江苏广播电视总台（集团）的"荔枝云"等，尝试以云存储支撑平台为核心，构建基于"云"的内容中心，以很少的管理成本达成包括网络、服务器、存储、应用软件和服务等资源的快速共享，为内容生产、智能决策、数据保护、互联网应用和办公应用提供高效数据服务，从结构模式上实现了提高生产效率、降低制作成本、促进信息内容"跨"屏传播的直接目的。这种模式要求新闻记者从"单媒体记者"变身为"全媒体记者"，具备在新闻现场同时进行文字、图像和视频的记录与传输能力；信息在"中央厨房"供不同节目或栏目使用；后方可以根据网络信息高效调度记者的活动。同时它也要求其他节目的制作具备多媒体多平台意识，针对不同平台进行节目内容的编辑与投放，形成集合效应。

（三）制播数字化

"三网合一"的融媒体播出平台，提供了高质量音视频服务，相对丰富的节目内容（直播+回看+点播），相对开放的媒体互动（交互式视讯服务+时移+在线信息咨询+商务功能）。通过购买版权和网台间资源共享，院线电影和电视台播出的几乎所有节目内容都可以被重新归纳整理为剧场或栏目等版块，并以类似于网络页面和菜单的形式提供给观众通过控制器选择观看。IPTV 和有线电视的观众采取的是"媒介—门户（APP）—类型（版块）—节目"的层次非线性观看模式。观众还可以通过遥控器甚至联通电视机 USB 接口的鼠标或键盘，以类似于互联网的超链接阅读方式，通过"直播""点播""回看"等功能，快速进入到自己喜好的版块并自由选择自己喜欢的节目内容。

在服务器的帮助下，播出部门可以运用数据挖掘技术跟踪、监控并分析每一个终端观众的"数字印迹"，[1][2] 不仅可以成为整个产业和具体内容的"监视器和风向标"，[3] 而且可通过跟踪每一个观众的收视偏好，利用数据库的"代理"和"建议单"功能，[4] 将相近风格的节目推送给该观众（目前各专业视频网站对这一功能的运用已经非常成熟）。制作部门甚至可以根据受众观看特征决定节目或影片的风格、情节的发展和角色的设定。如 Netflix 公司充分利用其掌握的用户数据，于 2013 年推出基于用户行为，如收藏、推荐、回放、暂停

---

① 数字印迹（英文全称：digital footprints），即组织或个人进入网络等数字空间搜索、浏览、接受、发布信息留下的痕迹，数字技术能够通过数字印迹勾勒出组织或个体的"数字肖像"。参见薛敏芝：《数字时代社会传播结构的改变对商业沟通的影响——对话媒介社会学大师纽曼·罗素》，《中国广告》2014 年第 2 期，第 91 页。

② 邢亚彬、史兹国：《大数据背景下江苏有线电视收视率预测》，《江苏社会科学》2015 年第 3 期，第 259 页。

③ 彭兰：《Web 2.0 及未来技术对数字化个体的再定义》，《当代传播》2013 年第 2期，第 13 页。

④ 代理是指跟踪该顾客的偏好与购买习惯，经由"全盘考虑筛选"而动态地编制出建议单；建议单反映了具有明显相似的行为方式（因而假定也具有相似的嗜好）的其他人近期所完成的购买，使顾客一到零售商的网址就能看到他们想买的东西。参见［美］约翰·希利·布朗、［美］保罗·杜奎德：《信息的社会层面》，王铁生、葛立成译，商务印书馆 2003年版，第 37 页。

及搜索请求等大数据推算的网剧《纸牌屋》，凯文·史派西、大卫·芬奇和"BBC 出品"三种元素的结合和一次性推出整季的播出方式使该片无论在观众口碑、行业评比还是商业赢利上都获得了巨大的成功。

第三节　观念与融合传播

数字媒体的出现，使得传统的印刷媒介（报纸等）和电子媒介（电视等）遭受到前所未有的冲击。整个媒介生态都在发生着变化，融媒体可以看做媒介生态变化的趋向与结果，而融媒体引发的社会文化与思想观念的变化更值得关注。莱文森提出了媒介演化的"人性化趋势"理论和补偿性媒介理论，认为人在媒介社会中仍然具有主动性且媒介是以顺应人的需求而存在的，"对信息传播效率的追求，无论它叠压在商业、艺术、科学的动机之下也好，抑或它没有附加的动机也好，都非常符合逻辑地（尽管可能是无意识地）走向了合乎人性的动机"。①

一、互文：融媒体的理论基础

（一）文本

"文本"在西文中的原意是"编织品"（something woven）。② 具体到文学及计算机和互联网领域，"文本"则被定义为狭义的由语言文字组成的实体或文档类型，如诗歌、小说、新闻稿或段落等，其文档类型包括我们常用的 txt、doc、wps、pdf 等。

从现代的广义角度看，文本是指任何由"书写"所固定下来的任何话语。德里达指出，广义的文本指的是某个包含一定意义的符号形式，如一个仪式、一种表情、一段音乐、一个词语等，它可以是文字的也可以是非文字的。③ 因此这种"书写"包括了一切人类的传播手段，如书信、电话、电影、微博甚至短视频等。

"一切皆可为文本"，其内涵是文本就是"任何可以被解释的东西"。因此，

---

① ［美］保罗·莱文森：《思想无羁：技术时代的认识论》，何道宽译，南京大学出版社 2003 年版，第 177 页。

② Yuri Lotman. *The Structure of Artistic Text*［M］. University of Michigan Press，1970：6.

③ 参见王瑾：《互文性》，广西师范大学出版社 2005 年版，第 98～99 页。

任何携带意义等待解释的都是文本。① 从符号学的角度看，"文本"作为"符号组合"，是语言学意义上的"能指"，即以人类感官所把握的物质性质的符号形式，来意指某种意义（"所指"）。同一文本在不同的语境或不同的媒介中出现，其意义也是不同的。如"国旗"，在现实生活中出现可能代表着国家的形象、国庆等特殊节日或仪式，在体育比赛中则象征着奖牌背后的国家荣誉，在网站上则代表着政府机关的权威等。

（二）文本性和互文性

从文本的定义看，人们在网上的行为最终都可能以某种文本的形式存在。除了人们习惯性地通过阅读接受或传播的各类音频、视频、图文等文本外，人们的社会行为、身体参数等也都经计算机终端采集并在数据库中分析后成为文本。"文本要如何组成才能有意义，实际上取决于接收者的意义构筑方式。接收者看到的文本，是介于发送者与接收者之间的一个相对独立的存在，它不是物的存在，而是意义关系。文本使符号表意跨越时间空间的间隔，成为一个过程。反过来说，通过表意过程，此符号组合就获得了'文本性'（textuality）。"② 如前所述的数字印迹，实际上就是对人们在搜索引擎中的搜索行为、在电子商务中的购买行为、对网络内容的阅读时间和注意力分配等"文本性"的体现。

传统意义上的"文本性"往往只是针对一种媒介和独立的传播过程。如一部电影，不管怎样剪辑，都需要通过一个完整的结构呈现出内容。而观众在观看一部电影时，总体上会对电影有一个明确的认知和概念，比如是什么题材的、采取怎样的手段与风格、讲述了怎样的故事等，而这一认知大体上会与电影创作者的创作目的与意图相关；但同时也会出现这样的情况，即在不同的情境、语境等环境下，观众对电影的解读可能是不一样的。如我们小时候看不懂的或不喜欢的电影，长大后却能够理解它背后的深意，或者说不同文化背景的人对某一部电影的解读也是不同的。

融媒体下的"文本性"就相对复杂，一是文本本身的结构千变万化，如一部电影可以有完整版、不同时长的压缩版、图文版，也有各种风格、角度和水平的评论；而传播者的背景与目的也不相同，这就大大增加了对文本意义体验的丰富性和理解的复杂性。更重要的是，不同文本之间也可能产生意义，这样就导致传者、受众、文本、媒介、效果及反馈原本简单的传播模式和效果

---

① 赵毅衡：《符号学：原理与推演》，南京大学出版社 2016 年版，第 42 页。
② 赵毅衡：《符号学：原理与推演》，南京大学出版社 2016 年版，第 42 页。

变得复杂。我们想象一下这样的场景，一个观众在网络搜索了战争电影"A"，数据库发现他经常搜索"战争"电影，于是在他经常浏览的新闻网页上推荐了战争电影"B"，同时提供了网友们对战争电影"B"的评论及购票网站链接——原本只是一个普通的信息搜索行为，在互联网中可能就引发了一次电影的消费。

"互文性一词指的是一个(或多个)信号系统被移至另一系统中。故此我们更倾向于取易位之意，因为它明确指出了一个能指体系向另一能指体系的过渡，出于切题的考虑，这种过渡要求重新组合文本。"①数字技术将几乎所有领域、所有信息统一在一个平台上，文本之间的关联与过渡变得尤为顺畅与自由。以网络中最普遍的功能——热链来看，它就非常容易形成两个文本之间的联系与过渡，进而产生"一个能指体系向另一能指体系过渡"，并因为这种过渡导致"重新组合文本"而产生新的意义。如我们在网上阅读新闻《全国"菜篮子"产品供应总量充足 市场运行总体平稳》时，网页下提供了诸如《当直播成为一种新农活儿》《"新基建"都有啥 官方解释来了!》等不同的新闻链接。如果从新闻《全国"菜篮子"产品供应总量充足 市场运行总体平稳》链接到《当直播成为一种新农活儿》，读者感受到的是新农业生态和市场的关系；但如果从《全国"菜篮子"产品供应总量充足 市场运行总体平稳》链接到《"新基建"都有啥　官方解释来了!》，读者则更容易感受到当前市场稳定和经济发展的社会整体状况。

二、互文角度下的叙事

以数据库为基础的 BBS 网络论坛、SNS 社交平台和超文本为超媒介影视叙事提供了技术可能。BBS（Bulletin Board System）是一种被称为电子布告栏系统的网络信息服务系统，它向网络用户提供公共电子白板，用户都可以在上面发布信息或提出看法。SNS（Social Network Sites）专指旨在帮助人们建立社会性网络的互联网应用服务，志趣相同的用户可以通过 SNS 形成群组、交流信息。"'超文本'最大的优越性在于，它把文本潜在的开放性、阅读单元离散性等特点和盘托出，使文本潜在的'互文性'彰明较著。"②

---

① [法]蒂费纳·萨默瓦约：《互文性研究》，邵炜译，天津人民出版社 2003 年版，第5 页。

② 陈定家：《"超文本"的兴起与网络时代的文学》，《中国社会科学》2007 年第 3 期，第 166 页。

（一）叙事结构的互文性

与传统叙事相比，融媒体叙事打破了单媒体线性叙事（影视叙事中虽然存在着基于蒙太奇、意识流等非线性叙事，但所有故事素材仍然是以单媒介时间线性的方式呈现在屏幕上的）的逻辑结构，强调信息的多元组织、媒介的开放结构和受众的主体解读。

媒体中的"互文性"具有两层含义：第一层含义是指不同媒体之间的文本循环，如电影海报、网络新闻或评论等；或诸如《三国演义》小说、电影、电视剧、动画片、漫画、连环画、创意摄影或各类游戏等相互关联而又彼此独立的文本形象。第二层含义指的是以一种媒介为原始材料而进行的多媒体互文生产，不同媒介文本处于互相影响、互相渗透、互为因果、互为源流、你中有我、我中有你的交融过程。① 这一层含义意味着真正意义上的融媒体互文——不同媒介中信息在接受主体的头脑中交流、融合、相互补充，最终形成完整的"知识拼图"。

如影片《科洛弗档案》（又名《苜蓿地》）被认为是一部互动式灾难片，它围绕美国军方在废墟中捡到的一盘坏录像带展开，故事讲述了主人公在不明怪兽（电影中并没有交代怪兽来历）追捕下的求生故事。在电影公映的同时，制片方在视频网站上透露油田被神秘生物摧毁的相关视频，在图片网站上刊登怪物袭击东京的系列漫画，观众通过视频和图片网站上公布的信息可以了解怪兽的来龙去脉，从而对整个影片有完整的理解。可以说，网络和手机等具有交互性的媒介的出现，为融媒体叙事提供了根本性的可能。传统传播中的受众在这一结构中获得了转换成传播者的可能。在这部电影中，在影视工作者和观众的共同努力下，官方信息（如官方网站、电影杂志等）和非官方信息组成了融媒体叙事信息的全部。由于两类叙述主体的立场差异和信息失衡，对同样事件因为聚焦不同可能会做出不同的解释。② 这些来源于不同信源和媒介的文本超越了平等重述的关系，它们以碎片式的"网状扩张性结构"相互寄生、混合、套嵌，交织纠缠成为"意义螺旋体"。③ 2012 年我国电视剧《甄嬛传》也采取了类似手

---

① ［英］利萨·泰勒、安德鲁·威利斯：《媒介研究：文本、机构与受众》，吴靖、黄佩译，北京大学出版社 2005 年版，第 75~76 页。

② ［荷］米克·巴尔：《叙述学：叙事理论导论》，谭君强译，中国社会科学出版社 2003 年版，第 194 页。

③ 陈定家：《"超文本"的兴起与网络时代的文学》，《中国社会科学》2007 年第 3 期，第 167 页。

法，剧中主要角色华妃、宜修皇后、雍正皇帝、太医温实初甚至太监总管苏培盛都在新浪开设加 V 认证的微博。这些"彩蛋"的存在，足以让搜索相关内容的观众感到意外惊喜并产生真假莫辨的错觉。

从联系的客观性和普遍性来说，"每个文本都联系着若干个文本，并且对这些文本起着复读、强调、浓缩、转移和深化的作用"。在联系的体系中，一个文本内部各要素之间和若干个文本之间存在相互影响、相互制约和相互作用的关系。

(二)叙事时空的互文性

从时间角度看，作为线性顺序的信息接收过程因为融媒体叙事结构的变化在内涵和外延上发生了根本性的变化。仍然以传统影视为例，"寻找故事的情节线索……成为故事发展的主要动力。……寻索是沿着一条时间线索来进行的，根据对寻索的分析而确定的不是共时性的模式，而是叙述的历时性要素"。① 影片结束意味着观众观影过程的结束，即传统影视叙事还具有类似人际面对面传播的共时性。对于融媒体影视叙事而言，影片结束并不代表观众接受行为的结束。观众可以在观影外继续"寻索"(这些信息的发布与获得往往不是同时的)，通过对其他媒介相关信息的搜集与判断，了解全部情节并最终完成观影。

如 2015 年 7 月 10 日动画电影《大圣归来》的公映，在引发了社会强烈关注的同时带动了 1964 年版动画片《大闹天宫》的热搜。这两部时隔半个世纪的电影在艺术风格和文化倾向上存在着明显差别，但在百度搜索关注度指数趋势上却存在着惊人的一致(虽然在比例上有所差别)。可以这样认为，作为媒介事件的《大圣归来》无疑勾起了中老年观众对半个世纪前动画片《大闹天宫》的集体记忆和年轻观众对《西游记》的好奇，爸爸妈妈们在带着孩子看《大圣归来》的同时，也会去搜索并带着孩子通过《大闹天宫》一起"怀旧"，因而带动了《大闹天宫》的网络搜索率和点击率(图 4-1)。

融媒体叙事的互文性、结构的复杂性、时空的开放性，以及在情节中设计的"彩蛋"，使传统媒体中的单一文本变成了很多"谜"一样的多种文本。观众接受融媒体叙事时更像侦探断案，他们通过综合所有信息完成"知识拼图"。"'人如果放弃对意义的焦虑，他就不再成其为人。'……人对意义的迫切要求，是迫切追求终极联系和终极归属的一种期盼，是人的形而上本性的

---

① 孙琳:《格雷马斯结构语义学批判》,《学术论坛》2011 年第 10 期, 第 74 页。

■ 大圣归来　■ 大闹天宫

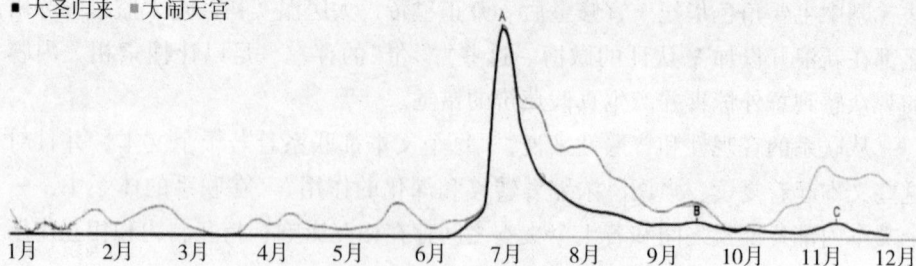

图 4-1　《大圣归来》与《大闹天宫》搜索趋势

一种需求和满足。"[①]解谜后的释然给观众带来的精神愉悦是传统影视作品无法替代的；而获得答案的观众有了向公众炫耀自己智商和知识的资本，通过在网络论坛中分享信息使他们得到肯定性的精神愉悦。

三、互文角度下的产业

20 世纪 90 年代后期，数字技术的发展与普及逐渐改变了人们的文化消费方式和文化产业的生产模式。1997 年第 1 次《中国互联网络发展状况统计报告》显示当时中国网络用户仅 62 万人，职业主要分布于计算机、教育和科研领域，平均周上网时长约 5 小时；2008 年 1 月第 21 次《中国互联网络发展状况统计报告》开始统计移动上网用户，当时有手机网民 5040 万人；2020 年 9 月第 46 次《中国互联网络发展状况统计报告》显示，我国共有网民 9.4 亿，手机网民 9.32 亿，用户周上网时长为 28 小时。图 4-2 反映出 2010 年以来以网络与手机为媒介的文化消费的变化。[②] 可以说，文化消费环境的改变促进了文化产业的数字化革命，传统传媒集团面临着巨大的挑战与机遇：一方面文化市场日渐饱和、跨界竞争不断加剧，具有先天网络基因的新型文化企业在与其争夺市场；另一方面技术优势和资本优势可以"简单粗暴"地转化为市场优势，"行业寡头化"和"跨行业合作"的文化产业生态正在形成，如果传统传媒集团能够借力政府政策和自由资本，顺应文化产业的变化，将会获得长足的发展。

---

① 郑丽娟：《再揭"斯芬克斯"之迹：人之存在及如何存在》，《武汉科技大学学报（社会科学版）》2011 年第 4 期，第 452 页。

② 参见中央网络安全和信息化领导小组办公室、国家互联网信息办公室、中国互联网络信息中心第 1 次、第 21 次、第 30 次、第 32 次、第 36 次、第 38 次、第 46 次中国互联网络发展状况统计报告。

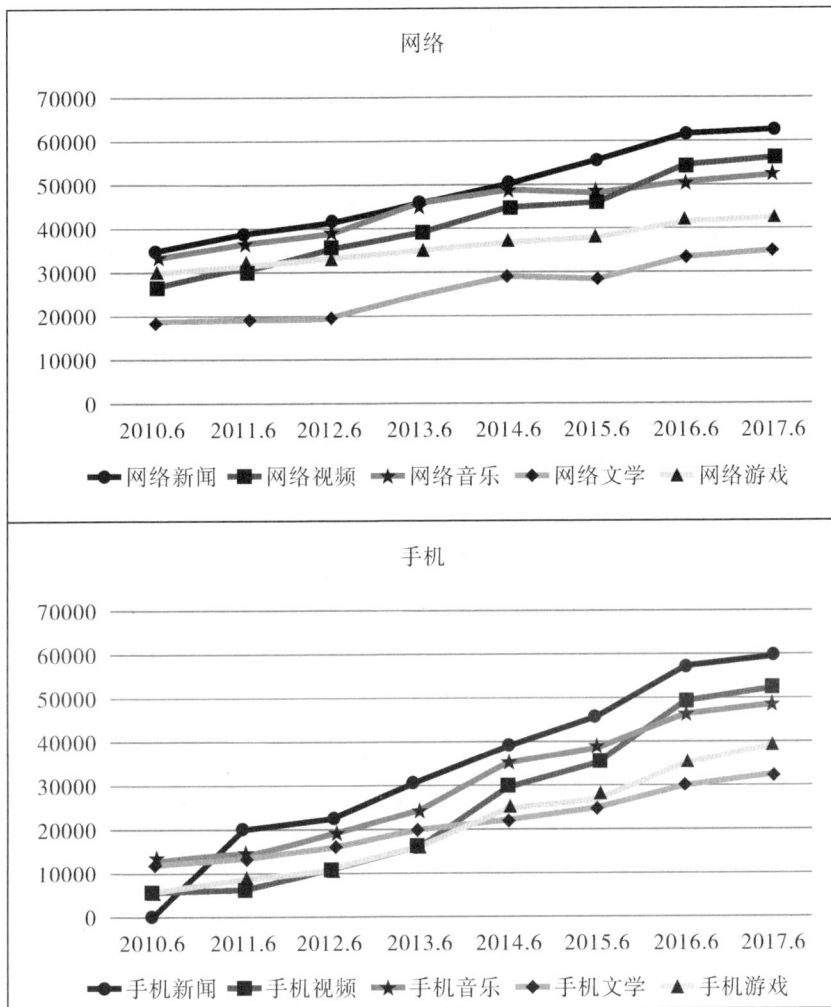

图 4-2 以网络与手机为媒介的文化消费趋势图

(一)数字出版的技术逻辑

纳绍荣在《PRINT'97 印刷产品纵览》一文中介绍了 1997 年 9 月 3 日国际印刷产品博览会的盛况,"全球 800 余家公司将展出的设备和技术涉及印刷、数字出版、柔性包装、纸箱加工设备及各类与印刷界有关的内容"。在该文中,数字出版仅包括在印刷生产流程、工艺技术和信息格式等方面的具体内容,"通过减小文件尺寸及根据多页服务分配工作,以最大限度地提高数字式文件传输速度，降低系统工作负荷"，在兼容性上"满足各类印刷者的需求，很容易匹配变更后的数字式工艺流程"，在可靠性方面"RIP 错误几乎均由 Post Script 装置消除，而平行操作方式确保工作的连续性"。①

随着社会对数字技术依赖的加深以及文化信息产业在社会生活中地位的提高，社会各界均意识到了媒介融合与产业融汇的可能及其潜在的巨大影响。早在 1999 年崔保国教授即指出："当信息、媒介和通信技术融合在一起时，各项产业之间以及它们的产品之间的传统界限将会打破。媒介融合也是当前通信、计算机和媒体产业中大量兼并和联合的直接原因。"②2014 年被称为中国媒体融合元年，传统传媒集团在经过了反思与探索之后，意识到融合的重要性。新华日报社党委书记、社长周跃敏意识到媒体融合不是多元载体的简单融合，不是现有出版流程和呈现形态的物理变更，而是全生产流程和组织架构的战略转型；③ 凤凰出版传媒集团利用所建设的凤凰云计算中心，将云储存、云桌面、行业云 3 梯次的服务功能与集团所积累的行业业务关系和内容资源相整合，为政府、企业、社会机构提供信息化服务，并通过二次深度开发将客户的信息资源转化为各种形态的出版资源。④ 2014 年 8 月 18 日中央全面深化改革领导小组第 4 次会议审议通过《关于推动传统媒体和新兴媒体融合发展的指导性意见》，指出：要按照积极推进、科学发展、规范管理、确保导向的要求，推动传统媒体和新兴媒体在内容、渠道、平台、经营、管理等方面深度融合，着力打造一批形态多样、手段先进、具有竞争力的新型主流媒体，建成几家拥有强大实力和传播力公信力影响力的新型媒体集团，形成立体多样、融合发展的现代传播体系。要一手抓融合，一手抓管理，确保融合发展始终沿着正确的方向推进。⑤ 可以说，传媒集团所担负社会责任的外在压力和新产业生态下自我发展的内在动力，要求传统传媒集团在数字出版领域与新型传媒集团相竞争，在制度的约束、资本的限制和结构的迟滞中寻求变局，正视、理解并把握传统主流媒体与新媒体实际上存在的文化冲突，在行业实践中完成蜕变。

---

①　纳绍荣：《PRINT' 97 印刷产品纵览》，《云南印刷》1998 年第 5 期，第 33 页。

②　崔保国：《技术创新与媒介变革》，《当代传播》1999 年第 6 期，第 25 页。

③　周跃敏：《报业集团如何布局全媒体》，《中国记者》2014 年第 6 期，第 6 页。

④　周斌：《跨界与融合——凤凰出版传媒集团对两个关键词的实践解读》，《科技与出版》2016 年第 12 期，第 30 页。

⑤　刘奇葆：《加快推动传统媒体和新兴媒体融合发展》，http://politics.people.com.cn/n/2014/0423/c1001-24930310.html。

（二）IP 定义：融媒体、全产业链的基因显现

IP 将集约化生产、产业链营销和注意力经济等特征集于一体，成为当下数字出版的热词。IP 是"Intellectual Property"或"Intellectual Property Right"的简写，被译为"知识产权"，即"智慧表达（权）、智慧表达成果（权）及复制权、传播权、使用最大化权三种性质不同的权利"。[①] 张玉敏教授认为："知识产权是民事主体所享有的支配创造性智力成果、商业标志以及其他具有商业价值的信息并排斥他人干涉的权利。"[②] 从这个角度看，知识产权首先作为一种法权，是创造性成果（如著作、专利）、经营性标记（如商标、商号）以及经营性资信（如商誉、特许）等为代表的无形财富客体，产权所有者对知识产权拥有可处分权。[③] 如美国迪士尼拥有米奇、唐老鸭、高飞和布鲁托等经典动漫形象的产权，仅 2004 年一年米奇形象就为迪士尼带来了 58 亿美元的收益。为了继续保持其高额利润，迪士尼斥巨资推动美国政府不断修改著作权法，使米奇的著作权期限最终从 1984 年延长到 2023 年，并注册了不少于 19 项关于"米奇"的商标。

当代文化的社会价值和经济价值往往是通过媒体的大规模传播在消费层面被体现并释放出来的。数字技术同时改变了信息流动模式与受众分布格局，传媒集团不得不面对一个无限竞争的市场和一个极为碎片化的受众群。传媒生态由此成为一个基于信息交互的网络生态，传媒集团与传播者、传媒集团与受众、受众与受众之间的关系复杂而丰富；因为时空的打破，即时、延时，同地、异地的文化信息得以在数字世界并存并任意流动；共平台化使文化信息在不同文化类型、产业类型上呈现出更丰富的"文本间性"，使文化创意具有更开放的想象力，获得了可持续性的再生与发扬。从更广阔的领域看，IP 已经超越了法权的范畴，实际上是一种"逐渐由'限制性生产场'转化为'大规模生产场'"的文化信息或观念。[④]

这一信息或观念可以是文学作品、角色形象甚至是诸如演艺界明星等具有社会影响力的公众人物或者精神符号。"以产业链视角看 IP，涉及另一个词DP，英语 Derivative Products 的缩写，为衍生产品，指由原生版权衍生出的影

① 徐瑄：《视阈融合下的知识产权诠释》，《中国社会科学》2011 年第 5 期，第 48 页。

② 张玉敏：《知识产权的概念和法律特征》，《现代法学》2001 年第 23 卷第 5 期，第 105 页。

③ 参见吴汉东：《无形财产权若干理论问题》，《法学研究》1997 年第 19 卷第 4 期，第 85 页。

④ 向勇、白晓晴：《网络文学 IP 价值的跨界开发策略》，《现代传播》2016 年第 8 期，第 111 页。

视内容、游戏、实景娱乐、玩具等一系列实体物品，广义的衍生产品还包括艺人经济、'粉丝'经济等一系列新的业务模式。从 IP 到 DP，实质上就是基于 IP 的全产业链开发问题。"①如凤凰出版传媒集团整合了旗下的三家影视公司和一家全媒体版权运营公司，尝试通过文学作品版权的全媒体运营，带动文学图书的销售，延长其生命周期，提升文学作品的附加值。由译林出版社改编的同名电影《左耳》在电影票房达到 5 个亿的同时，舞台剧《左耳》也在全国巡演，以内容为核心的产业链延伸进一步带动了图书的销售。因此，所谓的 IP 生产实际上意味着针对某种意义、符号、内容所进行的多元化、跨领域的大规模的文化生产。

（三）IP 手段：注意力市场引发的情感共鸣

对于 IP 产品而言，保有粉丝或受众的数量和黏度至关重要。然而，数字时代的海量信息与受众的有限注意力之间存在着二律背反的矛盾："人不可能获得尚未发生事情的信息""人不可能穷尽各种或然的方案并比较其优劣""人不可能在事前了解他人对同一信息的反应"。② 只有到达受众并获得他们注意和认同的信息才能引发受众的文化消费，其他的任何信息对受众而言都是噪音。经济学中"20/80 法则""10/80 法则"和"斯特金法则"③等概念的依次出现，实际上就反映出注意力在信息时代对商品市场所造成的影响以及竞争的残酷性。1990 年心理学家沃伦·桑盖特最先使用"注意力经济"这一概念，指出"人们的注意力将成为商业模式价值的源泉，获得注意力就意味着获得财富"；④ 1996 年英特尔公司前任总裁葛鲁夫提出，"谁能吸引更多的注意力，谁就能成为下个世纪的主宰"；⑤ 1997 年 Michael H. Goldhaber 在美国 *Hot Wired* 上发表了《注意力购买者》（*Attention Shoppers*）一文，针对过剩的信息和稀缺的注意力之间的矛盾，提出以最低成本去吸引用户或消费者的注意力，通过培养

---

① 石群峰、晏萌：《从 IP 到 DP：全产业链开发的难点与出路》，《传媒》2016 年第 7 期，第 80 页。

② ［美］赫伯特·A. 西蒙：《管理行为》，杨砾等译，北京经济学院出版社 1988 年版，第 18 页。

③ 20/80 法则认为，20%的产品带来 80%的销量（通常还有 100%的利润）；10/80 法则认为现在 10%的产品带来 80%的销量；斯特金法则认为"任何事物 90%都是无用的渣滓"。参见［美］克里斯·安德森：《长尾理论》，乔江涛译，中信出版社 2009 年版。

④ 转引自李涛：《从"注意力经济"看传统经济理论的回归》，《学海》2000 年第 5 期，第 68 页。

⑤ 转引自聂磊、丁海：《注意力经济初探》，《科技进步与对策》2000 年第 17 卷第 8 期，第 119 页。

其潜在的消费群体，以期获得最大的未来无形资产。可以说，注意力经济学的理论基础在于对农业社会、工业社会和信息社会不同核心资源的判断，注意力资源在信息社会代替土地资源和能源资源成为社会的核心资源。

经济学只解决了注意力与文化生产之间的关系，却没有真正解决如何引发受众消费行为的问题。"注意……是心理活动的指向性"，① 既包括在同一时间内各种有关的心理活动共同集中于一定的刺激，也包括维持这种指向使活动不断深入的可能性。作为人脑信息加工的第一步，(无意)注意的形成主要来自刺激物特点和人本身的状态两个方面。认知心理的发生过程最终呈现出这样的事实：注意仅是认知的前提，在行动之前还有决策过程；(认)知、情(绪)、意(志)都是触发行(为)的因素。如果需要引发受众的行为，使其对注意对象产生积极的内在体验是必要条件。"IP 实质就是经过市场验证的用户的情感承载，或者是说在创意产业里面，经市场验证的用户需求。'用户情感共鸣'是这个概念里的核心元素，它不仅仅是一种符号，而是知识产权和创意产业里面代表的情感。"②也就是说，社会虽然关心某一文化产品的知识产权，但产业可能更关心其引发受众的积极情感并具有可持续开发和不断迁移的想象力的可能性及其潜在的变现价值。此外，受众为注意力和情绪所愿意付出的意志成本也在考虑之列。IP 产品的易得性来源于三个方面，一是 IP 产品具有足够宽广的宣传力度；二是 IP 产品具有相对的刺激性和新异性，包括各类"脑洞大开"的文创产品、网络"标题党"和极端的亚文化产品；三是降低消费 IP 文化产品的技术成本，使受众能够便捷地搜索并消费 IP 文化产品。

(四)IP 生产：产业资本的期待与运营

随着居民收入与对文化娱乐需求的增加，以数字出版为代表的文化产业成为产业发展的主要增长极。在这样的背景下，有三个现象值得关注：一是以报刊出版为代表的传统产业面临严峻挑战；二是新媒体公司资产规模与利润持续增长；三是出版传媒集团经营情况出现明显差异，传统出版与新兴出版融合发展不断深化。③ 当今的经济环境下资本往往伴随着信息流动，"艺术生产从个体劳动转变为一种社会化大生产的分工体系"。④ 从行业数据中我们可以发现，

---

① 柳友荣：《现代心理学基础》，安徽人民出版社 2011 年版，第 24 页。

② 程武、李清：《IP 热潮的背后与泛娱乐思维下的未来电影》，《当代电影》2015 年第 9 期，第 18 页。

③ 参见国家新闻出版广电总局公布的《2015 年新闻出版产业分析报告》和《2014 年新闻出版产业分析报告》。

④ 荣跃明：《超越文化产业：创意产业的本质与特征》，《毛泽东邓小平理论研究》2004 年第 5 期，第 21 页。

目前以报刊出版和广播电视为代表的传统传媒产业的式微，主要因素在于受众的文化消费倾向于以手机和移动网络为代表的数字媒体，而行业资本与利润也从传统媒体向数字媒体倾斜。上市公司业绩优良和出版传媒集团经营分化，更是直接反映出资本的决定性作用。① 2014 年，凤凰传媒收购了美国出版国际有限公司童书业务项目(以下简称 PIL 项目)，在产品、渠道等方面产生了显著的协同效应，不仅获得美、欧、亚等四大洲七个国家的有声童书资产与业务，而且拥有迪士尼、芝麻街、梦工厂、孩之宝等国际一流品牌的形象授权及沃尔玛、玩具反斗城等全球市场销售网络，有效延伸了产业链条。

文化生产"与物质生产一样由生产与消费、生产者、产品与消费者等要素构成"，"会受到时代经济生产力和生产关系的影响和制约；艺术创作本身也有生产力和生产关系的问题"。② IP 生产作为文化产业中的一个类型，是通过资本市场实现的。"'互联网+文化产业'的价值增长有两条基本原则：其一是通过规模优势增长价值，二是通过独特性增长价值。……两个价值增长的基本原则可视作'互联网+文化产业'的价值链缩影。"③ IP 生产是这两个原则的具体体现：独特性原则是 IP 产品的法权与创意排他性的体现，使 IP 产品能够凸显于其他文化产品，便于受众分配注意力；规模优势则体现为社会资本的积聚和推动，获得资本支持的 IP 产品可以在拟态环境中形成更鲜明的议程。从美国的漫威系列、日本的《名侦探柯南》以及中国的《花千骨》和《爸爸去哪儿》等具有明确著作版权的文艺形象或作品的产业布局，甚至对于像韩寒④这样具有鲜明跨行业特色明星最大社会价值和经济价值的挖掘，都需要调动整个甚至多个产业链的资源。以数字技术推动的"媒介融合"，实际上也促进了资本的融合：资本在各个相关领域自由流通，通过以效益为目标的经营方式和组织形式，实现资本在"无国界化经济的趋势"下"量的扩大"和"质的深化"。⑤ 资本很乐意围绕某个"IP"或类"IP"产品进行营销挖掘和推广，IP 通过其已有的社会影响

① 参见国家新闻出版广电总局公布的《2016 年出版传媒上市公司上半年经营情况分析报告》。

② 参见陈学明：《西方马克思主义教程》，高等教育出版社 2001 年版，第 344~345 页。

③ 陈少峰：《"互联网+文化产业"的价值链思考》，《北京联合大学学报(人文社会科学版)》2015 年第 13 卷第 4 期，第 8 页。

④ 韩寒是中国作家、导演、职业赛车手，电影《乘风破浪》的编剧与导演，该片讲述了赛车手阿浪的意外经历。

⑤ ［日］村上泰亮：《反古典的政治经济学(上)》，张季风等译，北京大学出版社 2013 年版，第 174~175 页。

力证明其高收益和低风险的经济潜力；跨行业及跨地域的资本相互协作，增加了资本增值的可能并降低了资本的风险。从这个角度看，IP最终"与资本的生产与再生产有关"，[①] 即使不是文化产业资本所依附的主要手段，也是重要手段之一。基于注意力这种稀缺资源的生产、加工、分配、交换和消费的新型经济形态已经形成，影视、文学、游戏等文化产业不断在构筑注意力经济的生态系统，并获得尽可能大的利润。[②]

因此，消费者的注意力及其所蕴含的主体性成为文化产业不得不面对的关键因素。"注意力经济"被修正为"影响力经济"，甚而"意向经济"。意向经济试图从受众主体的角度解决市场核心问题，强调"是买家选择卖家……需求将比以往任何时候都更直接、有效，并压倒性地推动产品供应。供应商必须对客户的真实意向有所响应，而不是争夺他们的注意力"。[③] 只有当受众注意到并愿意为文化产品付出情感和金钱时，文化生产企业才能够获得相应的利润并实现其社会、经济上的价值。

(五)如何挖掘并实现IP的价值

挖掘与实现IP价值的途径是：发现IP、开发IP、提高IP的市场关注度和受众认可度、保持IP的长尾价值。既然IP是数字技术、受众注意力与情感、文化生产者和自由资本联合作用的结果，IP的生产就受到互联网文化边际下的留存深度、无远弗届的传播广度和文化主体的认知程度等三个因素的制约与影响。

IP留存的技术前提在于融合媒介平台上的信息自由流动，以及文化产品存储的低成本性。数字信息的自由转换与流动、现实空间的打破和时间的延宕，促进了文化产品与资本价值、生产者与消费者的共平台化。工业时代的产业结构特征是集团内部的条块性、层级化结构，这种按照某种线性逻辑的文化生产模式和工作范式完全不能适应数字环境下的当下技术环境与媒介生态的具体要求。数字技术作为媒介生态和市场生态的新型技术，将促成体系结构、生产与管理模式的深刻变革。"媒体融合不是多元载体对新闻资讯的简单融合，不是现有报纸出版流程和呈现形态的物理变更，而是一种从信息采集到加工处

---

① 杨新敏：《IP影视：概念与诉求》，《中国电视》2016年第3期，第96页。

② 张雷：《经济和传媒联姻：西方注意力经济学派及其理论贡献》，《当代传播》2008年第1期，第22页。

③ 周文等：《经济理论的新视角：意向经济探究》，《社会科学战线》2016年第12期，第33页。

理，从传播路径到呈现形态，从组织架构到绩效考核，都需要重新再造的战略转型。"①面对数字技术和媒体市场的倒逼，传统媒体如果还只是在技术层面上做隔靴搔痒式的微调，必然导致原有体制与现有生产模式之间的强烈内耗，丧失先发的品牌、资源、渠道和人才优势。

"从经济学角度来看，实际上人们消费它(传媒产品)的不只是信息，而是信息里所包含的内容、文化和意义。因此，它是一种意义产品，它对应的是人们的消费行为。"②有些意义作为 IP 早已深入人心，不断地被文化资本开发利用。如前所述，以《西游记》为代表的中国古代文学作品或形象被开发成网络小说、影视剧、游戏等多种文化产品，重新并持续焕发出了生命力。安德森认为："由于货架空间是没有租金的(对 iTunes 这样的纯数字服务来说，生产成本为零，流通成本也几乎不存在)……如果你可以大大降低供给与需求的连接成本，那么你能改变的不仅仅是数字，还有市场的整个内涵。这不仅是一个量的变化，也是一个质的变化。"③数字技术的发展使文化信息的存储成本大大降低，IP 产品作为利基产品长期留存于媒介之中，等待受众对其的再次关注。

对于受众而言，如何处理海量信息并从中选择、决定其将要消费的信息，除了自我的喜好之外，更多依赖于其对外部信息的接收与关注。杨国彬认为："网络事件的发生，是一个情感动员的过程。"④IP 作为在网络媒介生态中的文化现象，是媒体通过某种信息"动员"受众情感的结果；情感的丰富性导致了 IP 营销手段的多样性。需要注意的是，一旦资本进入文化产业市场，其逐利性、盲目性，可能会导致其无所不用其极地吸引受众注意力。"奇观"经营、情绪消费、解构经典、标题党、庸俗媚俗等诸多问题的出现，其背后往往都有资本的推手。另外，"数字媒体对注意力的测量已经大大提高了准确性，注意力商品交易的信用也大大增加"。⑤ 在数字技术的帮助下，商家可以跟踪到每一个受众的注意力并对全社会数据进行统计与预测。如果传媒工作者放弃了自

---

① 周跃敏：《报业集团如何布局全媒体》，《中国记者》2014 年第 6 期，第 15 页。

② 谭天：《传媒经济的本质是意义经济》，《国际新闻界》2010 年第 7 期，第 73～74 页。

③ ［美］克里斯·安德森：《长尾理论》，乔江涛译，中信出版社 2009 年版，第 13～15 页。

④ 杨国彬：《悲情与戏谑：网络事件中的情感动员》，《传播与社会学刊》2009 年第 9 期，第 41 页。

⑤ 张雷：《新媒体引发的通货革命——注意力货币化与媒体职能的银行化》，《新闻与传播研究》2013 年第 4 期，第 55 页。

己的主体性，盲目追随资本与数据，实际上是对 IP 生产"质"的误解。媒体影响力的"质"，指的是媒体的公信力和受众的专注度(受众接触特定媒体的时间长短)，反映了受众对媒体的信任与依赖程度，即媒体影响力的深度。[①] IP 产品的"质"是保证其生命力长久和注意力持续(长尾)的核心内容。"质"除了传统意义上的"内容为王"，即强调内容的艺术性、思想性之外，还包括对受众的吸引程度，抑或说是受众对内容的使用与满足程度。马斯洛简明扼要地表达了受众对 IP 的心理需求，感性刺激多属于较为低级的生存与安全的需要，而真正能够引发受众积极心理需求与情感的应该是情感与归属、尊重和自我价值的实现等需求。

本章小结

本章探讨了媒体融合的基本理论来源，通过文本、文本性和互文等概念的阐述，指出媒体融合实际上是不同文本在数字平台上的信息建构，从而可以产生新的意义。从微观角度看，不同媒体上信息方式的存在与组合，不仅可以使传统媒体中的信息内容得以多样化呈现，而且伴随着数字媒体及其观念的发展产生出新的叙事方式。从宏观角度看，数字平台上的信息流动和数字出版产业的发展，使得 IP 的概念被重视，需要相关企业部门能够应对媒体融合背后的版权价值与产业结构的变化，顺应时代的发展。

【思考题】

1. 试分析文本、文本性和互文的关系。
2. 试从互文角度分析当下社交平台中具有哪些特点和功能？
3. 试分析当下 IP 电视剧生产的优势与劣势。

---

① 蓝燕玲:《解析"媒体影响力":内涵、价值与提升》,《新闻界》2013 年第 23 期,第 30 页。

第五章　媒体融合营销

　　媒体融合的本质诉求是发展，核心动力是经济。媒体融合简单地说就是生产更好的新闻、实现更广的传播、压缩更多的成本、获取更大的利润，进而赢得可持续发展竞争力。因此，传统媒体与新兴媒体的融合营销是媒体融合研究者、从业者关注的重点。

　　媒体融合发展既有意识形态的期待，也有市场化和经济发展的诉求。媒体融合分为政府推动的融合和市场驱动的融合。前一种融合的技术投入资金相当一部分来自政府，许多媒体得到了数千万、上亿元的政府资金扶持。如新华社、人民日报、中央广播电视总台等媒体都或多或少获得了国家有关政策的扶持，省市级媒体融合的技术投入也大多获得了当地政府上亿或数千万元的资金投入，而县级融媒体中心建设资金则基本上都是县级财政投入。后一种融合需要大量资本投入，需要与互联网等企业合作。与互联网企业合作谈何容易？许多传统媒体将项目化、资本化作为其改革和发展的追求与目标，但在实际运行中困难重重。原创内容的吸引力、影响力不强，没有独特的、强大的渠道与平台，凭什么吸引互联网企业的资本投入？

　　基于互联网而产生的新媒体更便捷、更温馨、更深入的交流及互动方式，不仅让传统媒体相形见绌，也颠覆了原有的营销模式。检验媒体融合成效的标尺是融合生产传播的业绩、多渠道发布机制的确立、多终端用户服务和全方位市场营销的价值最大化。其中，如何不断提高新老媒体融合营销的质量与效益是研究者、从业者面临的紧迫课题。

第一节　融合营销的传媒经济学分析

　　媒体融合发展的理论研究与实践探索客观上需要传媒经济学理论的滋养。国内高校新闻学、传播学、戏剧影视学的学生们大多没有系统学习过宏观经济学、微观经济学和管理经济学。虽然有些学校开了传媒经济学的课程，但理论与实践相结合的教学改革明显滞后。传媒经济学是经济学的一个分支，涵盖了微观经济学和管理经济学的许多原理，融合了新闻学、传播学与经济学，具有跨学科属性。"传媒经济学是在多学科的交叉地带形成的一种边缘学科，因此，它就不可避免地带有原学科的特点。也就是说，传媒经济学不仅仅具有经济学的特点，而且还具有传播学（理论传播学和应用传播学）、新闻学、信息科学的特点。"①

有学者将媒介经济学与传媒经济学的概念作了比较分析与研究，认为："将传媒经济学研究的范围、问题和方法较为严格地限定在经济学范畴之内，将媒介经营和管理的内容归入媒介管理学（Media Management）的范畴，将媒介和媒体的特性和功能的研究归入新闻学和传播学范畴。"②无论是媒介经济学、媒体经济学，还是传媒经济学，我们都应全面考量、考察媒介经营与管理活动全过程。传媒经济学的研究应包括媒介或媒体的生产、分配、交换、消费及其所有的经营与管理活动和问题、方法。如果将传媒经济学的研究范围严格限定在经济学范畴，将媒介经营与管理排除在外，那么，传媒经济学的研究就过于单一，而没有形成交叉融合研究的学科特色与作用。传媒经济学主要研究媒介、媒介产品、媒介市场以及政府对媒介市场进行管制的政策、行为及其效果，对媒介、媒介产业的性质、媒体经济运行过程及特性的规律性进行描述、分析和解释说明。此外，传媒经济学还要研究媒体的经营管理政策与制度，媒介产品及其相关联的用户、广告客户等。

微观经济学研究的是单个经济单位的行为，特别是厂商和家庭，以及相对价格在影响行为过程中所扮演的角色。管理经济学指的是经济学概念、原理以及工具在管理决策中的应用，而媒介经济学主要研究传媒业特定的商业模式、特定的双重属性和媒介产业化规律。从文化产业化和媒体经营实践来看，将经济规律和理论具体应用于传媒产业和传媒机构意义深远。因为传媒经济学的研究有助于解析经济影响力如何引导、指导或限制传媒活动，以及它如何对传媒市场的具体动态产生影响。

1925 年，美国威斯康星大学的社会学和经济学教授杰米出版了《广播经济学》一书，他提出"广播经济学"并进行了相关研究。开展传媒经济研究始于 20 世纪 50 年代，罗伯特·皮卡特曾就 20 世纪 50 年代至 21 世纪初的媒介经济学的历史、方法与范例进行了梳理，回顾各个时期媒介经济学的研究方法、研究

---

① 周鸿铎：《传媒经济学教程》，首都经济贸易大学出版社 2007 年版，第 27~28 页。

② 丁和根：《"媒介经济学"还是"传媒经济学"》，《新闻与传播研究》2015 年第 5 期，第 120 页。

议题与主要成果，他认为目前的传媒经济学正被传媒性质的变化和传媒体系与公司的运营所推动。①

20世纪70年代到80年代早期是传媒经济学的萌芽期。在此时期，随着经济学研究领域的拓展，许多宏观或微观经济学的学者越来越关注日益强势、发展迅速的传媒业，期望用经济学的范式来研究媒介生产、传播与营销过程中的特定问题和特殊现象。与此同时，传播学也急需寻找到新的学术空间和研究领域来剖析、研究传媒业日益引人注目的市场化及产业化趋势。此时的传媒经济学研究具有较强依附性、实证性和对策性，原创性研究缺乏。在以罗伯特·皮卡特为首的研究共同体的推进下，1987年媒介经济学领域诞生了它的"旗舰期刊"——《媒介经济学刊》。此后，随着传媒经济的社会影响力日益扩大，引发新闻学、传播学、经济学、政治学等学科学者的关注与重视，纷纷将传媒经济纳入自己学科的研究领域，从而奠定了媒介经济学多学科融合的学理基础，媒介经济学学科进入快速发展时期。20世纪90年代后期至今，宏观经济问题，譬如经济萧条对传媒的影响以及全球经济中的传媒制约开始被关注。学者们更加强调分析传媒公司的市场环境和行为而不是单论市场，这一时期开始涌现了对传媒帝国的研究、对公司继承的研究、对兼并收购的研究、对公司比较战略的研究、对公司选择的研究以及对公司经济学和财务学的研究等。21世纪以来，对于互动电视收入和商业模式、网上内容及免费报纸的探讨逐渐成为研究热点。

"中国传媒经济研究在萌芽期集中论证了传媒的经济属性，确立了传媒经济研究的合理性和可能性。"②1981年北京新闻学会提出应当建立一门"新闻经济学"，要求树立"新闻单位既是党的宣传事业，又是一个经济实体，实行企业管理"的观点，认为该学科应涵盖报纸发行、广告经营、读者调查、生产要素等多方面研究。③紧接着，广电媒体也做出了响应，1983年第11次全国广播电视工作会议明确提出"四级办台，混合覆盖""改革管理体制，开展多种经营"的指导方针，将广播电视经营管理研究提上了议程，并于1984年明确了"广播电视经济学"概念。1990年周鸿铎所著《广播电视经济学》出版，提出了

---

①　Johannes Bauer, Steven Lacy, Steven Wildman. *Repositioning the Journal of Media Econ- lmics：A Brief Note From the Editors*[J]. Journal of Media Economics, 2006(1)：3.

②　卜彦芳、董紫薇：《历史进路、理论记忆与框架建构：中国传媒经济研究四十年》，《现代传播》2019年第5期，第127页。

③　安岗：《我们能不能建立一门新闻经济学?》，《新闻战线》1981年第3期，第15页。

"广播电视也是生产力""广播电视产品具有商品属性"①等论断。

改革开放 40 余年来，我国传媒经济学的研究从当初的单一传媒经济现象如自办发行、广告插播，到媒体市场化、集团化再到产业化、移动优先、付费营销、融合营销，一步步向纵深拓展。

媒体融合必然导致传媒产业融合。融生产、融传播催生融营销，进而促成传媒产业的融合。媒体融合时代，传媒经济学的研究重点是技术与营销的融合：大数据、人工智能驱动下的营销创新；全方位融合营销：跨媒介、跨地区、跨行业的营销理念与路径；融合营销的模式与效益：裂变营销、数字营销、精准营销、社交营销及其盈利最大化的策略。

第二节　技术与营销融合

从传统媒体到互联网、移动互联网媒体，再到自媒体，从图文资讯时代进入短视频、音视频、直播时代，技术一直在引领营销方式变革。2019 年 6 月 6 日 5G 牌照正式颁发给三大运营商及广电后，中国迎来 5G 重要元年。5G 将驱动超高清视频产业链发展以及融媒大潮。在传统媒体与新兴媒体深度融合发展进程中，媒体的演变趋势呈现为从融媒体走向智媒体的鲜明特征。物联网、大数据、人工智能等技术应用已经越来越多地介入媒体营销之中。技术革新以三种方式对传媒市场发挥着潜在的影响：使内容传播渠道多元化；引入新内容组合；导入各种新的内容选择。②

一、媒体融合技术与品牌研发培育

媒体融合技术可以引领、支撑、保障品牌研发与培育。传媒人一直将新媒介技术当做工具来使用。"从传统媒体接触运用新媒介的历程来看，一般经历了新媒介工具性使用、内容融合和基于新媒介特性思考问题等三个阶段。"③互联网正在不断打破产业之间的界限，科技与传媒的融合越来越超出人们的预料。互联网的先进技术绝大多数掌握在商业网站手里，而不是在传媒机构手

---

① 周鸿铎：《探讨广播电视事业的经济属性》，《中国广播电视学刊》1989 年第 5 期，第 4 页。

② [美]阿尔瓦兰主编：《传媒经济与管理学导论》，崔保国、杭敏、徐佳等译，清华大学出版社 2010 年版，第 599 页。

③ 廖文峰、张新新：《数字出版发展三阶段论》，《科技与出版》2015 年第 7 期，第 87~90 页。

里。因为技术问题，许多媒体不得不将优质内容拱手相让给商业公司、互联网站。传媒机构的每一次营销变革和模式创新都离不开技术的驱动、支撑、引领。"从传播技术角度看，媒体的发展总是与技术的创新紧密联系在一起。新兴媒体诞生和发展的过程，实际上就是网络技术和信息内容相互结合与发展的过程。技术与内容互为支撑、相互融合，共同构成核心竞争力。"①

媒体必须靠新技术与新艺术(传播内容的艺术表达)的融合，求新、求变，研发独特的技术，设计、创造独特的传媒产品来迅速占领市场。新传播技术与新传播艺术的深刻交融是媒体融合的基础。路透社亚洲区媒体运营执行总裁李家惠认为："绝对不要害怕技术，因为技术其实是新闻的一部分，用了技术我们才能打造更强的品牌。"问题是没有多少人能真正意识到技术是新闻的一部分。技术与新闻内容生产密不可分，实践证明，分则两损，融则共荣。

对于内容生产和技术部门而言，其最核心、最重要的工作是融合新闻与技术的资源，同向发力引领、支撑、保障品牌的研发、传播、培育。建构融媒体新闻中心，推进集成创新，自主开发满足多媒体传播需要的技术系统，如iStudio系统、视频新闻Xnews系统。这是分散采集、集中编辑，一次生产、多平台发布的技术支撑。"新媒体技术不单是一种知识论的技术事实，更是一种实践论的价值事实，日常生活的媒介化、媒介技术的意识形态表意、新媒体技术美学的商品化叙事共同构成了它的实践论论域。"②

传统媒体的负责人亟待确立技术、内容同等重要的观念。某传统主流媒体一位副台长因为兼任技术中心主任，同时分管新闻内容生产和技术工作，两年内带领攻关团队成员先后创办了《民声》《亮见》《创赢未来》等全国名牌栏目，其创新实践表明，内容与技术的融合是超常规创办新栏目、研发融产品的决定性因素之一。技术支撑新兴媒体研发全新的内容生产模式，进而消解了电视等传统媒体在内容生产方面的优势，网络等信息媒体已经成为主流媒体的重要组成部分，并正在为确立主流媒体的地位而拼搏。因此，电视等传统媒体要在新传播技术与新传播艺术的融合中夺回产品研发传播的先机。以智能设备为代表的新技术促使新闻生产、传播方式的多样化，传感器、人工智能软件、GPS定位等一系列技术在新闻采集、管理、发布过程中的应用必将助推新老媒体深度融合发展。

---

① 评论员：《着力做好媒体融合发展这篇大文章》，《求是》2015年第17期，第9页。
② 李胜清：《新媒体技术的实践论命意解读》，《湖南科技大学学报(社会科学版)》2012年第4期，第166页。

融媒体时代，传统媒体与新兴媒体争夺新技术的支撑与保障是必然趋势。每一个品牌的诞生都离不开技术的引领、支撑和保障，不仅产品策划、设计、研发要依靠技术，产品传播要依靠技术，品牌培育与锻造也要依靠技术。智能时代，无技术非品牌，这是长期的新闻创新实践和品牌塑造经验与教训总结后得出的结论。

二、大数据驱动精准化营销

技术在驱动内容生产传播多元化、移动化的同时，也在驱动传媒市场的拓展与分割。微信、抖音、快手等在重构媒体与用户关系的同时正在颠覆传统媒体原有的营销模式，并迅速抢占了传统媒体曾经垄断的传媒市场。

在传统商业时代，传媒机构依靠传统的市场调查及收视率（读报率）来了解、分析、确定广告用户的需求和广告投放策略。显然，在全媒体时代，这种传统的营销方式已被淘汰。由于新技术新应用不断促进传播方式的创新，全程、全息、全员、全效媒体的出现及全媒体传播趋势也让用户在消费新闻资讯及穿插其间的广告产品时不再单一而刻板，于是，为避免盲目投放，提高营销的精准度，广告业主及其代理商越来越重视、依赖大数据。

在大数据时代，数据不仅是生产传媒产品、创造品牌的依据，也是传媒机构选择及制定营销策略、模式和路径的依据，是其生产、传播、营销整个过程的基本要素。数据的收集、分析与应用不仅决定其产品的研发质量，也决定其产品是否适销对路，能否赢得用户的喜爱。传媒机构的营销部门在组织、策划所有的经营活动时都越来越自觉地、有目的地选择、分析、应用大数据，从而不断提升其营销活动的针对性、精准度和盈利率。数据与数据分析是融合营销的核心，通过分析收集的数据来发现新用户、新营销空间；通过搜寻到的数据来监视广告、活动等融合营销的效果，追踪用户消费行为，及时调整、变更相关方案以增加流量、黏性等，因此，数据就是生产力，数据就是价值和盈利点。

只有通过人工智能和大数据分析，实现对用户个性化需求的洞察，在多媒介、多平台上进行有的放矢的营销，才能实现广告信息触达用户的针对性和精准度要求。基于用户收视习惯和视频智能分析，在短视频、微纪录片或网剧中，我们可选择恰当位置智能推送广告，将广告中的视听语言融入正在播出的内容中，通过自然语言处理、语音识别、图像识别等，辅以大数据算法，实现传播内容与广告客户设定的关键词自然重合，自动匹配，让广告潜移默化、自然而然地融入正在播映的场景之中，尽可能直击用户关心的热点、冰点或痛点，充分展示技术赋能营销传播的力量。

在传媒产品的消费实践中，每一个用户都是有需求、有情绪、有个性、有习惯的，为此，传媒机构的营销部门要深度挖掘大数据，细分各地用户的年龄、性别、收入、文化、偏好及消费方式、时段、习惯等，通过相关数据分析，制定融合营销的方式方法。基于用户喜好、习惯的分析来实现与用户的沟通与互助，切实提升营销精准度和持续提高营销效益。迪士尼公司特别注重数据化、智能化的营销创新，通过自有及合作数据的交叉分析进行受众细分，再通过与数据公司 LiveRamp 或甲骨文的 BlueKai 进行消费者数据匹配，广告商一次购买，就可以实现对 ESPN、ABC 和 Freeform 等不同平台的目标用户的精准送达。

三、媒体融合技术引领营销策略优化

多年来，在传统媒体内，技术与营销分属不同的部门。这两个部门又由不同的领导来分管，工作中，基本上老死不相往来，既没有什么业务交叉与合作，也没有大的矛盾与冲突。技术与营销分离导致媒体营销盲目、武断，效益低下。在智媒时代，任何一家媒体的营销活动特别是营销策略的制定与优化离不开技术引领，依靠大数据、人工智能等技术，基于"协同过滤"技术的推荐引擎引领、促进传媒营销策略优化是大趋势。

人工智能、大数据为智能创作、生产、播放、营销提供了重要的技术支持，互联网时代用户在海量内容中浏览和检索内容，创作者和平台为用户个性化创作其喜欢的内容，营销人员成为懂内容、懂用户、会合作的伙伴。

（一）因地制宜制定切实可行的营销战略

全媒体时代，营销策略优化的主要思路是开展跨媒介、跨地区、跨行业的综合营销。所谓"三跨营销"是指在大数据、人工智能、5G 等技术引领、支撑和保障下，针对用户所产生的市场需求，深度融合相关地区、行业及各媒介所拥有的资源，开展全方位市场开拓，以实现高度协同、优势互补、盈利最大化的营销方式。"三跨营销"是全方位融合营销，其核心是实现资源利用最大化，在构建传媒经济新价值链的同时，寻求综合效益最大化和可持续发展。

实施"三跨融合"才能有效拓宽多元营销渠道。在媒介融合进程中，媒体施行跨产业、跨地区融合已是大势所趋。在"三跨融合"中，媒体与相关产业以效益最大化为目标诉求，跨越原来区域划分或产业分类之界，在资源共享的同时相互渗透形成一个新的产业框架结构。媒体通过技术支持、内容共享和业务关联，共同建设基于大数据和新闻热点发现与事件追踪的新媒体平台，借此不但可以向不同行业客户提供领先的媒体融合数据，还能通过"传媒+"战略的

实施，对产业内的线上、线下实体经济资源进行整合，借此实现传媒产业的发展。更重要的是，在产业融合的时代背景下，越来越多的传统媒体开始主动出击，以创新的心态、跨界的行为，让传媒工作从产业链的底端逐级向中高端迈进，让传媒产业布局变得更加合理和高效。① "互联网+"引领、促进了媒体与相关产业的跨界融合，互联网+电视、互联网+广播、互联网+报纸等应运而生。"新闻传播业要克服自身在硬件和技术方面的短板，必须跨界合作、借力发展，让科技、智能、金融协同发力，把握利益价值链多重环节，将新闻传播与其他服务适时捆绑，收到最佳反馈效果。"②

近年来，5G催生了媒体跨界融合新天地。5G携手人工智能、云计算、大数据、物联网、区块链等新型数字技术，实现跨界融合营销，在新老媒体平台，文字、直播、短视频等融产品越来越多，VR全景、无人机、裸眼3D、全息、动画自动生成等沉浸感更强的视听产品及其利润已超出人们的想象。跨界融合营销是全媒体时代新的营销理念。在探索实践中，有关人员需要打破传统的思维模式，大胆寻求业内外的合作伙伴，在跨界融合营销中搭建更多平台，跨产业寻找并带回有前景、有价值的新项目、新产品，形成媒体自己参与或主导的5G+新闻、5G+健康等一系列产业。

实施"三跨营销"首先要明确战略。在现代市场营销观念下，为实现其既定营销目标，媒体要制定市场营销发展的总体设想和规划。市场营销学认为基于企业既定的战略目标，企业在将自身产品向市场转化的过程中必须要关注客户的需求、市场机会的分析、自身优势的分析、自身劣势的反思、市场竞争因素的考虑、可能存在的问题预测、团队的培养和提升等综合因素，最终确定自己的市场营销战略，作为指导企业将既定战略向市场转化的方向和准则。

就市场营销而言，传统媒体与体制外的新兴媒体差别很大，传媒机构也不同于互联网企业。传媒经济学理论揭示，传媒经济具有政治、经济、文化等多重属性，其产品既有政治、公益属性，也有商品属性，因此，媒体的政治效益与经济效益应相得益彰、缺一不可。为此，媒体营销战略的制定者要准确预测外部环境：政治、经济、文化、人口、社会等因素；要深刻分析、预测技术因素：大数据、人工智能、5G等信息传播技术将引发哪些机遇与挑战？5G时代

---

① 陈硕、李昭语：《媒介跨界融合的现实瓶颈与"智慧"转型研究》，《新闻爱好者》2019年第7期，第91页。

② 张波、周大镯：《大数据时代媒体应创新求变》，《经济日报》2015年5月5日。

信息服务场景化、服务化、智能化对用户即消费者所带来的生活体验将引发"三跨营销"的趋势是什么？要准确判断、预测市场环境和用户需求：谁是现实用户，谁是潜在用户；用户想要什么，用户未来的消费动因与需求在哪里？要准确识别、判断竞争伙伴：我们到底与谁竞争，竞争优势与劣势是什么？竞争策略与资源分配方法有哪些？

"三跨融合"是主流媒体的必然选择。新华报业传媒集团深耕跨界融合，聚力打造"传媒+"泛媒体产业圈，推进"传媒+企业"，先后与中石化、南钢等企业达成战略合作，出资 6800 万元以 25.37%的占股成为江苏交通文化传媒有限公司第二大股东，形成全国首个"媒体+交通"合作模式。

（二）注重产品链与利益链的构建

"三跨营销"模式的平衡点、集聚点是产品链与利益链的构建，这需要所有参与的营销方着力开展新产品研发与利益提升活动。

传统媒体的营销大多各自为政，内容资源、渠道资源众多且分散，各经营主体独立经营、分散营销。在媒体深度融合的背景下，面对服务对象及用户营销智能化、一体化、实效性的需求，媒体如何将可经营的各级各类资源汇聚到一起，如何跨地区、跨行业融合行政、民生、商务等资源，取长补短、优势互补，打造跨地区、跨行业、跨媒介的数字营销云平台值得研究与探索。经营者要想方设法以自有数据为基础，对目标用户进行行为数据配对，尽可能准确定位、评估、细分用户市场，进而与数据公司合作进行目标用户的数据挖掘，在此基础上，强化品牌与技术、品牌与用户的联系。

中外在知识产权保护以及用户使用习惯上差异较大，国内用户短时期内还不习惯付费阅读观看，但付费墙模式迟早会被用户接受。近两年，流媒体的付费用户持续增长。优质内容是刚需，传统媒体要在深度融合中，凭借其内容生产、研发的优势，加大与爱奇艺、腾讯视频等传媒机构合作、融合，打造优质的产品链。

此外，"三跨营销"能否成功的关键除了持续研发新品、锻造品牌外，还要尽可能建立持续稳定的利益链，让参与方形成利益共同体，在共同利益驱动下同向发力，融研发、融传播、融营销、融受益。

（三）技术促进营销模式创新

新传播技术引领新营销技术，技术介入、支撑"三跨营销"模式的构建与拓展是大趋势。算法在促进用户提高媒体行为优化效率的同时也在不断与社交传播日益融合，既优化推送、分发效率，又提升有效信息传播与营销效应。随着营销技术与营销云的广泛介入与应用，媒体机构内各媒介及跨地区、跨行业的广告、推广、策划、决策、评估及用户体验、社交关系维护、新营销模式的创建等变得更科学、更细化、更有洞察力，而营销云的构建则为跨地区、跨行业营销奠定了更加开放的营销生态和平台价值。

第三节　融合营销策略

一、整合营销与融合营销

唐·E. 舒尔茨（Don E. Schultz）是美国西北大学麦迪尔新闻学院（Medill School of Journalism）教授，被誉为"整合营销传播理论的先驱"和"20 世纪全球对营销最有影响力的人物之一"。由唐·E. 舒尔茨、史丹利·田纳本及罗伯特·劳特朋三人合著的《整合营销传播》（Integrated Marketing Communications）是全球第一本整合营销传播学专著。整合营销是指广告发布单位和营销人员把广告、促销、公关、直销、CI、包装、新闻媒体等一切传播活动都涵盖到营销活动的范围之内，同时，将统一的传播资讯传达给消费者。整合营销即营销传播的一元化策略。融合营销是指广告发布单位和营销人员在统一策划下，融合所有的有助于营销的诸元素，发掘并融合各媒介、渠道、平台的传播优势，向用户传播产品的理念和独特价值，进而实现其市场营销目标的行为。

整合营销是对各种营销工具和手段的系统化结合，根据环境进行即时性的动态修正，以使交换双方在交互中实现价值增值的营销理念与方法。整合营销是把广告、直接营销、销售促进、人员推销、包装、事件、赞助和客户服务等各个独立营销综合成一个整体，以产生协同效应。融合营销不是联合营销、组合营销或整合营销，它着重强调差异传播，优势互补，融为一体，激发综合效益。广播、电视、报纸及"三微一端"等各媒介、渠道、平台的建立和完善仅仅为融合营销提供了基础条件，更重要的是营销人员要在营销理念上摆脱传统思维，注入互联网基因。融合营销不是简单的组合、整合、联合，要立足于统一策略、运营。

随着 5G、大数据、人工智能、人脸识别等技术引发的社会化消费权利不断增强，媒体融合营销面临越来越大的压力。面对多端营销的现状，营销人员要真正以用户为中心，最大化发挥网络以及新老媒体的扩散和强化作用，尽可能去融合各媒介、渠道、平台的传播优势，创新营销手段，实现营销活动的目标。譬如，为不断更新其高端成熟的品牌形象，激发用户的关注，挖掘更多的潜在用户，某品牌产品企业在传统主流媒体上发布持续技术创新、不断拓展国际市场的主题新闻，在"三微一端"上适时插播视听效果精美大气的广告彰显其高端气质和品牌形象。与此同时，通过开展线上线下的试用预约，在多个人群集聚的活动场所让用户现场体验其性能与品质，取得了很好的营销效果。

二、建构全方位精耕细作的互动型盈利模式

营销模式是指人们在营销过程中采取不同的方式方法。媒体传统的营销模式是以媒体自身为中心构筑的营销体系，而融合营销模式则是指从事融合生产传播的企事业传媒单位在经营过程中以用户为中心构筑的营销体系。媒体融合的经济学意义之一就是改粗放经营为集约经营，而集约经营的基础是找准盈利模式。只有这样，才能走稳走好融合营销的集约化发展之路。"在传媒融合时代，我国的传播媒介应该如何发展呢？根据我国传播媒介发展提供的经验和我国大众传播媒介的现状，采用'模式集聚'发展战略，即实施市场化、产业化、跨区域化、竞合化、融合化，民生化和本地化模式相结合的模式集聚发展战略，这是我国大众传播媒介健康、快速发展的最佳选择。"[1]决定媒体生产的重要引擎是市场供需，是用户的消费愿望和审美风向的转变。

媒体融合不仅是生产传播的全方位融合，也是一场深刻的媒体产业变革，是"内容、渠道、平台、经营、管理等5个方面都要融合"[2]。没有融合传播，产业融合就是无源之水，没有产业融合与发展，媒体融合生产传播将难以为继，失去支撑力。如何通过与新兴媒体融合共建融媒体平台，将传统媒体的信息与节目资源利用最大化，从而探索新的盈利模式，这是传统媒体面临的重大课题。"随着网民规模的增长进入深水期，互联网对个人生活方式的影响进一步深化，从基于信息获取和沟通娱乐需求的个性化应用，发展到与医疗、教育、交通等公用服务深度融合的民生服务。与此同时，随着'互联网+'行动计划的出台，互联网将带动传统产业的变革和创新。未来，在云计算、物联网及大数据等应用的带动下，互联网将加速农业、现代制造业和生产服务业转型升级，形成以互联网为基础设施和实现工具的经济发展新形态。"[3]目前，除了浙

---

① 周鸿铎：《传媒经济理论体系及其三大基础理论——中国传媒经济理论研究四十年之十一——笔者的传媒经理论综述》，《东南传播》2019 年第 7 期，第 30 页。

② 胡正荣：《传统媒体与新兴媒体融合的关键与路径》，《新闻与写作》2015 年第 5期，第 22 页。

③ 参见中国互联网络信息中心（CNNIC）于 2015 年 7 月 23 日发布的第 36 次《中国互联网络发展状况统计报告》。

报传媒、博瑞传播等传统媒体在不断以收购进行战略布局外，互联网巨头更是通过收购来布局传媒业，以更好地实现互联网与传统媒体之间的融合。"当互联网基因植入到电视行业的各个环节后，我们会发现新产品、新业务、新模式不断诞生，最终实现广播电视的生态式改革，实现广播电视连接一切的功能。"①

传统媒体的盈利模式主要靠广告，靠垄断，而新兴媒体的盈利模式以用户参与为基础。传统媒体的盈利机制是通过对优势资源和先天渠道的垄断来控制用户，从而进一步吸引、管控广告商。与此同时，互联网的崛起打乱了这种垄断性利润的获得。当下，再寄希望于靠传统逻辑策划的方案来赢得广告投放已不现实。

传媒人必须重构盈利模式，探索融媒体融合营销的新方式、新路径，建立以数据为支撑的广告策划营运的机制与体系。媒体要区分各频道、网站、移动端等新老媒体的生产传播特性与独特价值，分类策划、组织广告及活动等营销行为。如新闻综合频道要凸显新闻立台的理念，凸显其平台价值和形象气质，不是什么字幕广告都能上核心频道的。现在许多丑陋的字幕广告充斥重要报纸版面、广电栏目，这其实是因小失大，得一时之利失所在频道(频率)、报纸乃至整个媒体的发展之势。这些二类广告严重影响传统媒体的形象，有损公信力、影响力。其他频道既然确立了自己的节目理念和频道定位，就应侧重于组织策划赢得用户、黏住用户的直播类或活动类的营销。过去那种单向型的营销与盈利模式已经淘汰，建构互动型营销与盈利模式已成当务之急。

为什么越来越多的大客户青睐"互联网+"的媒体广告，其原因是他们依据互联网能掌握有关大数据，经过专业人士基于用户画像和行为的分析判断，可以实现广告的精确投放。以数据为中心的分析力求找到目标用户，以便找准目标市场和潜在市场，这就需要技术支持，需要引进、培养大数据分析师。在大数据时代，广告主与传统主流媒体所持有的良好的稳定的"婚姻"关系不复存在。广告主也会借助大数据的分析研判来精准投放。广告主与媒体之间始终存在关于投资风险、回报和定价的拉锯战。尽管新兴媒体与传统媒体是两个完全不同的定价体系和商业逻辑，但可计量、可跟踪、有分析数据支撑的网络等新兴媒体对于广告主来说投资回报更理性、更科学、性价比更高，电视等传统媒体不得不面对现实，另谋出路。不少房地产商如今在制订广告投放计划时，一

---

① 李岚：《互联网+电视媒体融合发展新升级》，http://www.dtnel.org/2015/dtbd_0616/1156.html。

般会在当地有影响的两三个网络媒体上投入数百万元的广告。他们很少在报纸、电视等传统媒体上投广告。即使策划有影响的、有助于提升品牌形象的文化、体育活动，也只会考虑在电视上投数百万、数十万元的广告。当然，遇到房地产等不良事件曝光，他们也可能在电视等传统媒体上投点活动广告来消消灾、灭灭火。

作为营销人员应当认真考虑如何改革盈利模式。传统媒体曾经依靠媒体的垄断权，把广告经营的压力转嫁给广告代理公司。如今这种靠权力占领市场的盈利模式逐渐退出舞台。不管是传统媒体还是新兴媒体，终将以其产品的质量、价值来争取用户。

当下，媒体人要清醒地认识到跨媒体、跨平台的全屏时代已经到来，要动用全部资源，形成立体影响力空间，在融合资源中创新，在重构中裂变，形成具有自身媒体特色的盈利模式。

传统媒体的内容生产与传播怎样才能做到成本越来越低，效益越来越高呢？我们能不考虑这一关乎其生存与发展的大问题吗？我们可以从微信的传播中得到启发。在微信强链接加私域流量的环境下，形成了一个网络化效应，每增加一个节点，生产节点的成本会越来越低，而其创造的价值会越来越高。"未来的趋势会是已经有业务流的传统企业，想办法结合微信的公众平台和互联网的服务方式，去创造出新的服务客户的模式，这才是趋势和重点。"[1]

在融媒体新闻中心，要组织一个独立运作的公司，在充分利用大数据平台的基础上，利用手机 APP 实现实时传播、推送。"一些广播电视网络公司涉足'智慧城市'建设，依托数字电视网络，融合物联网、云计算等技术，建设多功能的综合信息服务平台，聚集用户，获得商机。"[2]融媒体新闻中心要利用更容易获取当地政府的数据资源的优势，竭力打造所在城市的大数据平台，利用新闻传播的影响力和公信力，吸引当地居民进入大数据平台，进而生产及经营经济数据、交通数据、医疗数据、旅游数据、气象数据等，在此基础上，分析、研究细分的垂直市场，研发出为当地及周边地区市民服务的黏性较强的以满足用户对生活服务等资讯需要的 APP 产品。同时在垂直类短视频领域也应有所作为，如中广天择以"中广天择 MCN"的名义与全网短视频平台开展深度

---

① 孙冠男：《下个风口一定不是原创文章，而是……》，http://mp.weixin.qq.com/S/N3sg8vfaand0miodanKDYg。

② 刘泰山：《全国媒体融合发展一年成绩单　"融升级"迈出三大步》，《中国广播电视理论动态》2016 年第 17 期，第 1 页。

合作，打造"千号计划"，研发和制作了一系列新媒体账号和内容，构建短视频矩阵，主要业务模式包括"短视频开发运营+平台推广+影视娱乐宣发+商业客户合作"。中广天择已有上百人的团队在推进 MCN 平台相关工作，公司在美妆、情感、影评、知识、特效等多个垂直领域已有所布局。

互联网打破了不同产业之间的界限。各类产业之间高度融合，传统主流媒体有着很强的策划和落地运营能力，可以借助其长期积累的品牌和人脉资源，进军相关产业。营销人员要想方设法将互联网的多媒体资源与媒体已有的和正在积聚的教育、健康、卫生、旅游活动与新闻资源融合起来传播，提供给用户，实现城市居民生活服务资讯网络化、智能化。"电视+VR 直播将提供最佳解决方案，它既能彻底改变传统电视的直播体验，又能用新闻、综艺、体育赛事版权等资源引入赞助、订阅和付费观看等营收模式。电视+智能终端技术将以丰富的内容脚本支撑沉浸式体验，在智能化为特征的互联网生态中占领主导地位。"①互联网+电视必将成为促进传媒生产力发展的新组合，网络视听、数字互动娱乐、网娱真人秀、网络脱口秀以及纪录片等将成为电视着力拓展的新的盈利空间。喻国明在《中国新媒体发展报告》(2015) 发布研讨会上发言，他认为："传统媒介做什么？传统媒介在转型过程中不是做客户端，不是做入口，而是做垂直系统，利用它的优势去链接在地资源。换句话说，在入口平台上面具有大量优势的是流量优势，而传统媒介最有优势的是在地性的资源，它的未来和入口级平台在合作融合的过程当中是把内容价值变现、服务价值变现，或者作为其他社会资源变现连接的一个中介，这就是利用在地性的资源进行价值变现。这就是未来传统媒介的基本发展方向，把握了这一点我们就知道传统媒介应该在哪儿做，做什么。这是对于未来新旧媒体融合发展的基本判断。"②

三、利用新技术打造融平台、开发融产品

一家媒体单纯做移动端 APP 很难成功。因为互联网媒体发展的核心是不断提升流量且不断增强黏度。一家媒体无法提供数量巨大、种类丰富且足够吸引用户的新闻和服务资讯。因此，一方面，媒体要开掘地域性强、贴近当地市

---

① 李岚、黄田园：《用新技术打造电视融合发展终端生态格局》，《中国广播电视理论动态》2016 年第 16 期，第 4 页。

② 喻国明：《微信将会被什么取代？传统媒体又该做什么？》，http://mp.weixin.qq.com/s/yEJCPALJTU7CYZ7YADACGA。

民的新闻和服务资讯，将这种贴近贴心便捷的服务通过服务手段的创新和服务艺术的提高变成用户的刚需，另一方面，通过联合十几家媒体组建联合体，打造平台级的客户端，吸引更多的、特色鲜明的客户端入驻，形成群狼效应。作为运营人员要认清自己的用户，分析理解用户的偏好和购买力，制定相应的策略，并将这种策略贯穿于产品生产、营销与消费各个环节。"新闻不再是刚需，而生活服务类资讯才是真正的刚需，才能够提升黏度。这就要求打造平台级的客户端，通过吸引更多的、各种类型的客户端入驻，在为用户提供更多更好服务的同时带来大量的流量。"①

2018 年 8 月，济南市启动建设新闻宣传融媒体公共服务平台，包含济南日报报业集团"中央厨房"项目、"爱济南"8.0 版升级重构、云宣系统、新媒体实验室、济南市融媒体中心 5 个项目。"中央厨房"、云宣系统及"爱济南"8.0 版升级重构三大项目是济南市新闻宣传融媒体公共服务平台的核心技术支撑项目。"中央厨房"将提供安全、可控、实用的融媒体全流程解决方案。云宣系统则主要面向各市直部门、各区县、各企事业单位等用户，将媒体宣传稿件的采编、发布、评审、考核实现一体化，让广大通讯员与媒体进行无障碍联通。另外，"爱济南"将依托舜网软件研究院强大的技术队伍和技术手段升级重构，真正实现"一端在手，百事不愁"，打造成为"智慧济南的移动便民服务平台和济南民意诉求畅达、化解平台"。为推动媒体深度融合、服务地方经济社会发展，济南日报报业集团与各区县联手共同打造"济南市融媒体中心"，为全市建设一个全覆盖的智慧网络。

利用大数据技术开发新产品是各媒体新的盈利模式。当下，我国正处于全面深化改革时期，各种社会矛盾凸显，舆情处于多发期，网民意见曝光量大。在这种背景下，舆情管理的紧迫性越来越受到各级领导的重视。党报、广播电视台有较强的新闻挖掘能力和舆论引导能力，能充分利用大数据分析手段来强化舆情管理机制，建立舆情监测平台。将舆情管理与手机移动端结合起来，及时向有关部门领导反馈舆情，有利于提高办事效率和业务水准，且成本非常低。人民网舆情监测室依托人民日报社的多元传播渠道，通过一体化融媒体传播产业链条，进行传播路径分析与内容生产，提供舆情咨询、舆情监测管理、相关培训等服务。人民网在舆情管理方面每年的营业收入过亿元。

随着网络直播的崛起，打赏成为最常见的盈利模式之一。这种建立在网络

---

① 郭全中、胡洁：《平静中听风雷：2015 年中国传媒业发展盘点》，《现代传播》2016年第 2 期，第 6 页。

支付和移动支付业务成熟基础上的支付模式更人性化，更具便捷性和满足感，更受到用户的青睐。此外，美国的 Facebook 和苹果等科技公司已将新闻内容的编辑、发布和变现权收入囊中。这一举动大大颠覆了传统传媒的运行模式和盈利模式。这提示我们不得不思考：国内电视业曾经拥有的内容生产、编辑、发布到变现的独立控制权，除时政要闻外也许不久将逐步丧失，除了想方设法绑定拥有海量用户流的科技巨头外，我们还有什么走出盈利困境的选择？

第四节　融合营销效益

一、融合传播生态下营销市场裂变

互联网特别是移动互联网颠覆了传播生态，碎片化的阅读是新常态，信息传播向图片、短视频蔓延，新老媒体的开放性日益深化，伴随着传播生态的裂变，营销市场也正在裂变。

以直播和短视频为代表的广告成为广告主的首选。党报、电视的权威性和价值虽然还有较大优势，但广告向中央级主流媒体和新媒体集聚的趋势越来越明显。省级主流媒体的广告量急剧下降，市县媒体只能靠当地产品广告及活动苦苦支撑。

目前，新媒体、移动媒体普遍存在小散乱、重复投资等问题，新老媒体在融合中虽然生产了较多的融媒体产品，但营销依然以传统广告产品为主，营销理念、模式、路径等直接导致营销问题越来越多。当下，从图文传播、短视频传播到数字营销边界的极速延展，微信新增视频号、网易云音乐上线"短视频现金激励计划"、抖音开启图文功能等表明营销市场的裂变正在加速。社交、直播、图文、网红等如何真正实现高效融合，是营销人员工作的突破口、创新点。

二、技术驱动营销理念变革

随着信息技术、互联网的快速发展和应用场景的拓展，大数据、人工智能等技术在传媒业广泛应用，营销、广告相关的环境、技术、思维、理念已经发生了颠覆性变革。移动化、智能化、数据化为全媒体融合营销奠定了技术基础，也直接引领、支撑、驱动各媒介在融合中满足广告主的投放盈利诉求，技术驱动营销已成为趋势。

　　驱动营销观念、理念变革的技术包括数据、营销管理、内容与体验、社交与消费者关系等技术。全媒体时代的营销要实现精准化、有效性和效益最大化首先要聚合，即对有关的数据进行内容挑选、分析、归类，最后分析得到营销人员想要的结果，之后以聚合的数据为依据开展更全面、更接近品牌主或者广告主需求和更有针对性、更满足用户意愿的营销策划活动。

　　数据与数据分析是营销的核心。营销团队成员可以通过聚合的数据来发现新客户，分析、设计用户体验，也可以用搜寻到的信息来监视广告效果、营销质量和追踪消费者行为，从而及时更新、调整或推翻原有方案以增加流量、产值和效益。技术无疑是全媒体时代营销的驱动力。人工智能、增强现实等新技术为融合营销提供了新工具，也引导了新营销策略的制定。伴随媒体融合向纵深推进，"内容+技术+运营"叠加驱动的新媒体产品已显现机遇期。

三、用户倒逼营销模式创新

　　在媒体融合进程中，有业内人士认为传统媒体要大力发展新媒体，要尽快实现新媒体营销总额占集团的半壁江山。传统媒体发展到今天，再也不能只求产值不求效益了。在媒体融合发展中，媒体人要坚持实事求是的思想路线，坚持节约成本、效益优先的原则，走高质量、高效益的媒体融合发展之路。媒体融合立足于发展，要追求效益，其效益包含政治、文化、经济、社会等多个层面，缺一不可。这里着重从经济层面来分析融合营销效益。

　　效益是指劳动(包括物化劳动与活劳动)占用、劳动消耗与获得的劳动成果之间的比较。营销效益是指营销活动、项目等所取得的经济效果与利益，它包括营销活动、项目等本身得到的直接经济效益和间接经济效益。所谓融合营销效益是指在媒介融合、跨界融合中媒体（要素、项目或产品、活动、制度等）营销投入（成本或费用）与其获得的经济产出（主要指产值，包括工资福利、税后利润、税收等）之间的比较。

　　媒体"内容+广告"的二元赢利模式已经被"新闻+政务+服务"的多点营收模式取代。巩固、提升用户量及黏性，在注重开发优质内容的同时，还要强化政务、民生、电商等服务，用户需求正在倒逼营销模式创新。

　　（一）在裂变营销中赢得融合效益

　　裂变营销方式是以传统终端促销为基础的，融合了关系营销、数据库营销和会务营销等新兴营销方式的理论和方法。裂变营销的特点是营销方并不急于在短时间内全面打开市场，而是从一个点入手，在这个点上进行"精耕细作"，当单点突破后，再将这套流程复制到其他的点上。已经攻克的点会通过个人的关系圈传开，裂变为更多的点。由此，由慢到快，传播范围在一段时间内迅速扩大。譬如你在微信群或朋友圈看见亲朋好友分享了一个优惠活动，这个活动也能够给你带来优惠，所以，你也马上参与、分享了这个活动，于是，你本人及群里、圈里的亲朋好友都参与了这个活动。这一过程逐步推进，先慢后快，随着裂变过程的持续进行，其效果会"复制""分裂"到一个更大的规模，最后达到数据的大爆发和效益的急剧增长。

数据库收入是媒体通过为用户提供具有较强附加值的数据内容而获得的收入，即售卖数据信息。传统主流媒体有自身的消息总汇和人才、人脉、行政资源等传统优势，将新闻、企业信息、市场信息以及其他领域的专业信息进行系统化整合，放入数据库中供用户付费检索、下载，这是全媒体时代传统主流媒体的一种新的盈利模式。《日本经济新闻》从 20 世纪 70 年代起就已开始提供数据库服务，旗下拥有"电信""尼兹"和日经网三个数据库，均取得了较大成功。美国共有 500 多家报纸网站设立了不同形式的付费墙，占到美国报纸总数的 40%。

(二) 在数字营销中提升融合效益

大数据、云计算正在促进数字经济快速发展，数字信息技术的应用引领、催生用户新的新闻信息消费习惯与方式，进而倒逼营销工作数字化转型。技术赋能引发数字营销的目标、计划和策略变革，付费搜索、内容营销和社会媒体营销、电子邮件营销、移动营销等应运而生，平台支撑和移动应用程序的开发成为当务之急，营销自动化软件、自动化营销工作流程等研发成为提升融合效益的关键之举。

2014 年 6 月 11 日，"新华社发布"总客户端正式上线，标志着新华社集全社之力打造的全国最大的党政客户端集群首次集体亮相。在强大新闻客户端的背后，是更为庞大的政务新媒体服务体系，最终将建成国内最大的国家级移动客户端集群。"资讯+服务"的模式使新华社新闻信息与市场的对接更为直接和畅达，初步实现了两个效益的丰收。一年下来，"新华社发布"总客户端不仅实现了 3200 万的下载量，还创造了 3 亿多元的经济效益。东方网建立并完善了新媒体传播体系、政务服务体系、社区分送传播体系和安全运维服务体系，实现了传播力、影响力和综合实力的突破。目前，东方网日均浏览量超过 3.8 亿次，日均活跃用户 6000 万人，月覆盖用户超过 3 亿人。截至 2019 年 7 月，东方网 Alexa 日均全球排名为第 165 位。艾瑞最新发布的 PC Web 指数显示，东方网位居新闻资讯类榜首。从经营状况看，东方网成立以来，所有财务年度均实现盈利。东方网成立之初注册资本为 6 亿元，目前，东方网总资产达 48

亿元,净资产达 27 亿元。

(三)在精准营销中追求融合效益

全媒体时代,用户追求精准化、更便利、更高效的新闻信息消费需求和广告信息体验。在专注运营自己平台的同时,作为营销人员应千方百计为用户提供优良的体验,从而在精准投放与精准体验中形成用户规模价值。《新华日报》是一张具有 80 多年光荣传统的党报。进入新时代,新华报业传媒集团勇立时代潮头,坚持解放思想,坚持改革创新,坚持移动优先,积极构建党报求"深"、客户端求"快"、网站求"全"、全媒体求"融"的现代传播体系,探索出一条具有时代特点、新华特色的融合发展之路。2018 年利润较上年增长 47%,2019 年 1—5 月同比增长 51%,所有纸媒均实现盈利,呈现逆势上扬、稳中有进、稳中向好的态势。集团全媒体平均每天阅读量达 1.1 亿次。

湖南广播电视台娱乐频道组建了全国首家电视媒体成功转型的短视频 MCN 机构,通过在母婴、美妆、剧情、泛娱乐等内容赛道进行布局,建设落成红人 IP 孵化、短视频、电商直播的开放式制作基地。2020 年湖南娱乐总营收超过 1 亿元,呈现月收入持续稳定增长的趋势,较上年同期增长 43%;营收来源从单一到丰富,新媒体业务预计占营收来源的 70%。

天津海河传媒中心成立后,整体经营趋向平稳。特别是《天津日报》《今晚报》《每日新报》等报纸经营恶化的势头得到缓解。与此同时,新媒体板块成为海河传媒中心重要经济增长点,2017 年实现新媒体业务营业收入 2.37 亿元,2018 年达到 2.8 亿元,同比增长 18%。天津各媒体全面改版升级,推出了一批精品栏目。

(四)在社交营销中争夺融合效益

基于全媒体时代信息传播的移动化、社交化特性,为满足用户的社交需求和心理需要,可运用心理测试、人格测试、游戏、公益活动等形式,设置营销方式和流程来持续争夺融合效益。经过 5 年探索,上海报业集团已经从一家以报刊为主的传统报业集团,开始转变为拥有网站、客户端、微博、微信公众号、手机报等新媒体形态,新媒体收入占据半壁江山的新型主流媒体集团。

目前,上观新闻 APP 下载量 1100 多万,《新民晚报》客户端发稿数量增加 50%,用户数近 800 万,到 2018 年底,澎湃新闻 APP 下载量达 1.46 亿,移动端日活跃用户数过 1000 万。2018 年,上海报业集团新媒体收入同比增长 3.49 亿元,远超报刊收入。2019 年新媒体收入突破 5 亿元。界面新闻并购财联社后,新增财联社 APP 下载量 2300 万,两大品牌可实现稳定覆盖人群达到亿级规模,形成财经报道的全国性平台。《新闻晨报》官方微博粉丝数达 3500 多万，在全国都市报官方微博粉丝数排名中位居第一，在全国日报官方微博粉丝数排名中位居第三。

总之，在传统媒体收入遭遇断崖式下滑、新媒体尚待培育、新经营动能尚未形成的过渡期，媒体机构的多元化经营对于对冲媒体主业经营的下滑，发挥了不可或缺的作用。在全媒体时代，媒体机构、广告公司、媒介代理公司、数据服务机构、公共关系机构、咨询公司等要想方设法构建融合营销体系，创新融合营销策略，在努力拓展渠道和平台信息传播功能的基础上，精准捕捉目标客户，不断增强融合营销的有效性和针对性。

本章小结

本章基于传媒经济学理论分析融合营销，阐述了技术与运营深度融合的理念、策略、方法和路径，分析了技术引领、支撑、保障品牌研发和大数据驱动精准化营销及技术引领营销策略优化的理论依据和实践考量，论证了"三跨融合"的内涵及实施这一战略的必要性，剖析了创新营销模式提升融合效益的新思维。

【思考题】

1. 如何理解新技术对融合营销的引领、支撑与保障作用？
2. 如何理解"三跨营销"战略？
3. 创新营销模式的理念、策略是什么？
4. 如何提高新老媒体融合营销效益？

第六章　媒体融合管理

一个企业或事业单位，其存在与发展有其必需的社会条件和与之相对应的总体战略。如果说总体战略是思想层面上的精神追求和理念呈现，那么管理机制或组织架构则是这些抽象概念的具体体现。不同的管理机制或组织架构对应着不同的规模、目标、功能，同时也与组织内部的组织特点及社会基本条件相适应。

第一节　传统媒体的体制机制

一、组织结构概述

（一）组织结构的概念

所谓组织结构，可以定义为组织中各种劳动分工与协调方式的总和。它是为实现人与物结合的一种工具，是把人有机地组织起来以便完成特定目标的一种体系，是根据企业战略目标，给为战略目标而共同奋斗的人指定职位、明确责任、沟通信息、协调工作，以便实现战略目标的有机结合体。它既是为实现目标功能的独立实体结构，同时又是使该机构有效运转、不断完善并发展的具有技术性与艺术性的行为过程。[①]

（二）组织结构的层次

其一是硬件设计，即组织结构的框架设计，根据现有条件、既定目标和产业环境设计适合的组织结构系统，规定好各部门的职责、权力、关系等，并授权予以管理。

其二是软件设计，即组织运行的规定与章程，建章立制是组织运作的前提，只有完整、严谨和准确的章程以及良好的执行才能保证组织结构的稳定和运作的流畅。同时，在软件设计时，需要明确一个观念，即组织结构是一个动

---

① 王公义：《多角战略与组织结构论》，湖南出版社 1996 年版，第 68 页。

态并相对稳定的结构，需要保持一定的灵活度。

（三）组织结构的系统

企业的组织结构系统包括了企业内部的治理机构、管理组织机构和生产运作组织机构，这些机构为企业绩效负责，和企业外部的企业间组织机构，并借此成为一个开放的系统。

治理机构：为组织结构提供了治理前提与基础。企事业通过建立治理组织解决资本所有者与职业经理人员的委托代理问题，建立职业经理人的激励与约束机制，以保证资本所有者利益即股东财富的最大化。

管理组织机构：伴随着企业治理机构的变化而发生演变。管理组织体系在企业中是一个多层次的金字塔式结构。工业时代企事业需要系统化、职业化的管理部门和管理人员，这种严格等级体系的管理组织结构形成了严格的管理与控制体制；职业专业化的劳动分工体系，把同类专家配置在同一个职能部门，实现管理的高效率，利用完善的规则、规章制度体系，既对组织成员的行为产生了约束，又降低了成员行为的任意性，保证了行为结果的一致性、组织对外的一致性。这种理性的金字塔式的多层级的管理组织结构与工业时代的大规模流水生产运作模式相适应。①

生产运作组织机构：是一种大规模流水生产组织模式，生产者集中在专业流水线上协作完成某一特定产品。当生产者变得更加专业化，他们在装配线上完成工作，反复进行某个环节的生产装配时，大规模流水生产组织开始形成。其特点是：工作专业化程度高、生产过程具有高度的连续性、生产有其特定的节奏、各工序之间的生产能力是平衡和成比例的。②

企业间组织机构：在产业中存在着以市场和价格、人才流动等为机制的组织间关系。企业事业单位与其他组织之间的关系往往是复合的竞争与合作的关系，但在单一产业中多表现出竞争的关系（图6-1）。

二、组织结构的类型

虽然现实中的组织结构千变万化，但通常可以抽象出职能式、事业部式和矩阵式三种基本结构形式。

---

① 徐炜：《企业组织结构：21世纪新环境下的演进与发展》，经济管理出版社2008年版，第11~12页。

② 徐炜：《企业组织结构：21世纪新环境下的演进与发展》，经济管理出版社2008年版，第152~153页。

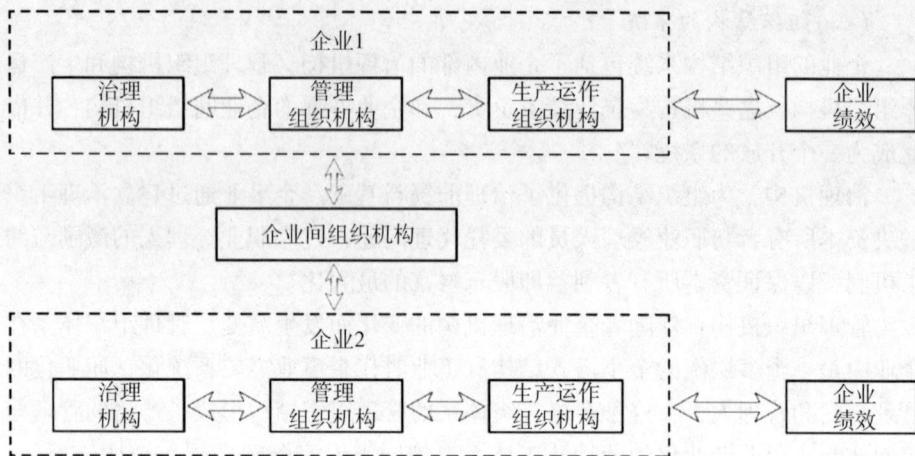

图 6-1　企业组织结构关系图①

(一)职能式结构

当一个组织发展到仅由一组人员和一个老板已无法胜任工作时,通常适宜于采用职能式结构。可以说,职能式结构是一个成熟企事业的最基本组织结构,以主要职能进行劳动分工,如设计、生产、销售和财务等。随着组织的成长,职能会进一步细化,新的职能也随之增加(图 6-2)。②

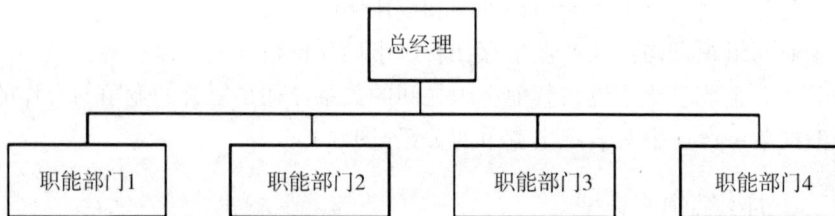

图 6-2　职能式结构

---

① 参见徐炜:《企业组织结构:21 世纪新环境下的演进与发展》,经济管理出版社 2008 年版,第 11~12 页。

② [美]卡什等:《创建信息时代的组织:结构、控制与信息技术》,刘晋、秦静译,东北财经大学出版社 2000 年版,第 32~33 页。

在一个职能式的结构中，同类的工作被划分在同一职能部门里。如对于一个影视制作公司而言，所有摄像、编辑、编导等可能都划归制作部。员工的工作通过分层管理进行纵向协调，计划和预算根据职能进行，同一个职能部门中的员工采用相似的价值观和工作目标。这种相似性促进了职能部门内的协调和效率，但与其他部门之间会因为价值观和目标的不同而产生矛盾，需要更流畅的协调与更紧密的合作。职能式结构的缺点是：不能对变化的环境和那些要求对不同产品和顾客做出不同响应的组织环境做出响应，组织内部不同部门之间的协调响应度也可能较低，同时限制了成员对组织整体目标和组织运营的关注，导致了以牺牲组织目标为代价的局部最优化。

（二）事业部式结构

事业部式结构是指在每一个事业部中将不同的职能，如制造、研究与开发、市场营销等集中在一起。每个事业部对不同的产品系列、地理的或细分的子市场和客户负责，这样就可以得到以产品、地区、细分市场或客户为基础的事业部式结构(图6-3)。①

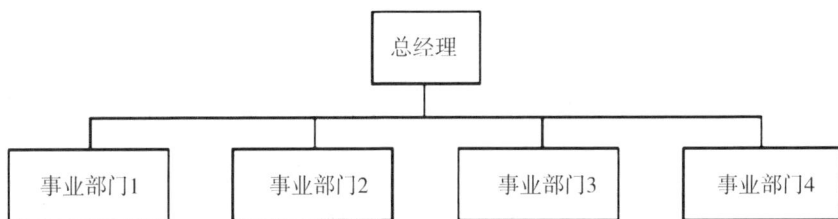

图6-3　事业部式结构

对于传媒企业而言，事业部式结构往往是围绕着频道(电视台)或项目展开的。员工往往归属于他们所在的事业部而非他们的职能或专业；一个事业部内所有员工围绕工作流程进行分工合作，职能协调能力明显强于职能式结构，在特定工作周期内员工围绕一个主题(项目)或空间(频道)服务；员工的选拔也是依据其综合技能而非将专业技能作为唯一指标。对于电视台而言，频道负责人向总台负责人负责，总台负责人负责频道间的资源分配和长期战略的制定。

（三）矩阵式结构

矩阵式结构是职能式和事业部式结构的结合，从功能上看也是两者的结

---

① ［美］卡什等：《创建信息时代的组织：结构、控制与信息技术》，刘晋、秦静译，东北财经大学出版社2000年版，第33~34页。

合。矩阵式结构多在大型企事业或跨国公司等组织中存在。这种结构中，事业部经理与职能部经理在组织中拥有同样的权威，而员工则要同时接受两者的双重领导。当企事业面临的环境复杂且不确定时，同时在需要考虑规模经济时，矩阵式结构往往能使组织应对环境的多种需求，灵活配置资源，使组织可以适应竞争和资源状况的变化。难点是要明确各自的责权关系(图6-4)。①

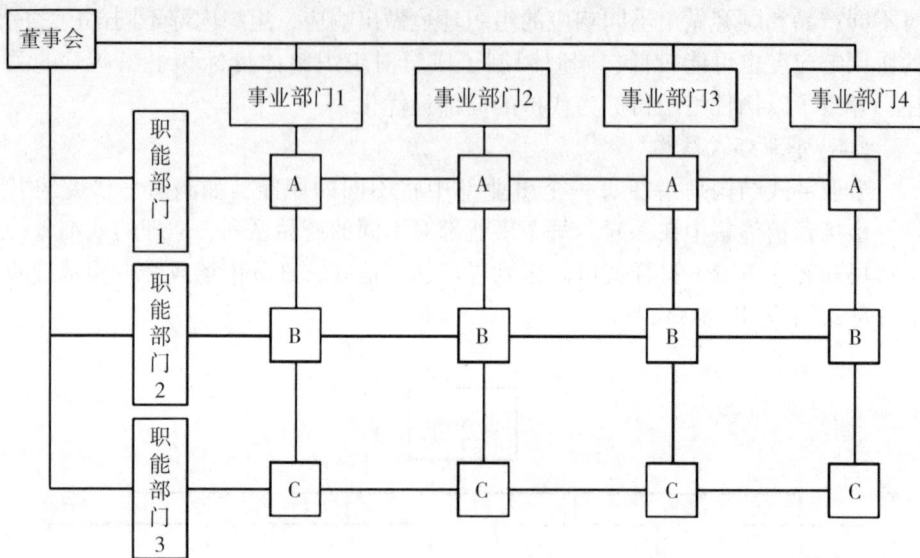

图 6-4　矩阵式结构

　　传统电视台经历了从职能式结构向矩阵式结构转变的过程。之所以会有这样的过程，是因为我国在电视台建设之初由于频道数量有限，加之作为国家事业机构的管理惯性，采用"台—中心—部(处)—科组(栏目)"四级直线职能制管理模式，满足并确保了电视节目生产的结构要求，其较强的行政思维也保证了电视节目生产的质量和文化形态要求。在频道资源有限和有线电视台尚未全面铺开的时代，电视台的中心制组织方式具有时代的积极性和适用性。在有限的内容生产与频道数量时期，职能式结构可以使电视台各部门在线性层级的集中管理下获得较高的效率，统一协作、信息流畅，集约人力物力，发挥集团的

---

① ［美］卡什等：《创建信息时代的组织：结构、控制与信息技术》，刘晋、秦静译，东北财经大学出版社2000年版，第34~35页。

核心能力和竞争力，完成集团化的战略任务，也保证了电视节目在政治上的严密性和党政喉舌特点(图6-5)。

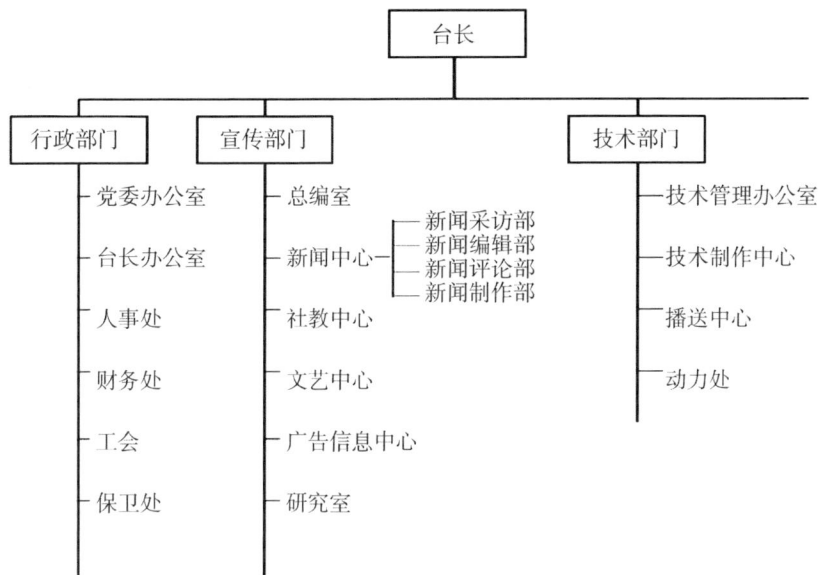

图6-5 职能式为主的电视台结构图

随着电视机的普及以及频道数量的增加，电视节目生产从服务于少数领导干部或特定阶层，转向服务于普通民众，电视制作规模逐渐扩大，信息内容和节目形态也日渐丰富。目前电视台普遍采取的是矩阵式组织结构，即在分设频道的基础上，结合相关的管理与制作、播出、广告、研究等部门，形成完整的电视节目生产与播出系统(图6-6)。

矩阵式组织结构下的电视台在台或集团一级管理层下，以频道为单位设置子级综合管理层，再分设部门栏目等一套频道运作所需要的完整机构。具体到频道运作上来说，在由总台任命频道总监后，由总监组织频道的内容生产，各频道具体栏目向总监负责。这种组织方式的管理层级、区块边界和责任规定较为明确，可以适当整合频道内的各种资源和力量进行节目内容的生产，节目生产的效率较高。

矩阵式结构虽然有任务明确等优点，但在实际操作中也存在管理层级多、指挥链不统一等问题。尤其是随着电视产业容量进一步扩大、频道进一步增加，尤其是融媒体要求背景下，矩阵式结构的问题开始显现，具体有：各部门

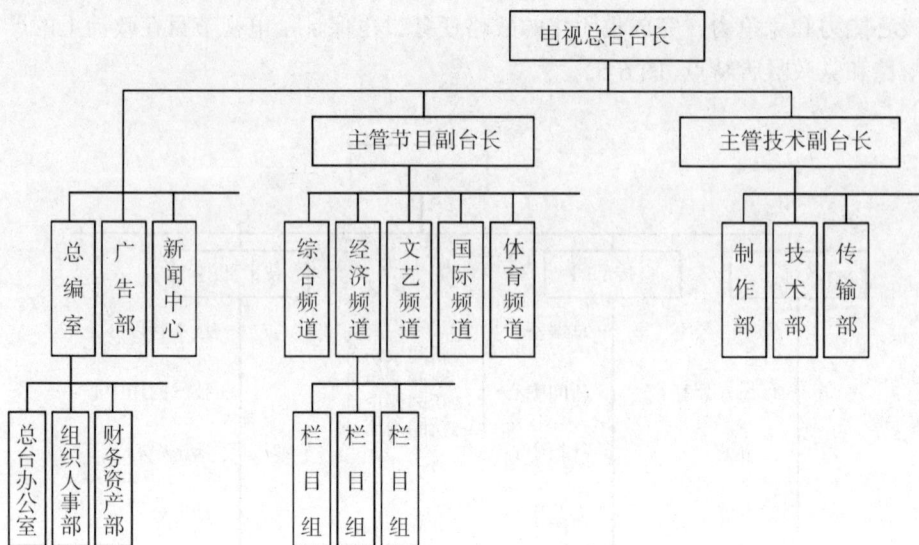

图 6-6　矩阵式为主的电视台结构图

间各自为政，责任主体不明；各部门各频道之间结构相似、功能重叠，形成内部竞争，导致资源大量浪费；由于频道资源本身的差异性，导致劳动与分配不当，缺乏有效的激励机制；总体结构庞杂，信息流动不畅，管理层难以了解动态的社会文化需求，电视台"船大难调头"，无法满足社会文化多变多样的需求。

三、媒体管理变革要求

传统媒体的体制机制已严重阻碍传媒生产力的发展，原有体制机制无法消除长期积累的矛盾与困难。例如作为直辖市，天津市的媒体业务主要集中在市级层面。长期以来，各媒体资源分散、管理粗放、低水平重复、同质化竞争的问题十分严重。各类新媒体平台建设虽有一定成效，但影响力都比较有限。2014 年以来，在互联网的猛烈冲击下，天津几家主要新闻单位经营发展遭遇前所未有的寒冬，受众和收入双双持续断崖式下滑，各媒体广告收入年均降幅超过 30%，报纸 2017 年全部广告收入仅 9000 多万元，不到鼎盛时期的 10%，特别是在全国晚报界享有盛誉的今晚报社因严重资不抵债，一度濒临破产。媒体从业人员净流失严重，累计达 1046 人。

（一）全球化的挑战

现代社会最主要的特征是政治、经济、文化的全球化、一体化。在世界格局调整、信息技术推动和交通运输便捷的条件下，以传媒企业为代表，企业生产与运营必须从内部机制向全球机制转变，实现生产要素、生产力、管理体制与战略视野的全球化。

如在 20 世纪 30 年代前后，我国与全球电影和唱片市场便实现了有限的交流。随着改革开放的展开，我国的文化交流与文化生产真正进入全球化时代，国外媒体企业对国内媒体企业的影响越来越深。如 1980 年代外国电视剧和动画片、90 年代外国电影和音像产品的引进，21 世纪互联网在社会中的全面应用，打破了传统媒体生产的格局。对于企业而言，空间的扩展和时差的存在，使得管理的复杂性大大提高，既需要强化内部管理、提高生产效率，又需要关注包括本土和全球两个层面的竞争市场和合作可能。传媒企业的国际化合作和竞争更为明显。从产业的角度看，我国动画片的式微与动画产业的全球化不无关系；从文化的角度看，以好莱坞为代表的西方文化侵入，对我国文化安全和人民的思想观念产生了深刻的影响。但与此同时，从合拍片开始，我国传媒企业与世界各国的传媒企业实现了由表及里的深入合作，迅速提升了我国传媒企业的生产管理水平、艺术生产水平和文化产品质量，在满足国内民众文化消费需求的同时，也向国外展示了中国文化，宣示了中国国家形象。

(二) 网络化的结构

从 20 世纪 90 年代中后期开始，互联网逐渐进入普通家庭并成为文化消费和社会交往的重要平台。相应的，互联网也成为企业组织管理、企业形象宣传，进而成为企业生态的重要组成部分。

互联网的网络结构，使得企业所依托的信息资源、技术资本、资金流通、物流渠道、市场环境和管理方式能够在互联网平台上获得全面融合。虚拟企业是网络化结构下的新生企业形态，即"由一些独立的厂商、顾客甚至同行的竞争对手，通过信息技术联成临时的网络组织，以达到共享技术、分摊费用以及满足市场需求的目的"。① 从这个定义看，目前的 MCN 机构、音视频平台甚至电商等都具有虚拟企业的属性。以 MCN 机构为例，它们将不同类型与内容的音视频生产者结合起来，通过提供一定的资本与技术保障，向具有相似需求的消费者提供内容，以实现商业的共赢，目前发展前景十分喜人。

另外，传统企业也需要突破线性的、板块化的物理组织体系，充分考虑网络环境下信息流动超时空的特点，打破地域、层级、部门间的空间分割和时间限制，趋向于扁平化、项目制的更为灵活的组织管理结构，通过减少信息流通

---

① 张净：《信息时代的组织管理变革》，甘肃人民出版社 2014 年版，第 62 页。

的中间环节以降低信息损耗，提高传播（管理与运营）效率。但也正是这种变化，需要传统企业彻底调整惯有的思维模式，解构原有的组织体系，改革现成的管理手段。这是网络化结构给企业带来的巨大难题，但也提供了无限机遇。

（三）信息化的需求

信息时代最重要的特征是：信息成为推动社会发展的核心资源；媒介技术是促进信息社会运行与进步的核心动力。对于传媒企业而言信息分为两种，一种是其生产的"知识"信息，即传媒企业生产的内容，这部分信息需要具有社会文化价值和经济价值，在保证艺术性、思想性的同时能够满足社会民众的需求并获得市场认可；另一种是在生产管理与企业运营中所必备的信息，这种信息可能自来市场和消费者等外部资料的获得，或对内部运营模式和各类资源的整理，这些信息成为重要的生产力。

虽然自古至今，所有传媒相关企业或个人生产的都是信息"知识"，但信息时代更注重"知识"传播的规模效应和市场效率。也就是说，需要将所拥有的信息进行最优化和最大化利用。其中最典型的信息利用是"IP"，即通过对某一知识产权内容的多元及多次开发，以占有尽可能大的市场、获取尽可能多的利润。如日本动漫《灌篮高手》不仅在图书市场获得成功，而且在电视、音乐、人偶玩具等均有不俗的表现，甚至推动了故事发生地的旅游产业。

管理的核心是决策，而决策的核心是充分占有信息。[①] 只有充分掌握客户信息、市场信息、企业信息，挖掘其内在逻辑与消费趋向，才能真正开发信息的价值。正因如此，大数据获得、挖掘与分析成为当今传媒企业甚至所有企事业单位、政府机关所关注的技术手段。如目前对电视剧或综艺节目的收视跟踪可以达到"秒"级精度，以发现观众对情节、人物、节奏等的喜好，并以此为决策决定情节走向、角色"生死"等具体编剧工作和宣传推广、观众定位、广告赞助等相关制片工作。

第二节　融媒体的体制机制创新

大规模生产模式存在着缺陷，即标准化难以满足消费者对产品品种多样化的需求，导致竞争加剧。融媒体以媒介及其技术发展为前提，以消费者需求为切入点，以发扬传统媒体与新兴媒体的优势为手段，整合广播、电视、互联网优势，打造传媒运行共同体，对内优化机制、改革创新，对外提高竞争实力、

---

① 张净：《信息时代的组织管理变革》，甘肃人民出版社 2014 年版，第 70 页。

打造高质量平台；既利用多种形态媒体的生存优势，极大改变了原有单一平台孤军奋战的单薄竞争形势，又通过体制机制创新的契机，形成平台间的互联互通，在整合过程中不断推动媒体自身的优化和改革，使媒体发展符合社会发展的实际需要，符合媒介传播规律，形成融媒体自身的发展特色。

一、融媒体管理意识创新

(一)产业环境变化

1. 产业竞争加剧

互联网时代最大的特点之一是由于平台信息的自由流通和无远弗届，每一位受众都可以在互联网中获得信息，任何信息也可以在互联网上到达受众。因此，在信息时代希望实现真正的信息寡头垄断是不可能的，除非是对平台或信息底层编码进行垄断。从这个角度看，作为非平台性质的产业，不得不面对行业中所有的竞争对手。而社会文化更迭的加速，使得很多产业的"先发优势"成为"先发劣势"。

从某种程度上看，经济学中的"二八效应"已然变成了"九五效应"，即在互联网环境中，5%的组织占据了产业中95%的资源和利润。

2. 产业环境中资本流动性变强

马克思指出：价值经过不同的形式，不同的运动，在其中它保存自己，同时使自己增值、增大。资本往往追求更具有增值潜力的产业和组织。互联网时代由于平台信息的自由流动，导致资本可以在产业内部和产业间同样自由流动；而产业间或产业内部组织关系的融合和竞争，使得资本也在依据"九五效应"进行布局，风险投资成为产业发展的重要资本来源。

由于以数字技术推动的"媒介融合"已将电视产业的触角延伸到各个相关领域，允许更大范围内的资本流通和更广泛的行业协作，一个组织如果想要在竞争中占据优势，首先需要吸引更多的投资(风险投资)，以杠杆作用撬动更大的市场，同时在资本的推动下实现产业间的融合，人才的吸引，创新的实现，技术的领先。

(二)产业要求升级

时代特点要求产业要创新。互联网时代，年轻人成为消费的主体和产业推动的核心力量。创新是产业发展的灵魂和动力，尤其是对于文化产业而言。创新是一个综合性的概念，对于媒体产业而言，不仅包括了内容风格的创新，也包括了制作流程和组织管理的创新，甚至还包括与其他产业之间的功能性创新。

　　受众特点要求产业抓取注意力。加拿大著名传播学者麦克卢汉曾经在 20 世纪 60 年代就十分聪明地指出：传媒所获得的最大经济回报来自"第二次售卖"——将凝聚在自己的版面或时段上的受众"出售"给广告商或一切对于这些受众感兴趣的政治宣传者、宗教宣传者等。"注意力经济"则解释了只有通过报纸的内容或电视的节目凝聚起足够多的受众，这样的版面或时段才是有价值的。喻国明教授进一步提出，在接触环节上吸引注意、凝聚受众社会注意力资源的主要竞争手段总体上可以分为两类：一靠规模竞争，二靠特色竞争。[①]我们看到，所谓的"爆款""标题党""流量明星"等互联网或影视传播的现象，都是依据对受众的注意力而产生的行为。

　　网络特点保障产品更具长尾效应。马克思将人作为历史的参与者，指出整个所谓世界历史不外是人通过人的劳动而诞生的过程。[②] 互联网时代的文化产品与传统电子时代文化产品的巨大差异在于，这些文化产品在首轮播出之后，往往存放于网络的数据库中。这些内容并不会消失，而是有待于被受众再次消费，甚至随着时间的无限延展可以获得巨大的社会或经济效益。这与经济学中"长尾效应"模式的内在机制相吻合，即"在一个没有货架空间的限制和其他供应瓶颈的时代，面向特定小群体的产品和服务可以和主流热点具有同样的经济吸引力。……但仅有这一点还不够。新的供给必须有新的需求相伴。否则，长尾会渐渐枯萎"。[③]

　　"融合"是产业发展之道。从中观的角度看，掌握信息的机构成为掌控一切的力量。网民即市场，信息即财富。对技术的依赖以及行业之间的同质化竞争和异质化创新的需求，使得资本成为融媒体的绝对推动力量，一方面，如优酷、淘宝、微信、抖音等新媒体将产业触角向外延伸，实现了向融媒体的华丽转身，完成了不同信息类型、媒介平台甚至产业结构和社会功能的整合。产业融合实际上是满足了受众更为全面的、综合性的心理需求，如故事化的电子商务广告既满足了受众的物质性消费需求，又满足了受众对于购物过程中的娱乐性需求。而另一方面，搜索引擎、新闻门户网站、订票服务网站甚至银行金融等网站的结合，共享了受众信息，使得不同产业针对同一受众都能获得相应的

---

　　① 喻国明：《影响力经济——对传媒产业本质的一种诠释》，《现代传播》2003 年第 1 期，第 2 页。

　　② ［德］马克思：《1844 年经济学哲学手稿》，中央编译局译，人民出版社 1985 年版，第 88 页。

　　③ ［美］克里斯·安德森：《长尾理论》，乔江涛译，中信出版社 2009 年版，第 46、51 页。

利益。

(三)科学的统筹规划意识

2013年8月19日,习近平总书记在全国宣传思想工作会议上发表重要讲话,提出做好宣传思想工作,比以往任何时候都更加需要创新,尤其强调了要"加快传统媒体和新兴媒体融合发展,充分运用新技术新应用创新媒体传播方式,占领信息传播制高点。"①

2014年8月18日,习近平总书记主持召开中央全面深化改革领导小组第四次会议时强调,推动传统媒体和新兴媒体融合发展,要遵循新闻传播规律和新兴媒体发展规律,强化互联网思维,坚持传统媒体和新兴媒体优势互补、一体发展,坚持先进技术为支撑、内容建设为根本,推动传统媒体和新兴媒体在内容、渠道、平台、经营、管理等方面的深度融合,着力打造一批形态多样、手段先进、具有竞争力的新型主流媒体,建成几家拥有强大实力和传播力、公信力、影响力的新型媒体集团,形成立体多样、融合发展的现代传播体系。

2015年12月25日,习近平在视察《解放军报》时指出:"要研究把握现代新闻传播规律和新兴媒体发展规律,强化互联网思维和一体化发展理念,推动各种媒介资源、生产要素有效整合,推动信息内容、技术应用、平台终端、人才队伍共享融通。"②

2019年1月25日,习近平在中共中央政治局第十二次集体学习时强调推动媒体融合向纵深发展,巩固全党全国人民共同思想基础。他强调,全媒体不断发展,出现了全程媒体、全息媒体、全员媒体、全效媒体,信息无处不在、无所不及、无人不用,导致舆论生态、媒体格局、传播方式发生深刻变化,新闻舆论工作面临新的挑战。我们要因势而谋、应势而动、顺势而为,加快推动媒体融合发展,使主流媒体具有强大传播力、引导力、影响力、公信力。

2020年6月30日,习近平总书记主持召开中央全面深化改革委员会第十四次会议,会议审议通过了《关于加快推进媒体深度融合发展的指导意见》,强调推动媒体融合向纵深发展,要深化体制机制改革,加大全媒体人才培养力度,打造一批具有强大影响力和竞争力的新型主流媒体,加快构建网上网下一体、内宣外宣联动的主流舆论格局,建立以内容建设为根本、先进技术为支

---

① 《习近平十八大以来关于"新闻舆论工作"精彩论述摘编——专题报道》,http://cpc.people.com。

② 沈正斌:《习近平关于新闻舆论工作重要论述:逻辑起点·发展脉络·理论内核》,《现代传播》2018年第11期,第81页。

撑、创新管理为保障的全媒体传播体系，牢牢占据舆论引导、思想引领、文化传承、服务人民的传播制高点。

习近平总书记有关媒体融合的系列讲话，深刻描绘了宏观上构建创新融媒体的总体思路和建设方针，明确了传统媒体和新兴媒体的迭代关系；破除了主次之分的想法，强调两者之间是此长彼长，也明晰了两者并非强弱之争，而是优势互补；在发展过程中强调了媒体融合的重大意义，在具体方略上要实行传统媒体与新兴媒体同一标准、一体化管理战略，应放大格局，朝向实现"资源通融、内容兼融、宣传互融、利益共融"的融媒体发展目标迈进的新指示、新要求。

二、融媒体人力资源管理创新

(一)提高对人力资源管理的重视度

媒体融合发展过程中，应秉持人本主义原则，理解人在工作场所的行为、需要、态度以及社会互动和群体过程的重要性，重视人力资源管理。人力资源是行业发展的主要构成要素，也是媒体行业发展的重要原动力，注重媒体从业人员的主观状况、工作责任感与积极性，可以更加有效地实现对媒体生产发展的推动。管理学中的霍桑实验早已证实工作效率主要取决于职工的积极性，取决于职工的家庭和社会生活及组织中人与人的关系。因此，在媒介融合管理过程中，做好人力资源管理，在可承担的前提下、在合理范围内，应充分考虑从业者的实际需求，提高其职业归属感和成就感，使媒体人力资源管理达到更理想的效果。

(二)完善人力资源管理体系

应重视人力资源管理体系的构建与完善，提高媒体人力资源的利用率与管理效率，夯实媒体人力资源管理基础，促进媒体管理工作科学有序发展。发挥管理中的制度先行原则，制定行之有效、符合实际发展的媒体人力资源管理制度，通过实施与落实相应的人员管理，逐步调整、改善、优化人才引进、人岗匹配、人员激励等相关人力资源管理内容。明确薪酬考核具体标准，通过科学的绩效考核，保证人力资源管理的稳定性、可持续发展性。注意岗位类别和岗位性质，不同的岗位特点适用于不同的考评体系，不能简单地搞一刀切，不能脱离事实单一追求量化评价结果，注重收集人事意见，可采用主客观双向评价模式，促进媒体人力资源管理的务实性发展。

在人事体制方面，应健全用工制度，实施编外人员管理改革。有效地改善和提高编外人员的政治待遇，搭建科学、规范的编外人员管理体系。中央电视台人事管理实现了从单一的用工模式向多种用人制度的转变，还确立了制片人竞争上岗新机制，建立了一套较为全面的管理机制，包括制片人任前公示制度、签订责任书及聘后管理制度，人事、财务、纪检监察部门结合年度考核对聘任制片人进行绩效考核，考核不过者，结束聘用。这解决了多年来栏目制片人管理中的制度性缺陷，在国内首次实现了制片人管理的规范化和制度化，促进了栏目管理向科学、有序、高效、优质的方向发展。同时提高了员工的技术要求，不仅要求一线员工具有融媒体信息生产能力，台前线记者需要具备较高的文字能力、摄影能力、摄像能力、编辑能力，同时也要求后方制片人具有更敏感的热点把握能力、融媒体推广能力和多媒体协作能力。

（三）创新人力资源管理方式方法

融媒体人力资源管理创新，不能忽视原有传统媒体实际情况，在结合之前客观情况的基础上，调整人力资源绩效管理办法。传统媒体以往的导向式绩效管理办法，在过去的历史背景下曾发挥过积极意义，也具有一定的优势，保证了绩效考核办法的实效。然而在大数据、云计算、海量信息的时代浪潮下，单一的导向式绩效考核方法已显然不能满足今天行业发展的实际需要，对综合绩效考评方式的需求在今天的行业发展中显得尤为迫切。

可以通过搭建员工之间的内部平台，形成员工反映意见的网络集散地，针对单位业务提出合理化建议。平台设置专门或兼职的管理人员，定期将单位各项新的政策通过平台进行上传，员工及时浏览，知晓单位内部的新闻和发展动态，同时积极收集员工合理化建议，让员工拥有归属感。

三、融媒体运营管理创新

（一）战略目标科学化

将媒体融合锁定为媒体行业发展的战略目标，在这一基本共识基础上，充分考虑构建完整、科学、务实的绩效管理体制，使绩效管理本身充分发挥媒体融合进程中传统媒体与新媒体融合发展、转型升级、竞争优势产能淘汰落后产能的激励性作用与积极意义。

融合媒体平台建设可以采取整体规划、分步实施的方法，充分整合利用内外部资源，在有限的资金投入下，合理利用新技术取得良好效果。融合媒体时代更强调的是需求满足，整体来看是一个以用户为主导、需求为核心驱动力的商业模式。因此要整合现有资源，提高业务适应性、弹性与可塑性，由过去的自建自用模式转变为整合资源服务模式，立足在海量存储、内容数字化、数据挖掘与抓取、信息共享与检索等方面有大踏步进展，力争在媒体资源充分融合和高效分布上持续突破和推进。

具体的战略目标包括以下几个关键要素：一是在组织内部树立一体化发展的创新理念，促进传统媒体与新媒体的融合。二是在节目设置方面，推动综合节目体系的建设，完善新闻采编流程，促进新闻发布的动态时效性和内容的权威性。三是传统媒体应按照上述战略目标，建立科学有效的绩效考核系统，最终实现企业集成的战略目标和发展。具体来说，企业应明确绩效考核目标，并优化或改进相应的岗位和职责分配，并在此基础上，设定具体的绩效考核目标，作为绩效考核的重要参考；企业应综合运用各种考核方法，通过分级分类、拓展维度、深入强化等方式细化绩效考核目标；同时，企业应不断优化组织内部的评估过程，在评估过程中基于采购情况和综合评价，并通过建立反馈机制及时有效地反馈评估结果；绩效考核结果应与其他人力资源管理模块挂钩，如绩效薪酬、人才选拔、职业规划等。

SWOT 分析方法（态势分析法）是常用的战略分析方法，通过对被分析对象的优势、劣势、机会和威胁，以及系统的内部资源、外部环境等加以综合评估与分析，可以发现媒体融合体系的资源优势或结构缺陷，进而发现媒体融合所面临的机会和挑战，最终使决策层进行战略与战术两个层面的调整，合理进行资源分配，以保障并达成既定目标的实现。同时，SWOT 分析方法还可以帮助决策层在全面了解客观条件的基础上，科学制定战略性目标，开发战略绩效管理体系，准确进行组织内部的横向部门分工以及纵向的职能分解，确保绩效考核的全面性和完整性，实现科学、直接的绩效管理。

（二）组织结构灵活化

组织结构灵活化强调新环境下组织结构日益扁平化、网络化、团队化。从主流电视台结构调整方案看，趋势是减少电视台内部的管理层级，使权力向两极集中：频道总监对各自的频道负责，栏目获得更大的制作与融资权力。

扁平化的组织结构某种程度上可以让现代媒体企业的治理结构在信息网络技术的支撑下，具有灵活、动态的控制方式，以适应组织内部变化的需要及外部环境变化的需要。扁平化、网络化、团队化的管理组织结构具备柔性的、边界模糊的管理特征，这种管理特征使小型的、自主的、创新的微小组织单元根据组织的规则渐次形成具有一定规模结构的团队。它可以保证每一位成员的认同感、积极性和创造性。而边界模糊更有利于小型组织结构之间的联系、互利与合作，使团队保持开放性和创造性。同时，边界的模糊可以拓展产业间的组织合作，促进不同产业间组织的信息交流，并激发出更丰富的合作可能。如江苏广电集团(总台)制作的节目《你所不知道的中国》,以新闻中心为制作核心力量,结合融媒体中心和荔枝网等机构,并与其他省份兄弟单位合作,实现了节目质量、传播力和影响力的全面提升。

(三)制播分离和娱乐产业群建设

上海在全国率先整体实施广播电视制播分离改革。2009年,原上海文广新闻传媒集团更名为上海广播电视台,并出资组建上海东方传媒集团有限公司。通过"制播分离"制度,上海电视台主要行使全台节目规划、评估、审查、收购与播出的功能;部分节目制作从台内剥离出来,由独立节目制作公司承担,电视台与节目制作公司实际上是一种"买与卖"的商业关系。制播分离可以改变电视台自制自播、自我循环的内部生态环境,在精简机构、节约成本的情况下,提高了电视台宏观制定目标、集约社会资源的能力;同时独立制作公司在竞争机制下可以提供更优质、更丰富的节目资源。从整个节目生产与制播流程看,制作成本大大降低而节目质量得到了保障。

集团化传媒娱乐产业群有助于文化产业业务的全方位拓展,包括节目版权销售、品牌衍生经营、新媒体业务开发等。同时,集团也可通过资本运营的方式发展壮大自己。但业务范围的扩展,需要传媒集团进一步改变结构体系,在传统广播电视业务生产之外,调整或增加相关产业结构部门,引进高层次相关产业人才,鼓励企业内部中青年骨干人才的培养与转型,构建符合集团特点的人力资源管理新体系。

(四)"台网融合"的全方位发展

为了满足日益发展的新形态的媒体发展需求,北京电视台大刀阔斧地进行改革,从组织建设、平台搭建、节目生产等方面,以台网融合为核心思路,全方位地践行三网(广播电视网、计算机网、电信网)融合。[①]

组织架构建设上,建立专职部门整合台内所有新媒体业务。北京电视台成立专职运行新媒体业务的工作部门,将原来分散于不同部门的网络媒体资源、手机视频媒体资源等逐步整合到新媒体部门,在统一平台上运行。同时,将电视节目新媒体版权、新媒体广告经营等业务也逐步转移至新媒体部门,以保障新媒体部门的运营主动权。

业务平台搭建上,构建面向多终端的"三位一体"的业务体系。三网融合

---

① 李先知:《北京电视台:探寻"台网融合"下广电新媒体发展之路》,《中国记者》2013年第6期,第118页。

的多元盈利渠道成为市场化进程中广电媒体实现产业规模效益的新路径，同时多屏融合、多渠道传播也是打造新媒体环境下宣传平台和公共服务平台的竞争力。为顺应三网融合下的新媒体发展趋势，北京电视台搭建起了以北京 IPTV、北京网络广播电视台网站、移动互联网业务为主的"三位一体"新媒体业务体系，以实现本地受众向用户转换、广域用户向受众转换。

同时，在三大新媒体业务之间建立起统一的数据平台，即基于云计算平台，建立统一的用户系统、云媒资系统和数据服务平台，在统一的数据库后台，面向不同的用户需求，全面覆盖北京电视台涉及的新媒体业务。

第三节　融媒体中心建设案例分析

一、英国广播公司：全媒体战略[①]

2005 年，英国广播公司（BBC）就未来世界传播格局、受众的需要以及如何满足受众的需求等内容展开研究，并于次年推出"创造性的未来计划"，这一计划被视为 BBC 进军 Web2.0 的宣言书。"创造性的未来计划"包含五大主题，三大理念。

（一）五大主题

2006 年，BBC 正式提出"马提尼媒介"概念。马提尼媒介从本质上看是一种跨平台的传播策略，其目标是"让受众用最适合自己的方式来获得信息，并且要快、准、精"。从某种程度上看，这就意味着 BBC 应建立全新的新闻生产模式，即 BBC 总裁汤普森所希望的："所有工作人员都要在 BBC Web2.0 的背景下工作。"从调整的结果看，BBC 的所有工作人员都应具备媒介融合意识，在制作本平台节目的同时为 BBC 在线提供素材；BBC 旗下的广播台、电视台以及 BBC 在线之间都建立了跨平台的节目制作和共享机制。

认真对待娱乐。娱乐不仅是民众的实际需求，也是民众多元生活的体现，因此，BBC 需要在增强可信度的同时增强"服务公众"意识。

针对年轻受众，"唯一能确保 BBC 持续的成功方法就是让他们能追随和连接未来的受众，否则，BBC 将最终永远地失去一代人"。一方面 BBC 在青少年节目上投入更多精力，另一方面针对青少年受众的特点在节目制作和经营上做出大量调整。

---

① http://www.cctv.com/cctvsurvey/special/BBCquanmeiti/20111228/119571.shtml。

易于查找。BBC 在 2007 年使用了强大的搜索引擎——下一代搜索引擎。用户通过输入声音和图像就能查找到相关的音频和视频资料；BBC 的技术部门根据新搜索引擎的特点对所有节目内容的元数据进行更好的组织。这一举措不仅提高了节目制作效率、节省制作成本，使媒体资产得以循环再用，帮助 BBC 逐步开展节目自动播出、节目点播、互联网节目发送、节目交易、视/音频资料提供、交互电视等新业务，而且为用户从海量的网络信息中更方便快捷地查找和使用 BBC 的内容创造了可能，并可跟踪用户偏好，为用户定制信息。

积极与受众互动。BBC 希望受众是主动的参与者和合作伙伴，能够参与节目的讨论、创作、交流和分享。BBC 在线开发了一个系统，使网络用户与健康、自然、历史等频道发生互动。

(二)三大理念

"导航"旨在开发 BBC 在线的检索功能，为用户提供人性化的搜索代理服务，以"成为大家最值得信赖的指引者"为目标。BBC 的新媒体和技术部将加大投入，开发下一代搜索引擎。新的数据库和搜索引擎开发成功后，用户定制信息将成为可能。

点播的核心是强调按需服务，这引起 BBC 关于节目制作、包装、传输方式的反思。BBC 开发了"My BBC Player"播放器(后改名为 BBC iPlayer)，用户可以下载 BBC 的所有节目，利用电脑、电视机或者手机观看。

共享是 BBC Web2.0 的核心理念，BBC 鼓励用户在 BBC 网站上建立自己的博客，并将自己的视频、音频发布到 BBC 站点上。据 BBC 新媒体部主管阿什利·海菲尔德介绍，今后，BBC 将会减少自己的内容，采用更多来自观众和读者的内容，通过开发"聚合器和可信任的导航"的功能来聚合用户创造的内容。[①]

(三)BBC 全媒体组织运营结构

BBC 目前有四大团队和节目内容生产直接相关：视觉、音频与音乐、新闻和北部中心团队，这些团队打破了过去按频道和类型划分结构的方式。新闻团队将原先独立的电视、广播和网络新闻运营平台整合成跨平台多媒体新闻中心，将某一新闻资源按照受众不同需求与传播途径的差异进行调整，使其适合在电视、广播、网络、手机、互动电视等多个平台上播发；[②] 视觉团队是内容生产团队，提供的视频节目内容同样可以在手机、互联网、互动电视、数字广

---

① 付晓燕：《BBC 的"创造性的未来计划"》，《新闻战线》2008 年第 4 期，第 29~30 页。

② 唐莘：《"三网融合"背景下解读 BBC》，《中国记者》2011 年第 4 期，第 113 页。

播等全媒体平台播出(图 6-7)。

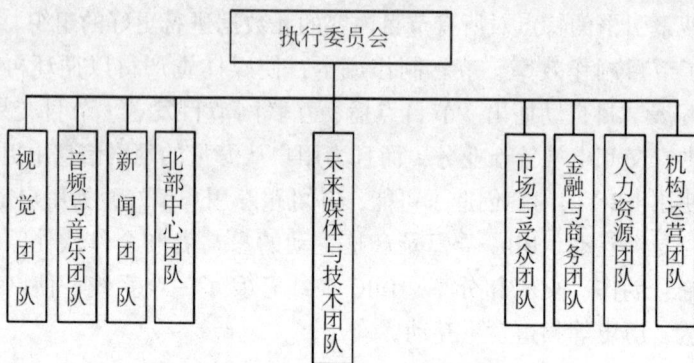

图 6-7 2010 年 BBC 的组织架构

二、上海广播电视台:"中央厨房"新模式

上海广播电视台、上海东方传媒集团有限公司根据时代发展的要求,秉承"打造中国最具创新活力和国际影响力的广电媒体及综合文化产业集团"的企业愿景和"传播向上力量 丰富大众生活"的企业使命以及"协同高效 业绩导向以人为本"的管理理念,业已成为中国目前产业门类最多、产业规模最大的省级新型主流媒体及综合文化产业集团。

(一)上海广播电视台的组织架构

上海广播电视台在进行集团性的结构调整,如在扩大业务范围的同时,进行职能制与事业部制的综合建构。截至 2018 年底,上海广播电视台共有职能部门 12 个,事业部 7 个,一级子公司 15 家,上市公司 1 家,二级子公司 53 家,三级子公司 23 家,共有从业人员 1.5 万人,业务涵盖媒体运营及网络传输、内容制作及版权经营、互联网新媒体、现场演艺、文化旅游及地产、文化金融与投资、视频购物等领域。

图 6-8 是上海广播电视台的总体结构示意图,由于子公司等组织体系复杂,这里不一一列出。上海广播电视台采用以职能式与事业部式相结合的矩阵式集团组织架构,可以在全集团事业扩张的过程中迅速调整或增加相应部门,反映出一定的组织灵活性和动态性。此举在社会文化需求旺盛及动态变化的过程中显得尤为重要。

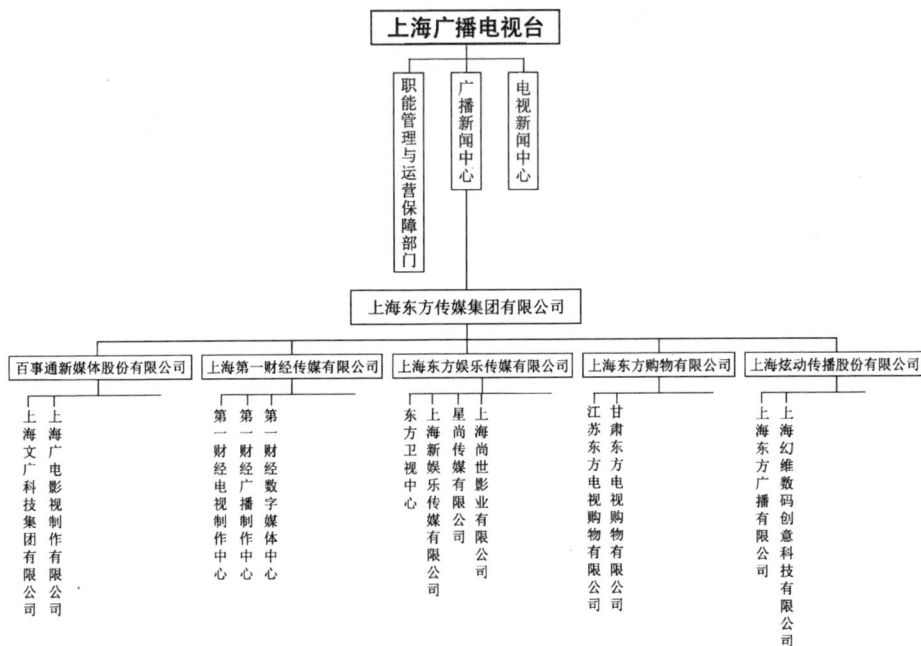

图 6-8　上海广播电视台总体结构示意图

(二)上海广播电视台融媒体中心

多屏生产、多元盈利成为广电媒体在新媒体环境下需要考虑的改革重点。针对新技术对电视节目生产带来的巨大影响,上海广播电视台以网台融合为核心思路,从组织建设、平台搭建、节目生产等方面进行改革,不仅集约了生产资源,而且将新媒体版权、新媒体广告等业务也集成在新媒体部门,保障了新媒体部门的运营主动权和生产效率。新组建的融媒体中心将新媒体生产人员整合在节目生产组织内部,尽可能为每一个细分组织安排服务于三种分发渠道(电视端、直播流、移动端),同时还需要跨媒体内容协作团队负责不同渠道间的合作互通。①

媒体融合的一个重要变化,是将原本处于传统媒体下游的、作为延伸产品的新媒体,变为与传统媒体生产并行的模式。目前,融媒体中心内部生成了多层次网络化的组织架构,通过内容生产者和协作者的分工,形成了一次采集,多层次处理,多端口生产,多渠道分发的"中央厨房"新模式。在融媒体中心,

---

① 吕楠:《融合型媒体组织的探索——以上海广播电视台融媒体中心为例》,《新闻记者》2017 年第 6 期,第 56 页。

这一变化主要通过中央素材库的打造来实现。在融媒体中心内部，记者使用统一平台上传包括图、文、视频在内的各类素材，记者可以通过移动客户端，在采访现场即时发回多媒体素材。与此同时，电视编辑和新媒体编辑可以同时获得这些素材，同步生产，实现"一次采集，多端口共享"模式图(6-9)。①

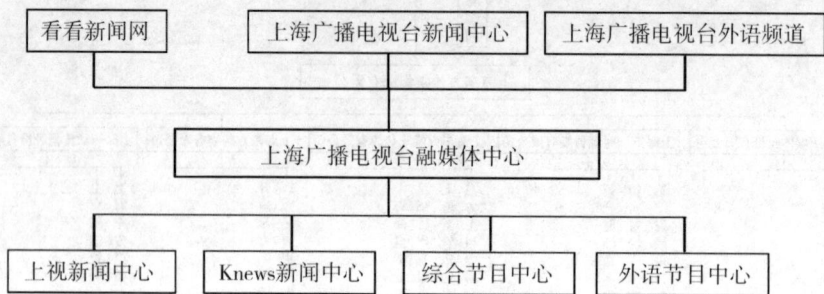

图 6-9　上海广播电视台融媒体中心

三、县级融媒体平台：整合与建设

习近平总书记强调："推动媒体融合向纵深发展，要深化体制机制改革，加大全媒体人才培养力度，打造一批具有强大影响力和竞争力的新型主流媒体。"加强县级融媒体中心建设，是推动媒体融合向纵深发展的基础环节。

（一）县级融媒体中心建设的重点任务

（1）整合媒体机构。各县整合所办报纸、内部刊物、广播电视台，组建融媒体中心，将县级党委及政府部门、乡镇街道所办政务信息网站及"两微一端"等整合进来，统一管理、统一运营。

（2）建设技术平台。融媒体中心设立统一的新闻信息采集中心、编辑中心，建立全媒体内容管理系统，实现"一次采集，多种产品，多媒体传播"。

（3）丰富传播载体。建设报刊、广播、电视、"两微一端"、手机台、城市LED 显示屏等多个终端，发挥各终端传播优势，实现在县域内的最大覆盖。

（二）县级融媒体中心建设原则

对于县级融媒体中心建设来说，各自独立重新建设融媒体平台代价巨大，

---

① 吕楠：《大屏危机下的广电机构媒体融合实践探索——以上海广播电视台融媒体中心为例》，《上海广播电视研究》2017 年第 3 期，第 49 页。

需要依托省级融媒体云平台的服务能力进行构建。

本章小结

信息技术的出现改变了传统企业的组织结构和管理机制，同时对新媒体的组织结构和管理机制也提出了一定的要求。本章介绍了传统组织的三种基本组织结构形态，并介绍了互联网环境下组织结构的发展趋向，以及传统媒体在时代要求下进行组织结构调整的必要性。

【思考题】

1. 传统企业的组织结构有哪几种类型？
2. BBC 的组织结构体现出怎样的特点？

第七章　主流媒体融合

主流媒体在我国视听格局中具有重要地位，对社会主流价值观的引导，以及人们精神文化的熏陶起着重要作用。媒介融合背景下，视听内容生成多元化，视听渠道泛在化对主流媒体产生了冲击。传统主流媒体遇到阅读量下降、订阅量下降、收视率下降、开机率下降、用户流失等问题，需引起我们的关注并积极进行改进。

第一节　主流媒体的界定及面临的挑战

一、主流媒体的界定

主流媒体是一个相对概念。喻国明教授认为，主流媒体就是关注社会发展的主流问题，成为社会主流人群所倚重的资讯来源和思想来源的高级媒体。刘建明教授认为，主流媒体绝不仅仅是对用户份额的占有，更不是硬性的订阅，而是负有对用户思想的引领，以其权威性指导用户思考方向的职责。主流媒体的本质、核心和标志只有一个，就是以它的思想影响力受到社会主导阶层的关注，成为社会主流人群每天必阅的媒体。同时，这种引导又具有高度理性化的特征。周胜林教授认为，主流媒体是影响力大、起主导作用、能够代表或左右舆论的省级以上媒体，主要是指中央、各省(市、区)党委机关报和中央、各省(市、区)广播电台、电视台，以及其他一些大报大台。[①]

新华社"舆论引导有效性和影响力研究"课题组的研究成果表明，主流媒体具有以下六条标准：[②]

(1)具有党、政府和人民的喉舌功能，具有一般新闻媒体难以相比的权威

---

① 齐爱军：《什么是"主流媒体"?》，《现代传播》2011年第2期，第50~53页。

② 新华社"舆论引导有效性和影响力研究"课题组：《主流媒体判断标准和评价》，《中国记者》2004年第5期，第10~11页。

地位和特殊影响，被国际社会、国内社会各界视为党、政府和广大人民群众意志、声音、主张的权威代表；

（2）体现并传播社会主义意识形态与主流价值观，在我国即是社会主义意识形态和与之相适应的价值观，坚持并引导社会发展主流和前进方向，具有较强影响力；

（3）具有较强公信力，报道和评论被社会大多数人群广泛关注并引以为思想和行动的依据，较多地被国内外媒体转载、引用、分析和评判；

（4）着力于报道国内外政治、经济、社会、文化等领域的重要动向，是历史发展主要脉络的记录者；

（5）基本受众是社会各阶层的代表人群；

（6）具有较大发行量或较高收听、收视率，影响较广泛受众群。

因此，一般而言，主流媒体在整个媒体生态环境中处于主导地位，是在视听传播中拥有强大的传播力、引导力、影响力和公信力的媒体，能够在政治、经济、社会、文化等方面体现主流意识形态、主流思潮等。

主流媒体应有效地实现媒体融合，促进自身的生存发展，围绕中心服务大局，讲好中国故事，不断增强主流媒体传播力、引导力、影响力、公信力。作为主流媒体，要懂得网络传播规律，坚守媒体责任，守正创新，推动媒体融合发展，大力发挥融媒体矩阵宣传作用，树立主流媒体的权威和公信力，为全面建设社会主义现代化国家营造良好的网络舆论环境。[①]

二、主流媒体融合面临的挑战

随着媒介融合的发展，新的视听媒介环境正在形成之中，主流媒体面临着各种新的挑战。一方面，媒体的整体垄断性不断地被打破。另一方面，作为一种组织机构，各级各类主流媒体仍然是一个"大体量"的媒体存在，是视听内容的主要生产、传播者之一。如何适应媒介融合的新视听环境，构建新的主流媒体阵地成为一个十分重要的问题。

首先，是主流媒体的内容优势受到了挑战。随着媒体融合的发展，视听内容的生产越来越多元化，越来越多的个体和群体开始进入自媒体的视听内容生产、扩散的过程中来，成为视听内容的来源之一；此外，诞生于而又成长于互

---

① 王召辉、赵艳红：《互联网时代主流媒体提升公信力对策研究》，《新闻研究导刊》2020年第12期，第117~118页。

联网的商业视频网站，如优酷、YouTube 等，还有抖音、快手等这些单一短视频应用，成为人们日常视听内容的重要来源之一。因此"新媒介融合语境下，传统主流媒体的'主流'体现不在于内容数量或质量，而在于如何将适宜的内容与适宜的用户相关联，动态反映其需求；其效果的衡量和影响不仅与威权者的宣传、新闻专业人士的把关或专家学者的权威意见相关，也与大量呈现在新媒体融合平台上的异质性社群意见指向相关"。①

其次，是平台和渠道垄断性受到了挑战。多元化平台和低门槛渠道影响着整个视听传播生态。视听平台从单一的强链接时代转向多元化的多链接时代，无论从市场需求还是用户需求来看，全面布局链接型业态和具有辨识度的产品已成为大势所趋。尤其是当前视听应用 APP 层出不穷，降低了视听生成的技术门槛，视听内容越来越丰盈，以至进入到无处不视听、无时不视听、无终端不视听的视听生态格局中。这种多元化的视听格局使得主流媒体构建发生了变化。

最后，是内容生产主体多元化的挑战。媒介融合背景下，视听传播生产主体变得多元化，传受双方的角色可以在瞬间发生变化，实时互动强化了视听传受双方的界限，进入到人际传播范畴中来。PGC、UGC、OGC、MGC 等构成了当下视听内容生成的主要来源。由此，视听内容的生产主体也发生了变化，UGC(User generated content，用户生成内容)、PGC(Professionally generated content，专业生成内容)、OGC(Occupationally generated content，职业生成内容)、MGC(Machine generated content，机器生成内容)成为目前主要的视听内容生产主体。各级各类主流媒体面对的不仅仅是同行的竞争，更有来自各行各业不同生成内容的竞争。

媒介融合背景下，说到底视听内容仍然是基础，优质视听内容才能支撑起一个主流媒体的发展与强大。"内容品牌是广播电视核心竞争力的重要标志，提升内容品质是实现广电媒体优质发展的关键。"②各级各类主流媒体在内容和传播层面不断加大力度进行转变和提升，包括内容价值、内容个性化、内容多元化、内容传播渠道平台多元化等，其目的自然是在竞争中赢得主动。

---

① 高宪春：《新媒介融合背景下主流媒体发展的五大趋向》，《中州学刊》2015 年第 4 期，第 171~172 页。

② 王同元：《积极探索省级广播电视科学发展的新路子》，《中国广播电视学刊》2013 年第 12 期，第 28~29 页。

第二节 挖掘主流媒体优质视听内容优势

融合多种优质视听内容，挖掘专业化的优质视听内容优势，是主流媒体融合的根本。目前，各级主流媒体融合发展坚持"内容为王"，以内容优势赢得发展优势，在融媒体生态中发挥核心作用。

一、选准挖掘融合内容优势的切入点

一般说来，各级各类主流媒体优质视听内容融合的切入点主要有以下四点：

首先，要紧跟重大事件、重大主题、热点事件、热点问题并生产出有价值的视听内容，要能够把握重大事件、热点事件、热点问题的发展规律，把握它们的本质和发展趋向。随着互联网的普及和移动传播的更新迭代，数据的跟踪、共享与开放使得重大突发事件所伴生的数据成为智媒时代新闻报道中重要的信息元素。在实时大数据支持与视觉数据建模常态化运用的推动下，近年来重大突发事件新闻报道的数据可视化速度也在不断加快。自然灾害（如 2019—2020 年澳大利亚林火灾害和 2020 年中国南方洪涝灾害）、事故灾难（如 2019 年巴黎圣母院火灾事故）、公共卫生事件（如 2020 年新冠肺炎疫情）、社会安全事件（如 2019 年新西兰克赖斯特彻奇市枪击事件）等重大突发事件报道中，实时大数据的记录、分析、比较，以及即时更新和可视化呈现，不仅为数据新闻在重大突发事件报道中的创新打下了坚实的基础，更为应急管理、信息服务提供了智媒环境下的应用性借鉴。在中国与世界其他国家主流新闻媒体的实践中，重大突发新闻报道与数据应用、可视化呈现的紧密结合展现出高效、精确的新闻实务追求，也为重大突发事件数据新闻报道的未来发展提供了借鉴。[1]

其次，要引领主流的审美需求，同时关注其他个体和群体多元化的审美需求。如观众的审美需求通常是综合了感官需求和心理需求的复杂精神追求。纵观近年来收视率较高的我国都市题材电视剧，都在一定程度上反映了当下中国社会的现实生活，能与观众在不同心理层面上产生共鸣，满足了观众的审美需求。[2] 歌德曾指出："美其实是一种本质现象，它本身固然从来不出现，但它

---

① 吴炜华、程素琴：《智媒时代的数据迷惘与新闻寻路——以重大突发事件的数据新闻报道为例》，《中国编辑》2020 年第 12 期，第 35~39 页。

② 张媛媛、张宇丹：《近年来我国都市题材电视剧受众审美需求分析》，《当代电视》2020 年第 11 期，第 33~35 页。

反映在创造精神的不同表现中，都是可以目睹的，它和自然一样丰富多彩。"①审美意识引入后，受众中心地位的意识更多地被强化了，报道不仅有了直接可感的形象，而且使受众进入愉快的感情氛围，达到"真实的事件，艺术地告诉大家"的效果。

再次，要符合"听故事"需求，发挥各级各类主流媒体的制作优势，在视听内容创作上，把主题事件化，事件故事化，故事人物化，人物个性化，触动用户的内心情感。现实生活中的人与事需要借助故事化的叙事手法来展现。如电视新闻的故事化手法是电视新闻的常用手法，新媒体的出现和移动智能的不断发展，电视新闻正受到严重的冲击，观众的数量逐年减少。面对越来越严峻的竞争，传统的电视新闻如何在激烈的角逐中保持自身的地位，为观众呈现一流的新闻内容，合理、高效地运用故事化手法，可以提升电视新闻在观众中的影响力和传播效果，做到动之以情，晓之以理，从而牢牢抓住观众的心。它还可以通过极强的叙事手法对表现新闻事实、传达新闻价值和提升电视新闻的影响力、传播力起到重要作用。在电视新闻报道中，有效地运用故事化的表现手法可以使新闻更具表现力，能够突出报道的主题，引发观众产生共鸣。②

最后，要贴近用户情感需求，将人文关怀与人本的需求联系起来，将主流的价值观念融入具体的人和事中，用情感的体察唤起用户的共鸣等。2020 年 1 月 20 日，国家卫健委高级别专家组组长钟南山院士接受央视《新闻 1+1》节目采访，公开肯定新型冠状病毒可以人传人，引起大规模的社会关注。此后，报道数量急速增加，新冠肺炎成为各类媒体几个月中最关心的议题。1 月 21 日，丁香医生微信公众号开始每日进行疫情实时动态通报，是首批上线的不断实时更新的即时信息平台，也成为抗击新冠肺炎期间不少人了解疫情动态最常访问的平台。1 月 22 日，财新网发表可视化作品《了解你附近的新冠肺炎定点医院》，用交互式地图的方式，根据读者使用电子设备的地理定位，基于各地卫健委的数据，为读者提供附近 10 公里内或省内的新冠肺炎定点医院，取得了良好的传播效果。③

---

① 杨辛、甘霖：《美学原理新编》，北京大学出版社 1996 年版，第 23 页。

② 刘琼：《电视新闻中故事化手法的分析》，《新闻论坛》2020 年第 10 期，第 78～79 页。

③ 王怡溪、许向东：《数据新闻的人文关怀与数据透明——对新冠肺炎疫情报道中数据可视化报道的实践与思考》，《编辑之友》2020 年第 12 期，第 69～75 页。

二、运用跨界思维挖掘融合内容优势

主流媒体视听内容要跨界，从平台渠道，到行政区域，再到视听用户细分，视听内容类型、形式等都要具有跨界思维。

（一）融合视听生产的流程

各级各类主流媒体需要强化专业化流程，将自身视听内容提升，增强大屏效应，提升用户的视听体验。"广播电视媒体是一种以生产和播出电视节目为主体的内容产业，内容是电视产业的核心竞争力。"[1]在媒介融合背景下，各级各类主流媒体不是丢弃自身的优势，而是做两方面的转变：一是传统视听内容专业优势的转变，做强原有的视听内容；二是新数字媒体视听内容的转变，做全新的视听内容。前者是夯实各级各类主流媒体的基础，后者是顺应数字新媒体时代的到来做出的有效调适。主流媒体可以将原有专业化内容进行有机聚合，重新生产规划。

（1）通过多渠道汇聚工具为广播电视工作者提供多种信息汇聚平台，记者编辑能随时随地通过各种途径上传信息素材；

（2）通过广播电视媒体的内部媒资系统，选取合适的素材内容导入全媒体生产内容聚合平台；

（3）通过专业外部数据，包括专业机构提供的资讯数据以及外部网站数据，这些数据通过专业软件直接抓取入库并进入全媒体生产的内容聚合平台。[2]

新华日报社社长、党委书记，新华报业传媒集团董事长双传学认为，主流媒体融合发展要在流程再造上下功夫，以"中央厨房"为龙头，建立从内容运营到产品体验再到用户反馈的实时管控"链条"，更加高效地运行策采编播发评一体化机制；主流媒体要以壮士断腕的决心坚决去落后产能，推动组织再造、架构重整、转型升级，如此才能"加"出互补、"融"出合力，让轻装上阵的主力军进入主战场；创新聚才用才机制、完善人才激励机制，大力加强人才队伍建设，不断增强"四力"，推动全员能力提升，打造骁勇善战的主力军。[3]

就融合视听生产流程的触发点而言，它主要包括两种方式，一是先有主

---

①　高飞、孙欣然：《全媒体生产流程实践和探讨》，《现代电视技术》2012 年第 10 期，第 112~113 页。

②　高飞、孙欣然：《全媒体生产流程实践和探讨》，《现代电视技术》2012 年第 10 期，第 112~116 页。

③　双传学：《媒体融合，主流媒体可以这样做》，https://china.huanqiu.com/article/9CaKrnKpOFG。

题，然后寻找丰富有针对性的数据资料来支撑创作视听内容；二是先有各种数据资料，需要在纷繁复杂的数据中梳理出独特的视听主题进而创作视听内容。"中央厨房"中的视听资源都可以这两种方式发挥重要作用，关键在于让"中央厨房"中的资源变成"活水"，不断地注入媒介融合生产流程中，从题材突破、平台融合突破、部门整合突破、互动融合突破等方面入手，将数字化资源进行有效的聚合和创新，有效地满足用户多元化的视听需求。

(二)视听内容嵌入传播场景

视听内容聚合得做大做强，聚合的目的在于各级各类主流媒体进行视听资源的优化配置，将传统意义上一次播放就束之高阁的视听内容多次充分利用，使视听内容可以充分共享，嵌入场景性，提供以人为中心的更及时精准的接入服务，有效满足用户的视听需求。

视听内容嵌入场景传播的思维转变是为了媒介融合背景下更好满足用户的视听需求。电视台传统的节目生产业务流程经过多年的发展，从资源收录汇聚、节目制作、节目发布都拥有完善清晰的流程，从传统制播体系来说无疑是先进的。但是这几年以互联网为首的新兴媒体扑面而来，其基于全新的技术体系、全新的思维模式、全新的制作理念和业务流程，给观众带来了前所未有的新体验。[①] 全新的思维模式就是用户思维模式，全新的制作理念就是媒介融合的制作理念，全新的业务流程也就是互联网的业务流程。

主流媒体融合应以用户的视听需求为中心，以多媒体平台互动、多种视听内容资源聚合制作，以视频+宽带+语音+综合信息+智能家居等一体化的全业务体系，构建全新的视听生产流程。各级各类主流媒体内容生产传播的各个环节都需要考虑是否适合全媒介融合平台的呈现，这已经是一种必然的趋势。

主流媒体视听内容嵌入场景传播的跨界思维，需盯住全媒体传播体系建设这个目标，以体制机制创新为媒体深度融合增添强劲动力，以富有效率、充满活力的体制机制保证媒体融合发展行稳致远。这一跨界思维的关键在于不再拘泥于单一场景，将静态的客厅媒体转变为动态的车厢媒体，在用户连续不断的变化中形成视听内容与不同场景的有效契合。主流媒体融合正在发挥场景时代的大数据、移动设备、社交媒体、传感器和定位系统等五种技术力量，关注它们的联动效应，实现虚拟现实社交、微数据、智能服务、高精度定位，表现出智能性、便捷性、可预测性、人本性等特点，进而产生传播力、引导力、影响

---

① 秦毓：《浅析全媒体环境下电视台节目生产流程的改变》，《电视技术》2014 年第 24 期，第 101~104 页。

力和公信力。

三、创新专业生产挖掘融合内容优势

主流媒体通常具有权威性、公信力等内容优势，在视听内容引导力和影响力上发挥着举足轻重的作用，在媒介融合背景下，要适应新视听媒介内容的转变，创新专业生产，发挥主流媒体的传统优势。

学者胡智锋提出了广电主流媒体的三大优势："信息发布的权威性""直播的日常化"和"高端大制作"。[①] 这三个方面主要基于自身的专业生产内容，需要在多种内容生产的语境下继续保持影响优势。如在权威性上，面对海量视听信息的冲击，各级各类主流媒体更要在视听内容的细节、价值、意义等方面加以强化，提供更准确、详实的视听内容，充分利用公信力，放大权威性等。

各级各类主流媒体还可以充分利用自身高速网络视频传输的优势，搭建高清视频云服务平台，为社会各机构内部之间、外部之间以及家庭个人之间的信息交流提供高清视频会议、高清家庭视频电话、高清远程医疗、社区孤寡老人监测、高清远程辅导教育等服务。地方主流媒体集团还可以通过发展以本地服务为主体的社区O2O业务，实现用户的二次聚合，增强用户忠诚度。这也是传统媒体融合转型中比较可行的途径之一。

例如，福建日报报业集团旗下的"海都公众U我"平台聚集了门类齐全的本地服务。该平台起源于《海峡都市报》创办的呼叫中心。它以解决市民泛生活需求为宗旨，依托媒体公信力、影响力、传播力，跨界整合生活服务行业，建设"知民情、解民忧、化民怨、暖民心"的服务平台，通过多年来深耕培植线下社区服务能力，拓展线上技术研发，实现了当地公众服务的平台化运营，从功能单一的呼叫中心转变为拥有呼叫中心、网站、移动客户端、户外交互大屏、社区服务中心等多个用户入口的媒体平台，聚合了家政服务、房屋装修、清洗保洁、商品定制等516项社区化、标准化的生活服务，形成了"互联网+民生服务"生态圈。

广电网络自主研发的各种视听技术平台、客户端等与各类第三方平台终端搭配组合完全可以满足社会不同阶层对高清视频服务需求，是各级各类主流媒体的重要的一项新增值业务。

---

① 胡智锋：《新环境下中国电视的发展与创新空间》，《新闻与写作》2018年第3期，第22~25页。

四、构建媒体融合中心延伸融合内容优势

互联网时代，信息传播扩散的速度加快，"在技术驱动的网络空间，信息传播的不可预见性前所未有。各种相关因素在一定环境下相互联系、相互作用的运行规则和原理，彻底改变了人类社会信息传播的方式"。[①]

媒介融合的关键在于数字化多平台内容的融合，将视听内容生产嵌入到互联网络之中，打通各种业务部门之间科层制的界限，优化视听生产的环节，这包括各级各类主流媒体决策层与执行层之间环节的简化，人财物等生产资源的优化，视听内容资源展示的多平台化，将用户视听需求转化为有价值的视听内容，包括视频、音频、图片、文字等在内的内容融合，组建包含传统媒体和新媒体的融媒体平台运营架构，依托不同部门间的深度融合，努力促成媒介融合的倍增效应，在生产流程上凸显对数字化视听资源的利用率和有效率。

（一）媒体融合中心的内容生产

江苏无锡广电打造融媒体的"内容池"，围绕内容池为集团众多频率、频道、新媒体、平面、移动屏等平台提供成品和半成品，强化多媒体联动、多形式呈现、多渠道传播优势。[②]

江苏无锡广电打造的融媒体内容池与"中央厨房"、智慧视听中心等概念相近。媒介融合背景下"中央厨房"已经成为各级媒体内容资源聚合的主要举措，各级各类主流媒体以新闻为立台发展之本，建立"融媒体新闻中心"，着力打通新闻视听资源的联动，从根本上来说，这是"新闻立台"理念在媒介融合背景下的发展，也回归了省级广电在舆论引导上的主力军作用。

学者常江认为，在数字化时代，一种新的，基于数字化平台和聚合逻辑的专业主义新闻编辑理念和新闻编辑身份正在逐渐形成，而编辑群体是否能够顺利完成从"内容生产者"到"内容策略设计者"的角色转型，将是决定整个行业生态的一个至关重要的因素。[③] 这一观点强调了媒介融合背景下，包括党报党刊及广电等在内的主流媒体该如何依托媒体融合中心，定位自身的融合内容生产。

[①] 杨志强：《网络空间信息传播的"五重效应"》，《中国信息安全》2015年第4期，第45~46页。

[②] 参见新闻中心：《聚力平台建设 推动深度融合》，《太湖视听》2018年第3期，第5页。

[③] 常江：《聚合新闻：新闻聚合服务对新闻编辑行业的影响》，《编辑之友》2018年第2期，第80~86页。

主流媒体要增强"内容为王"的定力，要始终把内容生产作为媒体融合发展的第一要务，应增强用户意识，紧跟需求侧变化，推动内容生产优势向互联网主战场迁移并实现创造性转化。强化能力建设，以增强"四力"提升内容生产能力，引导编辑记者补好"脚板底下出新闻"这堂"主课"，以更多有温度、有深度、有情怀的产品涵养人心、抓牢用户，推出更多有价值含量的爆款产品，占领传播制高点。①

各个省级主流媒体发展不仅仅是新闻资源聚合思维的转变，而是整个大视听资源聚合思维的形成，不仅仅是新闻编辑群体的角色转型，而是整个视听编辑群体的角色转型。主流媒体在媒介融合过程中不但要整合信息等资源，更要随着新技术、新设备的引入，整合媒体人的观念和媒体实践。融媒体中心需要资源集合和设备技术配置作为内容和工具，但最终是否能够发挥作用，发挥怎样的作用，则需要各级各类主流媒体的"人"来处理各种视听素材资料，并分类到恰当目录中，供不同的主体使用。

(二)媒体融合中心的内容类型多样化

优质的视听内容是视听类型多样化的基础。各个省级主流的视听内容以直播、点播、时移等方式，不仅会在电视等大屏播放、纸质平面上呈现，还会在智能移动端——智能手机、平板电脑等播放，还可以通过应用 APP 在微信推文呈现、抖音小视频等播放。为此，省级主流视听内容要适应不同媒介平台用户的视听需求，有了适合的视听内容才可能会有用户的媒体触达可能。

一方面，是上面所述专业内容碎片化、场景化处理。主流媒体倾向于对视听内容的宏大制作，凸显着特定的主题。但是时间和空间不同，会形成特定的场景需求，尤其是针对用户多元化视听需求，"场景化思维"已不再只是打通平台壁垒的"平台化思维"，而是依托于移动终端、传感器、社交媒体、大数据、定位系统的一场关乎未来的思维变革——以用户场景为中心，以服务用户需求为目的。以小屏叙事、可视化方式实现"移动适配"，提升信息获取的便捷度，降低用户获得信息的成本，是当前新闻媒体移动新闻采编理念的核心内容。从新闻生产最初的素材收集开始，媒体就应该把握用户的生活习惯，主动去适配不同场景中的多钟需求，提升新闻"在场感"的体验。

在网络视频、IPTV、手机电视、短视频、微信推文、微博视频等不同平台上，主流媒体需要将整体视听内容重新进行适应化、场景化处理，尤其是移

---

① 双传学：《媒体融合，主流媒体可以这样做》，https://china.huanqiu.com/article/9CaKrnKp0FG。

动平台的多样性视听"应用"，增加视听内容的类型，满足用户移动和碎片化时间的视听需求。

另一方面，是对草根视听内容的充分汲取。人们的大量随手拍构成了丰富的原创性视听内容资源，而且技术门槛低，使得运用各种应用或软件，比如运用梨视频、西瓜视频、抖音等制作出的视听内容也不断涌现出来，这些原创性内容短小精悍，贴近性强，内容多样，与传统专业化视听内容类型又有很大差异，呈现出了多元化的视听需求。

(三)媒体融合中心的内容以量做大

主流媒体融合中心首先要做大视听内容的数量，以满足用户多元化视听需求。当一定数量的群体在相当长的时间里收听收看这些视听内容时，各级各类主流媒体需要从中整合这些内容的优点，借助移动互联技术，聚合成"短、平、快、准"的优质视听资源，进行有效的传播。"短"是视听内容的时间长短，一般而言，视听内容的篇幅在 10 秒至 5 分钟内进行划分，以适应用户碎片化时间填补；"平"是视听内容传播的路径，更倾向于扁平化网络传播路径，便于用户的转发、评论、交流等交互行为；"快"是指视听内容传播的速度，热点视听内容要实时呈现，要尽快地投放到网络中，让用户可以在最短的时间里看到并转发；"准"是指视听传播契合用户视听需求的痛点，如情感倾诉、公共(突发)事件等痛点，视听内容应主动迎合、激活用户浅层和深层的视听审美需求、信息获取需求等，要有针对性、场景性。

媒介融合背景下视听传播改变了单一的传播模式，它是以用户多元化的需求为导向，以媒介平台融合的多样化为条件，灵活多样适应用户的视听内容偏好。传统的各级各类主流媒体与新视听(网络)媒体不同，前者是一种广播式的散点状的传播结构，是点对面的传播，至于"点"的传播是否落地，落在何地，总体上难以把握，对传播的效果不能明确；后者则是一种拓扑结构的病毒式传播，作为一种点对点、点对面、面对面的多元化、立体化的传播，通常能够形成倍加的传播效果，传的视听内容不断地被不同的主体再创作、再传播，视听类型随着主体的价值取向、多元兴趣等的不同而发生内容上、形式上的转变。量的增加直观上增加了主流媒体影响的范围，当下是主流媒体融合最为常见的做法。

(四)媒体融合中心的内容以质取胜

随着视听媒介融合的推进，当下需要建构一个良性发展的新视听生态环境。对各级各类主流媒体而言，内容类型的扩展不仅表现为类型数量的增加，更需要契合用户视听的需求，并非多就是好。在媒介融合背景下，面对着大量视听资源的压力，人们更期望能够在极可能短的时间里，获得有效或有用视听内容，大而全的视听内容罗列，已经无法满足用户的要求了。

这就需要融合多种视听内容，以精品视听内容为主，以质取胜，获得用户和社会、政府的满意，并辅以扩展性阅读链接的运作方式，在主次分明的同时也不会让用户感到内容单薄。在视听类型的扩展上，不仅要做加法，还要适时做减法，即集中力量，努力提升视听内容的质量，做精品化的视听内容。只有关注细分用户需求，契合场景，各级各类主流媒体才能生产传播满足用户需要的内容，才能以此获得引爆用户注意力的能量。电视新闻短视频化，就是将传统的电视新闻以短视频的形式加以呈现，以移动端和网络 PC 端为主要传播媒介，利用优质内容满足受众的信息需求。新媒体语境下传媒的核心竞争力仍然体现在优质内容的持续产出能力上，传统电视媒体如果要在新闻短视频上大做文章，就不仅仅是简单地把生产内容复制到移动互联网，而是要善于选取有人情味的身边事，捕捉"第一新闻"，寻找"第二落点"，从而在内容生产等方面做出改变和优化。[①]

各级各类主流媒体创作精品化内容的前提是聚焦有价值的内容，何为有价值？用户的视听需求指向与各级各类主流媒体的风格立场，在多媒体平台中是否相互契合是重要的判断标准。精品的视听内容，必须在内容中埋下"情感触点"，以引发用户的共鸣或讨论，能够促进用户以便捷的方式进行分享和互动。视听类型的多样化是以优质的视听内容为基础的。许多优秀的视听内容可以在用户的二次创作下，产生更多的热点话题和社会影响力，从而充分利用媒介融合背景下用户作为内容制造者和传播者这一身份转变，通过再次挖掘内容价值，产生广泛的影响。

第三节　发挥主流媒体融合话题效应

话题是指事件的题目或者谈论的主题，是视听内容的中心，也就是我们日常生活中关注和讨论的各种事件的概括。各级各类主流媒体应学会借着话题进行视听传播，形成热点话题，促使用户围绕着特定的视听内容进行广泛

---

① 肖雄：《电视新闻短视频内容生产优化策略》，《中国广播电视学刊》2020 年第 10 期，第 28~29 页。

互动。

一、主流媒体融合话题的重要性

有了话题，有助于提升各级各类主流媒体的知名度，聚合人气，这是媒介融合背景下各级各类主流媒体必须要明确的，有时候不是因为内容精彩才精彩，而是因为有了话题，内容的价值和意义才能被用户"发觉"。许多省级卫视的节目、新闻频道的新闻等的成功不仅在于制作有多么的用心，多么的精致——这当然也很重要，而是主流媒体的内容优势，尤其是在视听内容多元化生成良莠不齐的当下，人们更期望从各级各类主流媒体上看到质量上乘的视听内容，和权威的资讯信息。但是，媒介融合环境下，众声喧哗，劣币驱逐良币的情况时有发生。主流媒体要从重要性话题切入，形成话题中心效应。这一效应形成过程，在传统媒体时代是由党报党刊和广电媒体的报道评论主动宣传形成的；在融媒体生态环境下，它则是由党报党刊和广电媒体的报道在多种平台、渠道中的扩散，引发公众的讨论交流，由公众(尤其是网民)自发形成的。因此，话题重要性的判断与形成是自上而下集中到分散和自下而上分散到集中相结合的过程。

在经济学中，有一条非常著名的"荷塘效应"原理，即在荷塘里的荷叶随着时间的推移会不断增长，刚开始可能不太明显，但过了临界点之后，人们会惊奇地发现，荷塘里已经满是荷叶。这个原理集中体现了量变与质变的关系原理以及事物发展的突变性。同样，各级各类主流媒体可以运用这一原理，围绕视听话题展开各种互动，营造主流媒体口碑。

因此，主流媒体要避免的是传统媒介思维中"酒香不怕巷子深"的思维误区，在媒介融合环境下，"酒香还要靠吆喝"。这种"吆喝"在于多平台的互动，展现视听内容的社交化、多样化、碎片化以及粉丝化的特征，强化关键话题匹配度，将视听内容进一步契合用户社交需求，从单向的收看收听视听内容转换为多向的话题互动。各级各类主流媒体视听传播的话题性可以将视听内容从单一的事件呈现，转变为有意识地将某一件或一系列热点事件或活动作为"话题"来传播，以此激发用户对这一话题的参与，引起更多的互动和自传播，达到传播的目的。

二、主流媒体融合话题的设置要求

各个省级媒体应从各自的地域文化、风俗习惯来分析用户的视听需求，运用大数据来定位用户话题，从而更好地设置话题、引导话题，产生影响力，具体而言对话题的设置有以下几方面要求。

（一）话题要言简意赅

在媒介融合背景下，应将视听内容高度概括成几个字，表述核心问题，让用户更容易理解和讨论话题，这样才能迅速及时地捕捉信息并表达看法，参与互动。从个体到群体，视听内容持续发生变化，话题不仅是信息的体现，也是情感的沟通和聚合，价值的创新和辐射，关系的嵌入和融合，应全方面体现出话题的人性化、情感化、价值化，形成平台化的视听话题。

（二）话题要有相关性

话题设置应围绕涉及用户切身利益的事件，如房地产调控政策、教育政策出台等，也包括与用户生活息息相关的事件。以互联网为依托的各种新媒体的出现较之于传统媒体而言给个人的生活带来了极大的便捷，往更高层次延伸，是技术给予个人更多选择的权利，让人们能够在新媒体的环境下更加自由地生活。① 话题性内容在于对视听内容涉及的事件、人物等的凸显，将视听内容聚焦化，各级各类主流媒体可以在视听内容传播中不断地强化话题性，针对用户的需求形成不同的话题，以此来促使用户对特定视听传播内容的关注，进行话题互动。

（三）话题要能引起情感共鸣

主流媒体可通过话题的选择，引发用户内心深处的共鸣，增强用户对媒体的认同和对视听内容的认可。各级各类主流媒体不可能仅仅停留在 PGC 的阶段，应将更多用户生成的内容融合进多种平台上，在微博端、微信端和新闻客户端上呈现的话题，也可同时整合进电视广播端中，对播放的视听内容进行实时交互，使视听内容更接地气、更具亲和力。这种情感共鸣的话题方式是将宏大叙事的视听内容，进行重新编辑，以超链接、微视频、图片文字说明等方式契合自媒体平台所需要的形式进行多元化呈现。情感的共鸣对于视听内容形成热度话题至关重要。媒介融合背景下，从观看到参与，从视听内容获取到情感共鸣、价值创新，各级各类主流媒体需要改变只注重内容价值，而忽略情感价值和共鸣效应的情况，代之以情感入话题，以话题促认同。

（四）话题要有延展性

一个话题的延展性决定了它可以被讨论的广度、深度和持久性。某种意义上的信息不确定性可以提高话题的延展性，话题的关联事件较多，也可以提高

---

① 吕鹏：《作为假象的自由：用户生成内容时代的个人与媒介》，《国际新闻界》2017年第 11 期，第 68~69 页。

话题的延展性。话题的延展性需要发挥视听内容的充分性、多元性，使得每一个体的视听要求都能够被倾听，都可以从网络中搜索到满足自身视听需求的视听内容。这其中由用户生成的内容占了大部分。这些不断涌现的视听内容，将用户的视听需求进一步细分化，在不同的平台上，提供有针对性的视听内容。但是，各级各类主流媒体缺少的不是视听内容，而是有针对性的视听话题触达。视听内容不止一个层面的意义，当视听内容被创作出来，呈现在用户面前时，视听内容的不同细节都有可能被认识、被建构，用户潜在的不同的视听需求被激发，通过不断的建构，由此可以通过话题延展，增加视听传播的热度，以更好地满足用户多元化的视听需求。①

（五）促成话题联动

各级各类主流媒体应根据用户的视听需求选择话题，并选择相关话题人物带动话题热度，开展媒体间联动，推动话题广泛传播。话题传播需要不同的媒体间相互联系，同时对同一突出话题进行报道，尤其是传统媒体和新媒体之间的联动传播、网络媒体和移动媒体之间的传播。联动话题让用户有更多的机会接触到与话题相关的信息，也更容易形成"这是一个大家都在讨论的热点"的感觉。不同媒体的联动大大加快了信息传播的效率，覆盖了不同类型的人群，共同推动话题扩散。各级各类主流媒体要主动挖掘用户中的意见领袖，一般来说，在话题传播中，意见领袖的作用往往更加明显，如果说观点传播是以点带面的话，那么，话题传播就是相反方向的运动。要关注粉丝，大多数热闹的争论都和粉丝有关，应充分利用主持人、名记者等在话题讨论中的影响力，强化与粉丝的互动沟通。

（六）借鉴"网生"媒体的话题设置意识

诞生于互联网的"网生"媒体先天具有话题意识，在话题设置上其更注重用户体验，相对而言，主流媒体在此方面需要借鉴"网生"媒体的经验。

我们来看"知乎"的话题设置。这是一个真正用户分享着彼此的知识、经验和见解的话题平台。首先，从类目构建来看，该平台总共设定了29个一级话题，内容涵盖了生活、阅读、体育等各个方面，在此基础上衍生出一大批二级话题，这样的增量分级模式可以使"知乎"的话题涵盖更为广泛的领域。其次，从整个应答流程来看，用户首先提出自己的问题，然后应答者根据自己的认知结构对问题进行解答，之后用户可以根据应答者的解答发表自己的意见甚至进行追问，其他网民也可以参与到讨论当中。这种一问一答、一问多答、交

---

① 叶然：《媒体话题传播策略研究》，《新闻世界》2017年第10期，第83~85页。

流互动的模式，与"荷塘效应"的增值模式极为类似，使信息传播路径不断得到拓宽和延伸。①

在一个信息爆炸和知识焦虑盛行的时代，"知识"毫无疑问已经成为无数创业者争相追逐的风口，而知乎抓住小众市场，通过议题精巧的设置、知识的商业化变现和高质量良性社区的维系，完成了从平台到品牌的转化。对各级各类主流媒体而言，需要在话题层次上更契合用户话题互动，成为各种话题聚合平台，引导话题，促成话题演化发展，影响人们对话题的态度和情绪。在知乎上，用户围绕着某一感兴趣的话题进行相关的讨论，同时可以关注兴趣一致的人和事，这是知乎的一大特色。各级各类主流媒体需要借鉴这种整合用户发散思维的做法和经验，激活分散用户围绕各级各类主流媒体的视听内容互动，做活视听内容，引发各种讨论话题、热门话题，而不是想当然地设置话题。

因此，主流媒体想做好话题，就要为用户提供各种信息表达和话题聚合的条件、平台，关注相关话题的大数据聚合，因势利导，形成热门话题。它促使各级各类主流媒体不仅关注单一平台的收视率，而是更全面地考虑融媒体生态环境，将单一的视听传播过程，扩展至立体化的，需要进一步融合内容和平台，打造线上线下的用户体验和丰富多元的用户体系，增长不只是单个业务的留存量的提升，而是整个平台体系的增长，用内容做跳板，完善在新媒体生态中的新布局，以娱乐体验、生活体验、学习体验、工作体验等为不同着力点，不断扩展用户体验优化的范畴。

第四节　均衡发展长短视频

对主流媒体融合发展而言，要有"大视频""大音频"的融合理念，一方面要做好自身优势内容，另一方面也要将其他各种长视频、短视频等视听内容进行融合。

一、短视频内容丰富媒体融合

用户用来收看视听内容的时间和精力是有限的，各种视听内容都在争夺用户的注意力。对各级主流媒体而言，需要从短视频的火爆中得到借鉴，而短视

---

① 程子豪：《"知乎网"的平台特征与信息流动模式研究》，《西部广播电视》2017年第14期，第14~16页。

频同样也是"网生"的媒体形式。短视频作为一种信息载体和信息传播方式，将与多领域交叉渗透、融合发展。

（一）短视频融合传播的特点

一般而言，短视频的时长大部分在 5 分钟以内，最长在 20 分钟以内，主要依托智能手机、平板电脑等移动智能终端进行传播，适宜在微信、微博等移动社交媒体平台分享，也可在网站、论坛上播放。与传统各级各类主流媒体的视听内容相比较，短视频的信息密度更大、收视成本更低、传播速度更快、技术门槛低、场景嵌入性强，用户可以随时随地地观看几十秒到几分钟的短视频内容，以填补用户碎片化时间，契合了用户希望获取更多视听内容信息，或者获得休闲娱乐、放松心情的视听需求。"短视频已经成为移动传播时代媒体创新报道的重要手段和途径，成为当前信息传播的重要发展趋势。"[1]

（二）短视频融合发展

短视频市场规模迅速增长，推动行业格局变化。短视频已成为用户"杀"时间的利器，人均单日使用时长增幅显著。2018 年下半年，短视频应用的日均使用时长超过综合视频应用，成为网络视听应用领域之首。截至 2020 年 6 月，我国网络视频用户规模达 8.88 亿，较 2020 年 3 月增长 4380 万，网民使用率为 95.8%。在各个细分领域中，短视频的用户使用率最高，达 87%，用户规模为 8.18 亿；综合视频的用户使用率为 77.1%，用户规模为 7.24 亿。

此外，网络视听应用是吸引新网民的主要途径。2020 年 3—6 月，在新增的 3625 万网民中，有 23.9% 是为了使用网络视听应用而"触网"。截至 2020 年 6 月，短视频以人均单日 110 分钟的使用时长超越了即时通信。在网络视听产业中，短视频的市场规模占比最高，达 1302.4 亿，同比增长 178.8%。短视频还在向电商、直播、教育等多元领域不断渗透，影响力持续深入，推动网络视听行业格局的变化。中国网络视听节目服务协会常务副秘书长周结表示，短视频不再只是娱乐，而已经与各领域叠加、渗透，不仅对整个视听行业，甚至对国民经济都将产生影响。[2]

专职第三方数据监测的云合数据 CEO 李雪琳指出："现在抖音的用户单日消费时长已经和视频网站的时长一致了，但抖音的单个视频严格控制在 15 秒，

---

① 汪文斌：《以短见长——国内短视频发展现状及趋势分析》，《电视研究》2017 年第 5 期，第 20~21 页。

② 参见中国网络视听节目服务协会：《2020 中国网络视听发展研究报告》，https://www.sohu.com/a/424468430_728306。

也就是说用户消费短视频的量比长视频大得多。"①

短视频的火热并非国内独特现象，在 2016 年到 2017 年的两年里，随着美国网络基础设施的完善，智能设备的普及，移动视频日渐成为一种让用户依赖的媒介载体。据思科统计，视频占 2017 年互联网流量的 69%。② 媒体融合背景下视听内容更为丰富多样，这在很大程度上造成了视听内容过剩的情况，同时，随着智能手机的普及和移动互联网的快速发展，短小视频得以迅速发展，整体视频内容行业规模仍将保持平稳增长。随着 5G 技术的发展，短视频还将迎来历史性、突破性的发展机遇。

传统广电媒体向新型媒体的嬗变涉及采编、运营、传播等多方面的融合创新，其中以短视频作为新闻生产、运营和传播的手段，成为传统新闻媒体实现融合发展的重要途径。新闻短视频的发展在县级融媒体中心和主流媒体呈现出不同的发展态势，可探究其融通路径，找到适合本土媒体、本土受众的发展对策，实现真正的融合。③

(三)主流媒体短视频融合发展的瓶颈

但是如上所述，短视频的用户群很庞大，但通常只会获得非常碎片化的用户关注，用户通过点击观看特定视听短视频得到的视听体验难以持久，而且收听收看具有很大的随意性，因此视听内容的到达率并不稳定。各级主流媒体的内容优势毋庸置疑，无论是视听内容的权威性还是呈现形式的多样性，都是短视频无法相比的，但其劣势在于用户媒体触达的便捷性不强。短视频的嵌入性和碎片化、病毒式传播则是各级主流媒体融合发展需要借鉴的。如何将宏大内容做成不同的独立视频片段，根据各种话题制作不同小视频，根据粉丝群体的需求将主要人物剪辑成短视频等，在媒介融合的多平台立体网络进行传播，适应用户的多元化视听需求，将"大"内容打碎成"小"内容，或者直接做成"小"内容的短视频，进行微传播，这将考验主流媒体的耐心和信心。

主流媒体融合运用短视频在做大内容的同时，也要面对不同的平台做出独立成章且有所关联的小内容。一些主流媒体也做过一些短视频小内容，但是整体来看没有形成规模效应，尤其是针对热播的视听内容如何捕捉用户话题做成

---

①　《长视频下半场：网播总量下降 60 亿，都被抖音抢走了?》，http://news.ittime.com.cn/news/news_22061.shtml。

②　https://venturebeat.com/2017/11/19/heres-how-social-video-will-evolve-in-2018/。

③　陈菱芯：《"四全媒体"框架下主流媒体如何做好新闻短视频》，《传媒论坛》2020 年第 24 期，第 35~37 页。

短视频，获得更大更多的视听效果仍然是一个十分重要而迫切需要解决的问题，关键依旧在于在媒介融合背景下对互联网思维的理解和运用。

二、长视频传播强化媒体融合

长期以来，长视频的生产主体主要是各级各类主流媒体，且其技术要求、内容要求、专业素养等方面制作门槛较高。但随着媒介融合技术的发展，其制作主体、理念和传播的方式等也发生了变化。

（一）长视频融合传播的特点

各级主流媒体的优势在于专业长视频的有效生产和传播。无论是影视剧还是综艺类节目，抑或是专题类报道，一些主流媒体都曾获得不错的成果。长视频一般指超过半个小时的视频，由于时间较长，因此以影视剧为主，用户原创生成的长视频较少。长视频与短视频一样，是媒介融合背景下适应多元用户需求构建大视频生态的有机组成部分。

长视频通常以广电媒体、视频网站为主体，比如中央及省级广电媒体及平台、优酷、爱奇艺、腾讯视频等，因此，长视频的主体部分是"网生"媒体，部分是传统媒体，但随着媒介融合推进，它们通常是协作在一起的，各级各类主流媒体与优酷、爱奇艺、腾讯等联合，推出了不少合作项目，这是一个主流媒体融合的必然趋势。

网络剧是典型视频网站长视频类型。长视频通常可以呈现更为丰富的视听内容，对事件、人物、主题等的叙述也更为完整，情节性更强，因此，符合有较长空闲时间，而又有一定视听需求的用户进行收看收听。从商业利润的角度来看，从广告的精准投放，到用户的精准分层等，长视频的盈利模式更为成熟。各级各类主流媒体在长视频上占有专业化的视听资源优势，而且可通过收购视频网站、独立运营视频网站、与视频网站联合运营等方式，将这种优势贯穿于多媒体平台的视听内容播放，更有利于大视频生态的和谐构建。

（二）长视频融合传播的曲折发展

媒介融合背景下，长视频传播呈现出大起大落、整体向上的发展态势。如在 2015—2016 年，《花千骨》《三生三世十里桃花》《琅琊榜》《锦绣未央》《我的前半生》《楚乔传》《人民的名义》等长视频占据视频市场的较大份额，比如《三生三世十里桃花》最火爆时，市场占有率达到了 28.28%，相当于当时在视频网站观看电视剧的用户，超过 1/4 都在看这部剧；但转变也很快，从 2017 年第一季度到 2018 年第一季度，全网连续剧日均有效播放递减了 12%；网播量总量也从 2018 年第一季度的 480 亿，减少到 2019 年第一季度的 420 亿。2018

年的剧集网络播放量，单日播放总量最高能到 30 亿，而 2019 年全年，单日最高总量都未超过 20 亿。2018 年国家新闻出版广电总局通告显示，2018 年第一季度（1—3 月）全国各类电视剧制作机构共生产完成并获准发行国产电视剧 54 部 2230 集，国产电视剧发行量总体下降，在 2017 年第四季度（10—12 月）这一相应的数字是 127 部 5775 集，更为重要的是在 2018 年 6 月之前，只有《谈判官》收视率达到了 16.24%，以及《恋爱先生》达到 13.93%，其他时期播出的电视剧或者网络剧，均没有出现过单剧收视占有率超过 10% 的"爆款剧"。由此可见，长视频这种变化十分剧烈迅猛，且呈现出极富有潜力的市场价值。

相对而言，主流媒体融合长视频发展的关键点在于新闻报道，可解决传统长视频信息传播固有的时间和内容之间的冲突。主流媒体融合在这方面作了很多创新突破。如新京报"我们视频"作为国内新闻短视频头部 MCN 机构，在嫁接短视频和长视频的有效传播方式上不断探索。2019 年 5 月"我们视频"原创的系列短视频《地震妈妈的母亲节》，因其报道内容的品质和热度，在第二十五届"中国纪录片学术盛典"上荣获最佳微纪录片奖，首次获得专业纪录片行业的认可。2020 年 2 月至 4 月，"我们视频"围绕全国热点事件连续策划"战疫"系列报道，5 集《武汉连麦》、11 集《战疫行动》、7 集《战疫新生》、13 集《武汉十二时辰》等，每个系列全网 VV 流量都在千万以上，其中《武汉连麦之在家里》单片长 10 分 34 秒，在腾讯新闻单条点击量就达到 338 万；《武汉十二时辰》合集《武汉十二时辰：全景聚焦 4 月 8 日武汉从"暂停"到有序"重启"》，单片长 32 分钟，全网点击量接近 100 万。MCN 机构媒体在短视频和长视频的传播方面，开始发挥其独有的资源和优势。①

（三）长视频融合传播的瓶颈

长视频适合固定场景的观看，不完全适合移动化场景，对用户的最大影响在于时间和精力要求较为苛刻，虽然也和短视频传播一样可以随时进入、随时退出，但是长视频连贯性被打破，容易造成观看障碍，降低用户的视听体验。但是，笔者调查发现，并非所有用户群体都有如此状况。年轻群体更倾向于通过移动端或 PC 端来追剧，尤其是在网络中热播的影视剧，而较少在电视端观看。而新闻资讯类、专题报道类的长视频通常在电视端呈现，人群一般是具有观看电视习惯的中老年群体。这促使各级各类主流媒体融合时，在长视频传播上应进行观念性转变。

---

① 封丽：《5G 时代，长视频和短视频开始融合》，《中国记者》2020 年第 6 期，第 21~23 页。

（四）借鉴与转变

"台网共播"已经成为长视频传播的常态。网络平台或其他移动平台成为更多的用户尤其是年轻群体的大本营，他们不再在电视端观看视听节目，各级各类主流媒体需要关注这一变化趋势。长视频发展的重点，不仅停留在电视屏，而是要融合网络平台、移动平台，同时与不同的内容生产主体进行联合，产生 IP 热剧，尤其要充分利用影视剧的首播权，同时在网络平台的复播中聚齐人气，通过移动网络平台填补固定端的播放不足。

另外，"攒剧观看"现象正受到重视。即目前用户观看长视频（影视剧、综艺节目）时不随着电视台或网络播放一集一集地观看，而是习惯于等播放差不多时再集中观看。对各级各类主流媒体而言，需要重视这种现象，采取应对措施，尤其是目前各类热播视听节目的播放策略需要调整。安徽卫视曾经在周六周日的"剧播天下"中连续 12 小时不间断播放影视剧，一炮而红。这并非说其他广电卫视也应依葫芦画瓢，而是应以最佳的视听播放策略，提升用户的媒体触达率，真正发挥视听内容的价值和意义，真正解决深度报道与主要逻辑表达等问题。

三、长视频与短视频传播的融合发展

（一）融合人际关系

主流媒体需要均衡发展长视频和短视频，以适应融媒体生态的形成。在这一过程中，各级各类主流媒体需要关注长短视频的博弈与发展，明确视听发展的大格局，从而确定自身的内容发展定位。媒体融合背景下，从电视到视频，TV 到 Video，原属于电视产业的视频产业已经成为大视频产业。电视视频、网络视频、手机视频、视频直播、IPTV、OTT、VR、AR、户外视频等共同架构成大视频产业。传统长视频和短视频，都被囊括进大视频产业。大视频之"大"，不是简单的数字叠加，而是指视频业发生了化学反应，形成了一种新的生态。"算法思维、智能思维、动态思维和情感思维将成为未来媒体的核心内容。"这里凸显出来的不是媒介介质上的融合，而是应更重视多种视听内容生产、传播以及由此带来的人际关系上的融合。

（二）融合媒体生态

长短视频融合应用变得越来越广泛，正逐渐成为与各种新型媒体及平台构建融合媒体生态的重要组成部分。诸如微信视频号等以视频的媒介形态，串联起微信聊天场景、朋友圈、公众号、搜一搜、小程序等能力模块，现在视频号中可以发布直播，可以带货，通过微信生态合力的作用来传递有价值的信息。

随着 5G 技术的普及，长短视频融合应用迎来爆发式增长。同时，爱奇艺、优酷、腾讯、乐视等视频网站，借助市场优势，运用商业资本竞相加大自制剧力度，生产了具有现象级的网络影视剧，这些网络影视剧，"以视听元素为基础，塑造人物，讲述故事，以网络传播作为主要渠道，具有鲜明的'网生'特质，低成本、快传播和高点击、高回报的特性"。①

（三）融合社会效益和经济效益

从目前短视频的用户内容偏好和使用情况等现状看，当下还处于发展阶段。长视频和短视频构成了大视频生态格局，这是一个动态的、急速发展、不断变化的格局，无论是火山视频、梨视频、快手、抖音等短视频，还是爱奇艺、优酷、乐视、腾讯等以长视频为主的视频网站，有了盈利，市场才能做大，才有可能获得进一步的创新支撑。各级各类主流媒体必然要适应这种格局，从长视频和短视频中收集用户的视听需求，夯实自身的优势，开掘自身的潜质，适应媒介融合带来的视听变化，满足用户的视听需求，主动激活用户的视听使用动机，培养用户的视听习惯。央视媒体"主播有话说""Vlog+新闻"、人民日报的"人民视频"、新京报的"我们视频"、新华社的独家"新华视频"等，均取得了良好的社会效益和经济效益。

（四）融合政府监管

政府相关部门对网络视听领域的监管应加强。2018 年，国家广播电视总局、国家网信办等部门先后出台相关规范文件，要求短视频、网络直播企业坚持正确导向，坚持内容管理，严肃整治部分违规平台和节目，以维护网络视听节目传播秩序，保证行业健康可持续发展。2019 年 1 月，中国网络视听节目服务协会发布《网络短视频平台管理规范》和《网络短视频内容审核标准细则》，从机构把关、内容审核两个层面为规范短视频传播秩序提供了依据。长、短视频融合创新发展，优质内容是核心竞争力。主要来自视听平台、内容制作机构、媒体以及研究机构的 752 份专家问卷调研结果显示，未来一年内容赛道细分领域发展主要有以下六大趋势：家庭类、悬疑类网络剧题材被看好，挖掘好故事成为行业共识；"互动剧"认知度不高，"泡面剧"前景看好；访谈脱口秀类综艺最被看好，原创文化类节目"逆袭"突破；"微综艺"认知度高，"微型化"或成为行业趋势；网络纪录片促使纪录片受众结构转变，网络电影期待破圈；超过五成被访者看好竖屏内容，内容单一化成

---

① 黄寒冰：《网络影视传播：众声喧哗与涅槃重生》，《中国广播电视学刊》2018 年第1 期，第 67~71 页。

为 Vlog 的发展挑战。①

　　(五)融合"四全"媒体

　　各级各类主流媒体应融合长视频和短视频的优势,构建主流媒体融合背景下全程媒体、全息媒体、全员媒体、全效媒体的"四全"媒体,发挥自身的内容优势,契合媒介融合背景下用户对视听内容的需求和变化。新京报对武汉疫情的报道,对长短视频的融合作了有益探索。2020 年 4 月 8 日武汉解封时,机构媒体对于疫情的宣传报道有了更多经验,大众对于武汉疫情的报道逐渐褪去了神秘感。机构媒体在这个举国关注的时间节点如何发挥舆论的引导作用显得更加关键。解封前一周,"我们视频"联合腾讯新闻策划《武汉十二时辰》系列报道,用全媒体手段解读武汉解封,采用了"超长时间直播+1 分钟短视频+32 分钟长视频+平台联合运营分发"的模式。于 4 月 8 日凌晨开始推出武汉疫情报道的 3.0 升级版本《武汉十二时辰》,先后制作发布 15 条短视频,按照十二时辰的方式浓缩展现解封后武汉人的日常生活横切面。从凌晨离汉通道解禁直击现场到辰时武汉人的过早,为了那一碗热气腾腾的热干面,该系列报道融入了很多人文元素。《重启武汉十二时辰:城市逐步苏醒　熟悉的烟火气又回来了》在 8 日上午发布,被推到腾讯新闻热点精选首页,播放量达 212.5 万。制作的合集《武汉十二时辰:全景聚焦 4 月 8 日武汉从"暂停"到有序"重启"》时长 32 分钟,被平台分发到《武汉十二时辰》专题页头条位置,阅读量上百万。在微博端,该系列总播放量为 1159.1 万,新媒体建立微博话题 15 个,微博话题总阅读量 4538.3 万。其中,#重启武汉十二时辰#话题阅读量最高,为 3493.3 万。武汉解封的长直播达 1140 分钟,腾讯侧数据在线观看人数达到 350 万,评论 20000 条。② 长短视频的融合传播,切合全程媒体、全息媒体、全员媒体、全效媒体的实践,可以产生显著的影响力。

　　主流媒体应融合长短视频的优势,契合重大突发事件和日常热点事件的报道,融合优质内容视频,在融媒体生态中体现其政治性、权威性和影响力,践行全程媒体、全息媒体、全员媒体、全效媒体的"四全"媒体理念,构建出信息无处不在、无所不及、无人不用的新舆论生态、媒体格局。

---

　　① 参见中国网络视听节目服务协会:《2019 中国网络视听发展研究报告》,https://www.sohu.com/a/316885166_570245。

　　② 封丽:《5G 时代,长视频和短视频开始融合》,《中国记者》2020 年第 6 期,第 21~23 页。

本章小结

　　在我国，主流媒体处于十分重要的位置，在信息传播、舆论形成等方面发挥着关键作用，因此主流媒体融合是媒体融合的重中之重。本章探讨了主流媒体融合的重点。首先对主流媒体进行了界定，分析了主流媒体融合面临的挑战，然后，从融合内容切入点、跨界内容融合思维、专业融合内容生产、媒体融合中心内容延伸等四个方面分析主流媒体融合内容优势的挖掘。接着，从主流媒体融合话题的重要性、主流媒体融合话题的设置要求等方面，探讨了主流媒体融合话题效应。最后结合主流媒体融合发展的实际，分别探讨了主流媒体在短视频和长视频融合发展中的重点问题。

【思考题】

1. 如何强化各级广电媒体长视频适应媒体融合的发展？

2. 在媒体融合背景下，如何发挥广电媒体的视听生产和传播优势？

3. 主流媒体融合重点包括哪些方面？

4. 主流媒体如何创新短视频促进自身融合发展？

第八章　媒体融合发展趋势

第一节　媒体融合智能生态建设趋势

中国媒体融合既有自上而下政府层面的政策驱动，也有自下而上的传统媒体层面的生存驱动，这体现出中国媒体融合的特色和优势，推动着融媒体生态建设的进行。

一、国家发展规划趋势

2019年1月25日，中共中央政治局就全媒体和媒体融合发展举行第十二次集体学习，习近平总书记强调，全媒体不断发展，出现了"全程媒体、全息媒体、全员媒体、全效媒体"。随着新媒体技术创新运用于采集、生产、分发、接收、反馈多环节新闻生产中，未来的视听媒介在媒体融合向纵深发展之际将呈现出新的趋势。中国视听新媒体发展迭代将站在新的历史维度上，其活跃的创新性、快速的更新、广泛的辐射深度，不断推动视听新媒体成为产业发展的最大增量。推动媒体融合发展、建设全媒体成为我们面临的一项紧迫课题。要运用信息革命成果，推动媒体融合向纵深发展，做大做强主流媒体，巩固全党全国人民团结奋斗的共同思想基础，为实现"两个一百年"奋斗目标、实现中华民族伟大复兴的中国梦提供强大精神力量和舆论支持。推动媒体融合发展，要坚持一体化发展方向，通过流程优化、平台再造，实现各种媒介资源、生产要素的有效整合，实现信息内容、技术应用、平台终端、管理手段共融互通，催化融合质变，放大一体效能，打造一批具有强大影响力、竞争力的新型主流媒体。①

互联网技术发展重塑了媒体的产业形态，再造了用户的心理和习惯，重构

---

① 《习近平谈融合发展"金句"：建成新型主流媒体 扩大主流价值影响力版图》，http://politics.people.com.cn/n1/2019/0125/c1024-30591043.html。

了新闻的生产与风格。如何成为舆论压舱石、社会黏合剂、价值风向标，考验着主流媒体推动深度融合发展的能力。全媒体时代更需做好内容供给侧改革，丢掉了这个根本，就只会在追逐各种新技术的过程中失去自我。①

随着媒体技术的发展，媒体融合生态逐渐形成，融合媒体在整个国家信息传播、舆论引导等方面的地位和作用更为重要。《中共中央关于制定国民经济和社会发展第十四个五年规划和二〇三五年远景目标的建议》提出"推进媒体深度融合，实施全媒体传播工程，做强新型主流媒体，建强用好县级融媒体中心"，对媒体深度融合、全媒体传播、县级融媒体中心建设做出重要部署，推进媒体融合发展进入提升阶段。"十四五"期间，媒体融合发展将面临更多机遇和挑战。为此，要加快推进媒体融合向纵深发展；全力布局全媒体传播体系，加强新型主流媒体建设；加强创新社会治理，提高基层媒体服务水平。②

二、新媒体平台发展趋势

新媒体突破了传统媒体的门槛和机制限制，成为融媒体生态的一支重要力量。因此，融媒体生态建设不仅指传统意义上的电视广播，而是依托于互联网数字技术的所有视听媒体，既包括传统的广播、电视媒体及其运营的"两微一端一网站"，也包括新兴的视听媒体——优酷、腾讯视频、爱奇艺等，以及相关的视听媒体应用——网络直播、梨视频、快手、抖音等。视听素材资源的获取多元化需要各种媒介的整合，在信息冗余、视听内容多元化的环境下，更需要专业性视听素材，而电视新闻80%以上内容都来自报纸信息源。

随着媒介融合的推进，包括数字化报纸和期刊在内的报社、期刊社也被纳入主流媒体融合的框架中来，新媒体的快速发展，使得传统媒体专业人员的调配整合成为媒介融合的重点，通过主流媒体融合的构建，可以将传统媒体中采编发的人才进行优化聚合，实现人员配置最优化，这对于各种媒介人员安置来说也是一个重要的方式。

党报党刊要加强传播手段建设和创新，发展网站、微博、微信、电子阅报栏、手机报、网络电视等各类新媒体，积极开展各种互动式、服务式、体验式新闻信息服务，实现新闻传播的全方位覆盖、全天候延伸、多领域拓展，推动

---

① 《让主流媒体成为"全媒体"》，《人民日报》2019 年 2 月 2 日。
② 黄楚新：《开启"十四五"媒体融合发展新征程》，《人民论坛》2021 年第 1 期，第 84~86 页。

党的声音直接进入各类用户终端，努力占领新的舆论场。①

抖音、快手、微信、微博等新型的媒体成为媒体融合的重要力量。它们不同于以往媒体的形态，而是以碎片化的形式嵌入人们的日常信息消费中，成为人们可以随时随地观看自己所需要的内容平台。如同电视机、收音机等，它们并非媒体，而是作为接收视听信息内容的媒介平台。类似的新媒体在融媒体生态建设中发挥着越来越重要的作用。

三、传统主流媒体转型发展趋势

在融媒体生态中，传统媒体不得不向数字化转型，虽然受到一定的机制或体制的惯性影响，但是新媒介环境是以数字化为基因，以互联网技术为基本架构的，各级广电媒体与视频网站、报社等媒体必然要打破原有界限，以数字化的视听内容和形式在数字化平台上进行无障碍融合。

如天津广电的津云新媒体集团，是天津深入推进媒体融合的重点工程，在中共天津市委的战略部署下，依托北方网新媒体集团，融合了中央驻津媒体、天津日报、今晚报、天津广播电视台等媒体的资源。天津日报报业集团和天津广播电视台两家单位的负责人同为"70后"的王奕，全市媒体已有融为一家的趋势。②

"中国蓝TV"依托浙江广电现象级节目的内容资源优势，走"电视+"路线，将传统电视的优势转化为网络优势。"中国蓝新闻"将从浙江广电的新闻共享系统获取部分新闻内容，并聚合全国各个媒体的新闻内容，目标直指"00后""90后"细分市场，将完全跳出传统媒体的框架，不做电视新闻的网络版。③从某些层面说，以上广电媒体的发展代表了构建主流媒体融合的一种发展方向。

在技术应用和创新方面，传统媒体要与成熟的融媒体平台加强合作，尤其要利用后者技术优势支撑自身内容创新。同时，除了内容生产上资源共享、协同生产，传播上一体策划、多元推广外，其最大的亮点就是后者对前者的技术支持。为了让入驻媒体少在技术上走弯路，快速建设中小型"中央厨房"或者

---

① 《习近平谈融合发展"金句"：建成新型主流媒体 扩大主流价值影响力版图》，http://politics.people.com.cn/n1/2019/0125/c1024-30591043.html。

② 参见《我国媒体融合步入深水区　各媒体"中央厨房"建设一览》，http://media.people.com.cn/n1/2017/0811/c14677-29464293.html。

③ 参见卢晓云：《广电媒体：务实推动融合——以上海文广SMG、浙江广电为例》，《视听》2015年第11期，第176页。

融媒体中心，人民日报"中央厨房"为入驻媒体提供包括 H5 制作、视频直播等在内的各种技术支持，以及相关报告和运营分析，极大带动了这些传统媒体利用新技术进行内容创新，推进了媒体融合的进程。[①]

四、媒体融合技术发展趋势

根据摩尔定律，媒体融合技术发展呈指数增长趋势。与以往已有的媒介技术不同，以互联网为代表的新媒体技术具有与生俱来的融合趋向，尤其具有接洽和融合各种传统媒介和新媒介的能力。AI 技术、大数据技术、5G 技术、区块链技术等，使得无论是报刊、电视，还是广播，或是新型的其他新视听媒介，都可以被融合，被收揽其中。可以说，网络传播模式正在经历"元传播"转型。互联网将平面媒介、电讯媒介、数字媒介的属性特征共置于"网络"这一语境内，技术实施上毫无阻力。更为重要的是，通过融合过程，"互联网能够将与这些媒介相伴生的人际传播、大众传播等相互区别甚至对立的传播范式整合为一体，带来人类理解传播活动的新视角"。

这就需要媒体单位、高校、科研院所及技术企业，坚持政治引领、技术驱动，推动媒体深度融合发展，建立以内容建设为根本、先进技术为支撑、创新管理为保障的全媒体传播体系，不断提高新闻舆论传播力、引导力、影响力、公信力。主流新媒体需要搭建起媒体单位、高校及科研院所、技术企业等交流合作平台，深入开展新技术、新应用研究和成果转化，构建融为一体、合而为一的全媒体传播格局，助推各级主流媒体深度融合发展始终走在全国前列、处于"第一方阵"，为全面提升国际传播能力，持续为主流媒体融合提供强有力的支撑。

第二节　媒体融合思维的扩展趋势

随着媒体技术的发展，广电媒体、移动微视频、网络视频、视频 APP 等以互联网为基本构架，运用 VR、智能技术等，构建起新的视听媒体生态，多种平台不断分化着用户群体，节点、信息、新媒体平台（技术、渠道）、场景等深刻改变着视听传播的观念，PGC、UGC、OGC 等传播主体多元化，围绕着用户需求、信息服务、场景沉浸等关键词，重塑了视听传播的原有格局。媒体融合思维不断扩展，影响媒体的日常发展和运营，呈现出动态变化、移动体

---

① 董大伟：《传统媒体与新媒体如何融合互动》，《学习时报》2018 年 9 月 21 日。

验、社交互动关系建立等新特征、新格局和新趋势。对主流媒体融合而言，媒体融合思维的扩展主要包括互联共赢思维的扩展、扁平化场景思维的扩展、IP思维的扩展和多元化聚合思维的扩展四个方面。

一、互联共赢思维的扩展

形成互联网思维的全新视听媒体格局的前提，是媒体发展要具有"大视听"的观念。观念是媒体发展的原则，也是媒体发展的起点，媒体发展观念预设通常决定了一个媒体朝着怎样的方向发展。而思维是方法，是媒体发展观念的具体体现，是在实际的内容生产导向、形式呈现、人员配置、技术创新以及赢利模式等方面的具体操作手段。媒体融合背景下，单纯地分类为报纸媒体、广电媒体、网络媒体束缚了自身发展，界限分明的传统媒体分类逐渐失去存在的价值。从视听传播的大格局来讲，报纸也在经营网站，播放视频音频；广电媒体也在各种移动端推出文字、图片和音频、视频。因此，新的媒体发展观念应该是打破既有的传统媒体观念机制等的掣肘，构建一种全新的视听媒体格局。当下一些省级媒体也在探索党刊党媒的融合，推动省级报刊、广电媒体等的融合发展，突破固有的媒体门户观念，改变其传统的运营思维，以构建全新的主流视听媒体融合。

互联共赢思维正在突破原有的单一媒体彼此割裂的局面，突出表现是，当下主流媒体不仅将新媒体平台作为一种工具，而且正视这一关键问题：为什么电视、广播、报纸可以成为一个媒体机构或组织，而互联网、手机、平板电脑或者嵌入式接收端不能形成自身的媒体机构或组织呢？否则就如同在蒸汽时代还得在马车前加一个火车头，在电气时代用电力来驱动蒸汽机运转，而不是建设以互联网技术为基本驱动的新视听媒体。当下主流媒体以互联共赢思维升级融合理念和思维，在技术赋能条件下拓展融合形式，从而构建新的大视听媒体格局。诸如广电主流媒体已不再具备对视频、音频等内容的垄断性，而是随着视听信息的多元发展，视听媒体的共享共赢、互联互通成为一种趋势，这为提升广电媒体等传统媒体的作用和影响，重新定位其在新视听生态中的位置起到了关键作用。

互联共赢思维的构建在于用户媒介触达观念和思维的改变，而不是期望重新获得视听呈现的垄断地位。客观上讲，当多了一种媒体平台时，势必会改变原有的媒体生态，影响传统媒体接触的绝对量值。主流媒体的多元化影响了用户在渠道选择上的考虑，尤其是移动化终端的便捷化和普及化，主流媒体的视听信息不再仅是客厅文化的一部分，人们接收视频的方式多元化，视听媒体数量激增，使电视观看的绝对数量降低。以移动视频数据为例，2017 年国内移动视频行业月度用户总规模正在向十亿迈进，短视频同比增长率高达 58%。[①]主流媒体融合正以互联共赢思维不断扩展视听内容及在不同平台的呈现形式，与不同新型媒体合作，强化主流媒体融合的传播力、影响力、公信力和公信力。

媒体布局的重点从单一的内容生产，转向移动多元平台的信息推送。这种融合的疆界同样拓展到网络视频平台，双方在内容生产、产品技术、宣发运营等方面合作不断深入。随着新媒体的发展，用户分流必定进一步加剧。传统电视接触时间的绝对值下降并不表明传统电视媒介影响力的下降。从某种程度上说，这种转变进一步适应了新的视听媒体技术发展的趋向。

当下，各级各类主流媒体不断以互联共赢思维思考并解决如何从整体上形成全省一张网、全程全网和全国一张网、全程全网的新媒体融合的真正落地。这并非抱团取暖的权宜之计，而是新媒体技术发展的必然趋势。

因此，技术不是问题，观念才是前提，媒体发展前的观念预设，通常定夺了媒体的发展走向，有了正确的观念，技术的潜能才能被有效激发，进而形成正确的运营思维。无论是 IPTV（交互式手机电视）、SMTV（智能移动电视）、CCBN（有线电视技术网）还是 SNTV（卫星网络电视），都是通过互联网络技术进行数字节目内容的交互，彼此分隔势必造成红海竞争，而融为一体的运营观念和思维，才能真正适应新媒体发展的趋势，找准自身在整个媒体生态中的定位，探索未饱和的蓝海战略。因此，技术的融合已经不是问题，观念融合才是当前各级各类主流媒体发展的紧要问题。

一般而言，中国媒体生态具有独特的发展特点和优势，容易形成发展合力。互联共赢思维使得媒体从追求单一媒体的"独营"和"独赢"，转变为"共营"和"共赢"，首先是单一媒介的融合——省级、地市级主流媒体的节目内容资源共享、经济利润分成、人员流动配置等的融合，然后是不同媒介之间的融合，最终形成以网络技术为基本构架的视听媒体格局。

这些变化都在客观上表现出媒体内容与呈现、观念的变化。这种变化是在一定程度上探索视听传播发展的新途径，其提出的"内容一次采集、多种生成、多平台发布"观念切中了新媒体生态的核心，在很大程度上体现了互联网时代视听传播应重点转变的新观念和新思维，改变了单一频道或栏目单打独斗

---

① 参见极光大数据：《中国移动视频 App 行业研究报告》，https://www.jiguang.cn/reports/97。

的局面，能围绕用户动态体验，充分发掘视听信息资源的潜力，构建全新的视听媒体格局。

二、扁平化场景思维的扩展

扁平化场景是面向生产者、传播者、接收者等场景，通过 5G、云、AI 等媒体融合技术深度融合创新产生的裂变效应，提升媒体视听内容的传播力水平、影响力水平和引导力水平等，让用户的体验更强、让视听传播的效率更高、让媒体融合的创造力更强。新媒体背景下，互联网所形成的全新视听传播生态给予了不同的个体、机构、群体和组织等几乎平等进入渠道的机会。扁平化的媒体组织架构能更有效地将用户需求和内容生产联系起来，因此，各级各类主流媒体在组织架构上将更趋于去中心化，去介质化，进一步缩减行政部门的数量，打通不同频道之间的资源共享以及划定新的回报标准；通过反馈层将内容生产的决策层、执行层连接起来，围绕用户的视听场景直接打通这三个层面，使得各级各类主流媒体的信息服务更贴近用户的特定需求。另外，深度融合内容和技术，将特定内容通过媒体技术平台差异化地提供给用户。"新闻立台"是传统媒体的精英思维方式，而随着视听信息多元传播、互动的发展，信息服务正在取代节目内容而成为广电媒体发展的核心，"信息服务立台"才是适应新媒体发展的用户思维方式。

对用户而言，视听传播需求是一种心理情感的需求，信息服务也是对这种心理情感需求的满足。场景思维与扁平化媒体组织架构相呼应，形成了各级各类主流媒体发展的重要趋势。随着新媒体视听技术的发展，用户对视听节目的体验发生了变化，开始追求视听内容的个性化场景体验。智能平台的多类型催化了多元化视听体验需求。各级各类主流媒体提供移动化、微型化、专门化的场景信息，以线上线下的互动沟通带动用户对各级各类主流媒体需求的黏度。如通过 4K 技术，将特定的内容嵌入用户特定的信息需求场景。随着新媒体技术的发展，用户对特定信息的需求更显差异化，各级各类主流媒体必须适应这一发展趋势，打破原有流程，重新配置内容生产传播的流程，使得各级各类主流媒体可以及时制作和传播不同信息，并通过反馈层对用户反馈信息的大数据进行分析，进一步为决策层和执行层优化信息和传播策略提供参考和帮助。

各级各类主流媒体组织构架的优化配置是基于用户信息需求基础上内容和技术的更好融合、简化，满足用户对特定场景信息的需求。这需要各级各类主流媒体更好地实现"大数据+新平台+新应用+信息"的流畅运转。互联网时代，网络技术使得视听传播生态发生了颠覆性变化，各级各类主流媒体面对新的互联互通、纵横交错的扁平化的媒体生态环境，不再是视听传播垄断时期单向渠道式由上而下地传播，需求模糊、被动、同质化的用户变成了需求明确、主动、异质化的用户，原有传播构架已经不适应这一新变化。一些主流媒体也在尝试采用多种平台来迎合多元的用户需求，但构架层面的诸多限制，降低了实际效果。

从根本而言，无论是同质化还是异质化的内容，只有嵌入用户对视听传播的"社交关系背景"，引发用户的心理情感共鸣，才能实现视听传播的有效性。当下广电媒体的架构调整还在不断探索推进，但层级越来越少，愈加去中心化、扁平化是其主要发展趋势。这需要各级各类主流媒体将更多的权限明确下放，围绕用户视听传播的场景体验，在视听信息的传输、增值等方面形成多元化业务。

新媒体背景下，各级各类主流媒体需要以技术引进促进视听内容的融合，以技术创新促进视听文化的创新。互联网思维是将视听内容、视听技术和视听平台融合，是将视听生产、视听传播和视听体验融合。各级各类主流媒体面对的是广泛意义上的新视听传播生态，这需要在组织构架和传播策略上以互联网思维为框架，立足整个信息传播的互联互通，基于用户多元场景信息需求，打通决策层、执行层和反馈层之间的通道，进行实时沟通，促使不同执行层之间的实时沟通合作，不断优化视听信息资源的配置与结构。

三、IP 思维的扩展

"IP"即"互联网 IP"，意为知识产权，主要由著作权、专利权、商标权三个部分组成，由此形成 IP 思维。伴随着内容行业的繁荣，原创版权保护生态正在不断健全。2019 年 10 月，国务院发布《优化营商环境条例》，明确要建立知识产权惩罚性赔偿制度，加大对知识产权的保护力度。此前，国家"剑网行动"更是剑指自媒体洗稿和违法转载等版权侵权问题。从政策层面可见，内容正版化已是大势所趋。同时，随着新技术迅猛发展，内容生产者越来越注重利用新技术手段维护自我权益。

当下，媒体融合的视听传播正进入流量时代，超级 IP 正成为视听媒体发展的焦点。未来，数字文化产业将继续朝以内容为核心的生态化竞争、"IP+产业"的全面融合、新技术广泛应用等方向推进，视听内容的精品化、高清化、垂直化、社交化、规范化发展趋势将更加明显。不同种类 UGC 不断自发生成多元化视听内容；PGC 在于专业审核性的内容生产，提供高端专业的视听内容，具有周期性，但对发生事情的呈现缺乏现场性，反应也相对延迟；

UGC 是活跃于新媒体中的重要部分，正是在时空层面给予用户以有别于 PGC 精英制作倾向的视听内容，用户感受到与以往所不同的视听体验，但同时视听内容的粗糙性是 UGC 的主要缺陷，具有偶发性、零散性等较多不确定因素，比如是否能周期性发布，是否可以保证内容的准确全面等。因此，提供动态化视听体验不仅是视听内容上的融合，也是传播方式上的勾连互动，从而促成 IP 现象级的视听传播。

内容生产仍然是各级各类主流媒体的发展之源，技术和设备平台提供了多种可能，而内容生产才是各级各类主流媒体的灵魂和支柱。互联网时代是分享时代、免费时代，但随着分享和免费而来的是用户对各级各类主流媒体特定信息服务的黏度提升。各级各类主流媒体不能仅局限于原有的内容生产，互联网时代根据点击率、转发量和热度排行、数据关联度等指标计算其市场价值，所以要有的放矢地将内容多层面的效果及时提供给生产者，从而有效地保护不同层面的视听知识产权。

如"网剧化+社交化"，这是各级各类主流媒体需要面对的一个转变，视听信息内容通过智能推荐推动用户群的互动，提升用户的群体体验，满足用户的社交体验，不再是独赏独乐，而是以视听内容聚合用户，这是互联网时代用户接触视听信息最基础的需求动机之一。由于新媒体时代用户的时间有限，视听信息易复制，用户接触媒体具有显著社交倾向。面对这一变化，各级各类主流媒体需要做好底层用户视听数据监测，强化自身多元平台的视听信息聚合能力。从短视频的草根平等、真实快捷到长视频的精英引导、优质便捷，从单一视听信息聚合到多元化的用户情感关系聚合，充分适应移动视听带来的时间空间上的变化，以 PGC 实现各级各类主流媒体视听社交升级，从视听信息的即时性、个性化、解读性、真实性、具象化等方面，进一步提高有效用户的黏度。各种视听媒体通过呈现在不同平台上的视听内容，以细节为核心促成丰富的线下活动，以手机等移动端引发更多互动，从而引发 IP 现象级的视听传播。

面对着"媒体生活日常化、日常生活媒体化"的新媒体生态，面对诸如芒果 TV、爱奇艺、腾讯视频、乐视视频等新 APP 视听冲击，新形势必然要求各级各类主流媒体从新媒体硬件的引入到软件的使用，努力适应视听微型化、移动化和社交性、嵌入性特征，专注于提供优质化视听内容与场景预设、用户需求的契合与满足，明确自身在整个传媒生态的位置，再以视听内容为导向，充分发挥 PGC 的协同效应，以适应多元场景的视听需要，从而最大限度地吸引有效的用户群，保持高品质视听内容的持续输出，构建"大视听"新媒体，适应各级各类主流媒体融合创新发展的主要趋势。

四、多元化聚合思维的扩展

面对不断创新的新媒体技术，多元化视听内容聚合正在成为各级各类主流媒体融合生成内容、有效吸引用户、有效获得用户时间的重要思维扩展。媒体生态的转变使得各级各类主流媒体自身定位发生分裂，形成了网络新平台和广电传统平台，或者广电台和"三微一端"平台等两种不同的媒体存在。这种变化的着力点不仅是平台技术，更体现在内容的生产和呈现，以及互动方式的选择上。PGC 和 UGC 两种形式是主要的内容来源，重构的媒体生态的驱动核心在于内容生产的保护。

媒体融合技术层面的发展不断推动着人们观看体验的变化，视听信息的指数式增长和新媒体技术的发展为用户全方位的视听传播体验提供了可能，推动短视频、VR、直播等智能方式构建用户沉浸式的视听传播环境，改变了单一的传播模式。用户面对的不再是稀缺的视听节目内容，而是丰富多样的视听信息呈现。这就涉及视听内容的媒体实际触达量和媒体实际覆盖量两者的不同。前者是用户主动接收媒体视听内容的实际过程，后者是视听内容被用户接收的可能。各级各类主流媒体如何激发用户的媒体触达？用户倾向于动态化的视听体验，网络直播、Vlog、短视频等是用户这一视听需要的表现。

面对这一需求，在视听传播的内容和方法上，"升级"成为各级各类主流媒体发展的关键词。面对互联网平台的扩张，死抱着电视机这一单一介质显然不是明智之选。面对不同的视听传播介质，应提供多元化的长短视频内容，以视频直播的形式突破原有的视听局限，给予用户更多主动接触多元个性化视听内容的可能。从高大上转向细小精，从时间和空间层面，满足用户动态化的视听体验，不断迎合吸引更多个体和群体，此种方式更能满足用户个体化体验的视听需求。IP 思维的关键在于由内容的知识产权维护、单一平台或渠道的呈现，转为内容的多平台和渠道的融合开发与呈现。

在媒体纵深融合的未来，如若以"渠道、平台、经营、管理"为主要层级的融合改革已在"顶层设计"下基本落地，那"内容融合"的纵深改革才刚刚拉开序幕。

正如美国学者凯文·凯利所指出的，我们处在一个液态的世界，所有的东西都在不断地流动，不断地升级。听多元媒体上的音乐，看多元媒体上的视频，所有的视听信息都表现为"流量"。各种视听平台的流量数据，直接体现出用户对各种视听信息的关注与接收程度。从媒体触达技术平台来看，电视已经不是唯一的呈现端和接收端；从媒体触达动机来看，或倾向于从感知社会环境、陶冶自身性情出发，或倾向于从休闲娱乐、放松身心出发，或倾向于从感情宣泄、人际沟通出发等，用户不断地围绕节目内容进行交流互动，社交化的互动成为电视节目内容的驱动力。

客观地讲，这并非新的手段和方法，过去短信曾是唯一的互动方式，更准确地说是用户的表达方式，而新媒体技术平台将其放大迭代，充分表现出了用户层面的主动性、移动接收端的多元化和便捷性，并且将这种偏向嵌入用户时间和视听内容之中。换言之，由节目制作的垄断性转变为用户参与的分享性。

整体而言，各级各类主流媒体专业水准的生产，将用户从单纯感官上的视觉新奇体验转向优质的生理心理双重的视听传播体验。视觉新奇体验转向优质的视听传播体验，势必成为视听传播的主力。各级各类主流媒体需要放下传统的传播内容倾向，而提供适应不同技术、平台的沉浸式视听传播内容，在真实感、贴近感等方面提供动态化的视听内容。

随着多元化视听内容聚合思维的扩展，媒体融合正在构建一条将视听内容、视听用户和视听群体有效联系起来的"线"。这条线就是由"人际关系聚合"所形成的内容知识产权、用户视听需求、人际关系构建的融合互动。媒体融合背景下，用户视听体验不仅来自内容，更来自由视听内容所引发的人际关系聚合，多元视听内容的聚合思维的运用，更易于引发 IP 现象级视听传播的发生。

总之，媒体融合下视听传播体验的关键在于能否通过内容引发用户的人际互动。各级各类主流媒体不仅是一个内容生产型的媒体，更是一种聚合人际关系的平台型媒体，直接表现为流量上的增减。流量是人际关系聚合与人际互动频率的直接体现，互联共赢思维、扁平化场景思维、IP 思维以及多元化聚合思维，都体现了围绕着多元用户的信息需求，进一步推动以信息服务为中心的多元化业务融合发展，充分开掘长尾用户群体潜力，综合体现了媒体融合思维的扩展。

第三节　智能媒体融合一体化发展趋势

随着媒介融合的推进，互联网和数字信息技术飞速发展，有线电视网络业务创新、转型升级受到分散运营、分割发展的制约，致使资源优势、内容优势、规模效益得不到充分发挥，可持续发展面临重大挑战，当前各级各类主流媒体发展的一个紧迫任务就是打破分散运营、分割发展的体制机制，促进全媒体智慧化发展，建立互联互通、安全可控的全国数字化文化传播渠道，加快全国有线电视网络互联互通平台建设、全国一网整合和全国性业务开展三位一体协同推进，依靠智能技术促进媒体融合的深度发展。

一、智能移动化多屏融合一体化趋势

新媒介融合背景下，移动化多屏是主流媒体融合构建的强大驱动力。当前，移动视频迅速发展，用户迅速向智能手机端迁移，视听信息的传播和扩散已远远不仅局限于传统的报纸、广播、电视等，移动媒体的无缝实时在线使得各种视听信息唾手可得，仅仅局限于单一视听媒体已不再适合用户视听需求多元化和视听媒介融合化需要。

因此，推进主流媒体融合首先要增强各级各类主流媒体移动化多屏意识。各级各类主流媒体应该考虑不同技术平台的差异与特点，尤其是移动平台，要充分考虑用户的差异、内容呈现的差异等，从生产流程等方面细化，使其适应媒体融合背景下的视听传播，满足用户对于跨屏互动、跨域互动、跨网互动的多样化、多层次的视听信息需求。

二、智能非线性融合一体化趋势

各级各类主流媒体要在动态业务上下功夫。主流媒体融合不再是线性的传播，也不是闭合式的传播，而是裂变式传播，开放式传播。用户可以随时随地参与进来，成为视听内容生产、传播扩散的节点之一，这增加了视听内容变化的复杂性。各级各类主流媒体播放的视听内容可能会被用户刷屏，也可能会被用户分割为片段，进行分享。

简单来说，这种变化的可能性在于传—受关系的变化，即用户的主动性增强，媒介的多样化提供，视听内容的丰富性呈现，以及社会分享度普遍增加。尤其是各级各类主流媒体、专业视频网站、用户等多种主体可以全时段无缝在线地进行各种视听内容的多形式传播，体现出动态化非线性融合一体化趋势，使实时动态变化和非线性传播成为常态。如浙江广电开播了12个频道，浙江卫视为卫星频道，钱江都市、经济生活、教育科技、影视娱乐、民生休闲、公共新闻、少儿频道、好易购为地面频道，国际频道为境外落地频道，留学世界和数码时代为数字付费频道，好易购频道为家庭购物频道；8套广播节目：浙江之声、浙江经济广播电台、浙江音乐调频、浙江电台交通之声、浙江电台城市之声、浙江电台旅游之声、浙江电台民生资讯广播、浙江新闻广播；还拥有居家购物、影视制作、电影发行放映、新媒体、国际业务、文化金融、报纸杂

志等多种业务，如此众多的视听内容如何才能将其进行个性化分类，满足不同用户的视听需求，且助力视听行业多元化突围是一个非常困难的问题，这实际上是一个与用户、平台相匹配的过程。

在主流媒体融合过程中，各级各类主流媒体、视频网站、视听媒体、用户等成为一个个节点，并且不断增加原有视听内容的附加值。共享性的空间感和实践仪式、多元化的交换都有助于在数字环境中形成社区感。而用户在二次创作的同时收获到平台给予的奖励，更有助于提升其对平台的忠诚度。

三、智能人性化融合一体化趋势

媒介平台的多样性使得整个视听生态变得更智能化、更人性化，对用户的视听需求满足更细致入微化。大数据、云计算拓宽了视听服务的边界，大数据挖掘带来视听需求的精准化，改变了各级各类主流媒体的内容生产流程，内容生产更精细化。传媒报道方式将演进为机器人与人的协同合作，前者负责快速、全面、准确地提供并发送消息，后者负责跟进和深入分析。

无论是主观层面推进，还是客观层面的发展，媒介融合都将进一步改变原有的视听生产、传播、服务模式。视听服务将改变以往千人一面的传播，实现千人千面；同时将进一步优化用户的视听服务体验，不再是人找视听节目，而是视听节目找人。

智能化的实质是人性化，一切以提升信息服务质量为准，不只是内容的简单重复或演绎，而是有温度的适配，针对用户的需求变化而变化。人机互动、数据的双向传输将带来整个各级各类主流媒体的全面变革，由被动地满足用户自发的视听需求，到媒体主动地通过创造视听内容价值，激活用户潜在视听需求，创造新品类视听内容价值，形成优质的视听资源，再次吸引用户。尤其是随着用户主体介入视听内容生成程度不断加深，草根节目分散了用户的注意力，将视听进一步碎片化，但有价值的内容显得凤毛麟角，这就需要各级各类主流媒体主动出击，平衡内容的针对性和专业性，对 UGC 等非专业内容进行"降噪"和适度引导，做好内容产出后的信息再加工，同时能够区隔出不同的用户群体，进而对内容进行分类，让所谓的"噪音"成为有价值的视听内容，从而在众多视听内容中脱颖而出，在竞争中立于不败之地。

如电视等传统的视听平台，将不再仅仅是视听节目传播的出口，更将成为开启各种生活方式的入口。广电媒体的终端不仅仅包括手机、平板电脑、PC、互联网电视等，通话平板、投射类终端、可穿戴设备、智能家居、智能汽车等原本看似完全与广电不相关的终端产品，也将通过直接或间接的形式与视听服务发生联系，成为整个主流媒体融合传播生态链中的一环，实现视听服务的生产、传输、分发和显示的无处不在。这对各级各类主流媒体而言，是一场颠覆性的变革，需要扩展思维，以互联网为基础架构新视听格局，融入日常的视听内容制作、视频推送、信息传播等实际的操作中来。

四、智能服务平台融合一体化趋势

协作才能共赢，各个部门、频道之间要打通壁垒，各种视听资源要共享。这并非是做成同质化的视听内容，而是要根据自身的平台特点、用户视听需求、视听主题等，对资源进行整合，完成不同视听内容呈现。对各级各类主流媒体来说，不同的平台和渠道既有其相对独立性，内容、形式、手法各具特色，以及定位用户群体各不相同；又要有联通性，所谓形散神聚，能够显示出各级各类主流媒体的文化、价值、理念和追求。与各种移动化智能端的小屏相比，电视介质的大屏给人的视听服务体验有很大不同，因此，开发适合电视大屏的内容，将会极大地推动各级各类主流媒体内容价值化；这并非是说只做适合电视介质的视听内容，因为在媒介融合背景下，通过 OT 客户端和手机视频投屏等方式也可以进行大屏展示，数字化给予了更多的平台渠道，对此要给予充分的关注。视听内容价值的体现在于用户的体验，也在于用户的需求，需要视听内容更契合场景化的视听需要。这不是各级各类主流媒体的一厢情愿，而是在充分理解用户个性化的视听需求，在丰富多元化的视听内容基础上，有针对性地整合、创新的过程。

比如现在各级各类主流媒体一般标配的微博、微信和新闻客户端、网站的运营就有很大的不同。微博有篇幅限制，140 个字，适合向人们推荐最需要了解的信息、视频，也可以通过超链接，导向各级各类主流媒体网站或新闻客户端；新闻客户端适合重大宣传主题的报道，可以做到图文并茂，围绕特定主题将内容丰富多彩，板块化垂直深耕；作为一种沟通工具，各级各类主流媒体可以通过网站来发布自己想要公开的各种视听资讯，或者利用网站来提供相关的视听网络服务；微信公众号没有微博的篇幅限制，可以通过文字、图片、音频、视频等复合形式呈现，而且可以留言的形式进行互动，以便于更深入地捕捉用户喜好。各级各类主流媒体通过对视听资源的细分，提升了用户体验，也扩展了视听内容的影响力。

五、智能优质内容平台融合一体化趋势

媒介融合背景下，主流媒体融合还表现为优质视听内容与优质平台的融为

一体。但目前两者的融为一体还有进一步提升的趋势。各级各类主流媒体的官方微博、微信公众号等不仅对数量有要求，更需要在内容上促成 10 万+内容；各级各类主流媒体新闻客户端的内容平台融合，需要向"头条""澎湃"的浏览量看齐；各级各类主流媒体网站一家一个，从央视到省级再到地方广电，通过智能优质内容平台融于一体，促使有效用户主动浏览广电网站，看视频、看信息资讯。这体现了各级各类主流媒体正在真正理解视听新媒介的本质，不仅将新媒介作为一种工具或是一种转机，而且遵循新媒体的规律，按照优质内容平台融于一体来适应主流媒体融合的新趋势。

媒体融合说到底是以新媒介融合思维进行的，这是媒介技术发展、满足用户视听需求以及媒介融合发展的必然结果。各级各类主流媒体不能只专注于内容生产，还必须链接用户，以用户为中心，分析不同的视听平台特征，完成"从视听内容分发平台进化到内容采编平台，再到媒体公共智能服务平台，朝着全网在线、智能化服务、采编播一体化的超级媒体中心方向发展"。①

如上海广播电视台打造视频新闻直播流"Knews24"，就旨在巩固传统内容生产优势；浙江广电整合集团"三中心两频道"最优质新闻资源，强化移动优先原则，合力打造"中国蓝新闻"品牌；北京广播电视台借助互联网平台企业强大的资本实力、流量实力和技术实力，整合传统广播电视在内容生产、导向把关、权威公信等方面的优势，以期形成一加一大于二的整合效果。② 广东广播电视台在自主研发推出"触电新闻"APP 后不久，便发起建立"广东广电媒体融合共同体"，邀请省内地市电视台入驻"触电平台"，共享新闻资源，占领移动端，这一倡议受到了省内城市电视台的普遍欢迎。③

媒体融合适应智能一体化趋势，主流要聚焦"移动优先"，推进技术赋能，让技术之光照亮媒体融合发展之路。主流媒体要以强烈的紧迫感抢占技术风口，主攻短视频、直播、数据新闻，打造全媒体传播新优势；瞄准新技术新趋势进行重点布局、全局重塑，努力打造大数据信息资源平台、智能生产和传播平台、用户沉淀平台，把功能强大的数据平台作为各项业务运行的基础；建好、用好"中央厨房"，着力构建与采编发相匹配、与内容生产传播相适应的

①　黎斌：《媒体融合新思维：从"内容为王"到"'内容+'为王"》，《中国广播电视学刊》2017 年第 1 期，第 29~30 页。

②　王琦：《省级广电融媒体"中央厨房"模式探析》，《当代电视》2018 年第 7 期，第 64~66 页。

③　陈丽荣：《量力而行 善用"中央厨房"——基于城市电视台的视角》，《视听》2017 年第 5 期，第 115~116 页。

媒体传播矩阵和接受端口，真正实现多屏合一、一体辐射的即时互动，释放资源通融、内容兼融、宣传互融、利益共融的媒体融合红利。[①]

第四节　媒体融合的多元平台扩展趋势

中央广播电视总台台长慎海雄曾明确提出，要努力跟上技术的发展速度，适应瞬息万变的技术革命，加快技术体系建设，全力打造自主可控、具有强大影响力的新媒体传播平台，利用新技术抢占舆论制高点。媒介融合背景下，广电媒体应适应新视听生态，通过智能化、云端(云计算)、大数据等技术实现多元化拓展，推动视听效果的提升。

一、融合云平台扩展趋势

面对新媒介融合发展，视听平台更为多元化，宽带建设进一步强化了视听传播内容的海量传播等各种局面，广电媒体需要进一步进行业务融合、人员融合，建立起"融合云"平台，打通不同属性视听媒体间的隔阂，互相渗透，协调合作，不仅仅是单一媒体内部或某些频道间的合作，更需要形成一种优势互补、互利共赢的融合运营关系，尤其是作为省级媒体更需要推动县市级城市台、广播、报纸等的融合，建立完备的内容生产体系、集成播控运营体系、内容分发服务体系、视听产品应用营销体系以及信息安全保障体系等。

融合云平台和智慧融媒体中"融"最为重要。主流媒体融合不仅融内容、融设备，更重要的是融人员、融观念、融思维，实现广电媒体、网络新视听媒体、平面媒体等融媒体业务中各种人力资源、视听数据资源等全面融合，不仅仅是一次采集多次生成、多平台发布，而是促进视听媒体的动态发展、实时分析、形式多样、深度报道，建立集音视频、文字图片等多形式的无障碍易转换的一体内容，且兼具跨平台差异化传输的能力，形成跨媒体、跨平台的主流媒体融合传播格局。

主流媒体融合的构建是媒介融合发展的必然结果，基于数字基因和互联网技术平台的发展，所有的媒体必然聚合于一体，形成一种更宏观意义上的主流媒体融合，这既是一种媒体形态，也是一种媒介生态环境。广电媒体不能仅仅盯着自己的一亩三分地，而要重新调整自身在整个视听媒介环境中的位置，扩

---

① 双传学：《媒体融合，主流媒体可以这样做》，https://china.huanqiu.com/article/9CaKrnKpOFG。

展自身视听传播的范围，突破原有的思维瓶颈，从媒介硬件和软件应用的融合，到人和机构的融合，确保观念融合的先行。这样才能在运营机制上发挥自身的视听内容优势，形成视听平台优势，构建主流媒体融合格局。

二、用户入口平台扩展趋势

用户入口是基于互联网连接的，能够将用户吸引到媒体平台上的各类垂直应用。作为一种迅速升级的基础设施，当下的互联网特别是移动互联网已经渗透到社会生活的方方面面，"人与人、人与信息、人与物"的"连接"越来越重要，这是新技术演变的必然结果。

对广电媒体而言，这一过程中良好的用户入口是构建主流媒体融合的关键。媒介融合背景下，各种平台应用都应以数字化为基因，以互联网技术为基本构架，因此，哪家的用户入口便捷，功能性强，实用性强，哪家媒体在用户中的使用就更频繁——使用即认可，认可即影响力，影响力变现为流量，从而最终带动这一视听媒体的发展。

用户入口构建应该遵循以下标准：①畅通的沟通渠道和良好的转入转出效果；②多样的交互方式和优质健康的社交模式；③灵活的管理分类和优质的视听服务；④丰富便捷的视听内容分类搜索和融合多平台的生态链条。

除了用户入口，数据库是构建主流媒体融合的核心。数据库建设包括两方面的内容，一是视听内容数据，二是用户使用数据。具体来说包括有哪些视听资源，视听如何分类，视听资源使用的情况如何，有哪些用户，用户有哪些视听偏好，如何产生影响的，视听内容与用户使用的供应链是否通畅。优质的连接匹配可以最大限度地激活视听媒体的传受两端。

三、全媒体生态平台扩展趋势

媒介融合背景下，主流媒体融合可以突破原有的传播局限，从普遍联系的视角，来审视视听传播各个环节的融合与优化。视听传播的重点已经不仅仅局限于节目内容的播放，而是从内容出发形成良好的沟通平台，围绕节目进行交流，形成良好的人际关系网络链接。这种变化增加了视听传播的多元化，广电媒体可以做不同的传播交互渠道，做针对性强的视听服务，采用新媒介技术手段实现对视听内容质量和导向方面的高效监管等。

对广电媒体而言，主流媒体融合不是变为单一的媒体，更不是一家独大的媒体，而是依托数字电视网络，融合互联网络、物联网络、云计算等技术，建设多功能的综合信息服务平台，或者是接入智慧城市服务，形成集内容服务、城市服务和网络传输于一体的融合型媒体平台。主流媒体融合建设重点在融合——融合内容、融合服务、融合平台、融合渠道，形成融合型的媒介生态环境。

在此环境下，媒介融合是一个阶段性过程。视听传播是以互联网思维贯穿进行的，通过提供新闻资讯传播、数字娱乐和智慧服务，促进用户对广电媒体的使用频度，并保持一定的时间长度，通过对用户数据的挖掘和分析，使视听传播精准化、个性化，为用户提供高质量的视听体验，以实现构建多元化的主流媒体融合这一目标。

在此目标之下，广电媒体、报社、新视听媒体、自媒体等所有的媒体都会聚合在一起，形成一个覆盖大数据全产业链的开放性生态系统。在这种生态系统下，视听媒体通过基础数据服务、数据挖掘与分析等，满足人们场景化的视听需求、大众化的视听需求等多种视听需求，媒体回归内容生产、整合和传播，用户主动地选择参与到视听过程中来——从生产到传播的全过程。从麦克卢汉的"媒介即信息"，到"媒介即人"，无处不在、无时不在的视听传播将弥散于整个人类社会中。广电媒体应着眼于主流媒体融合的构建，关键在"大"，海纳百川，有容乃大，要全面地审视视听传播的发展规律，定位自身在视听格局的位置和发展方向，体现出综合性媒介生态的视听特征，更着眼于更好更有效地满足用户的多元化视听需求。

四、微型视听内容平台扩展趋势

微内容是由个人用户生产的，小规模、低成本或无成本制作的网络媒体内容。微内容是基于算法而不断发展的，聚合了碎片化的用户视听需求，促进了用户情感、社会关系、社会信任等方面的网络化发展。

(一)算法推荐的微型视听内容

随着媒介融合发展，传统传播社会进一步向现代传播社会转变，不同视听需求以及社会的碎片化分割，形成了现代传播社会基于差异化视听诉求的话语环境。学者谭婷婷根据微内容用户参与特征，提出了微内容推荐的三个阶段(图8-1)。

这种微内容不同于传统的视听内容，它以计算机算法推荐为依据，以积极主动的用户视听需求为导向，构成了媒介融合背景下视听传播的基础，通过聚合、管理、分享、迁移这些微内容，以进一步组合成各种个性化的丰富应用。

人工智能延展了新闻从业者的"脚力、眼力、脑力、笔力"，舆论引导主体从人趋向人机协同转变。数据算法不断加深用户沉浸交互，使得舆论场呈现

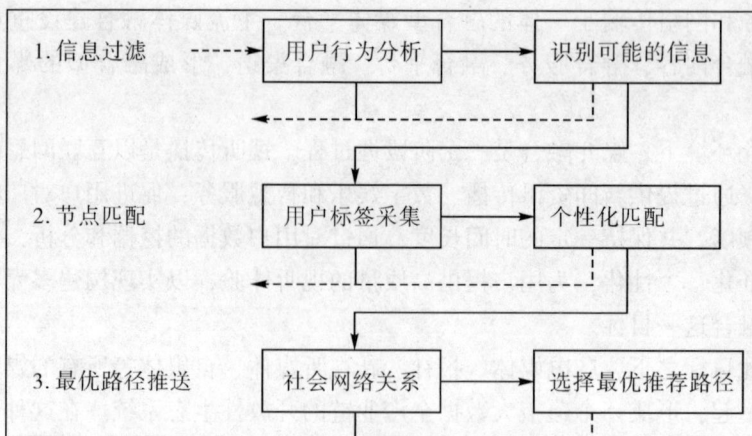

图 8-1　微内容推荐的三个阶段

出一种宽容和开放的姿态。但是，技术赋能也会带来假新闻与偏见先行、核心价值观迷失、伦理失范等问题和风险，机器不断与人文价值博弈，给主流媒体舆论引导带来了诸多挑战。主流媒体在享受技术红利的同时，应依靠主流价值导向驾驭算法，突破迷雾，走出困境，凝聚社会共识，营造良好的舆论生态环境。①

(二)聚合用户情感的微型视听内容

用户对微内容选择以及随后采取的行为等，更多是依赖于其从中所获得的情感支持和信息支持。人们通过微内容的搜索和浏览，微内容的创造和扩散，从社会网络关系中获得信任、偏好等情感支持，从中获得对周围环境认知的有效信息支持，以及对自身观点、兴趣等表达支持。

微型视听内容与传统的视听内容生产中心化特征有很大的不同。微型视听内容更适合陌生用户之间围绕感兴趣的视听内容进行互动。因为微型视听内容的制作和传播的技术门槛低，用户生成视听内容的加工处理、传播扩散、互动沟通过程，密切关联着用户的视听感知偏好、视听情感宣泄、视听关系构建等多方面的视听需求，用户更多地参与到视听微内容整个过程中，以自身的媒介使用行为促进视听媒介和视听内容彼此融合，不断影响着微型视听内容的扩散和效果，由此构建起了用户情感的聚合关系。

---

① 郑珊珊：《人工智能给主流媒体带来全方位变革》，《人民论坛》2020 年第 35 期，第 87~88 页。

（三）聚合社会信任的微型视听内容

微型视听内容的影响力来自用户完全分享和充分互动，其基础恰恰在于通过视听内容聚合所构建起来的信任度，将开放的视听平台与用户感兴趣的视听内容关联在一起，由此形成较高的活跃度，微内容的影响力才得以实现。

与传统的视听内容不同，融合媒介平台上的这类微内容生产成本低，随意性强，需求指向明确，根据视听内容的访问、点击和推荐、转发，构成了视听内容呈现的有机构成部分。换言之，微内容的需求和满足的指向是十分明确的。由此，媒介融合背景下的视听传播突破了传统意义上的生产—传播—扩散—效果的流程，而是基于协作共享精神的认同和创造，产生了去中心化的效应，所有视听内容都是基于"用户贡献"，从用户信息采集、数据上报、算法分析以及智能推荐等，视听内容以一定的形式转化为流量呈现。这一数字基因决定了个性化的视听内容成为主流。

（四）聚合社会关系的微型视听内容

媒介融合背景下的视听传播内容具有碎片化、去中心化的特征。用户以"人人传播"的方式分解了传统视听媒体对视听内容的控制权，而以微小内容、来源广泛、形式多样和个性特色鲜明满足着用户的特定视听需求。

媒介融合背景下的视听传播内容体现关系化特征。用户对包括自身创造的视听内容、网络视听内容、传统主流媒体视听内容等的整合，形成具有个性化、自主性、微型化的需求节点。视听内容的生产和传播互动的目的更是超越自身，进一步反映了个人的意识、情绪、行为、价值观念、兴趣爱好和利益诉求等，更容易由此形成广泛的人际关系和社会关系网络。

微型视听内容是媒介融合背景下视听传播发展规律之一，为各级各类主流媒体的视听内容生产传播提供了丰富的语境，各级各类主流媒体要面对主动的异质化的用户群，要面对多元化的信息源，将海量、离散、去中心化的碎片化视听信息，聚合为具有丰富价值的微型视听内容。

本章小结

本章探讨了媒体融合的主要发展趋势。媒体融合体现出国家战略、智能化、人性化等发展趋势。首先，从国家政策、新媒体发展、传统媒体生存、技术发展等方面，论述了媒体融合生态建设的发展趋势；其次，从互联共赢思维、扁平化场景思维、IP思维、多元聚合思维等探讨了媒体融合思维扩展的趋势；再次，从智能移动化多屏融合一体化趋势、智能非线性融合一体化趋势、智能人性化融合一体化趋势、智能服务平台融合一体化趋势、智能优质内容平台融合一体化趋势共五个方面，对媒体融合智能一体化发展趋向进行了分析；最后，从融合云平台扩展趋势、用户入口平台扩展趋势、全媒体生态平台扩展趋势、微型视听内容平台扩展趋势等方面，探讨了媒体融合的多元扩展趋势。

【思考题】

1. 结合案例谈谈融媒体生态构建的重要性。

2. 分析 IP 思维在广电媒体融合过程中的特征和作用。

3. 结合某一主流媒体分析如何促进媒体融合智能一体化。

4. 结合案例分析主流媒体融合多元化扩展趋势表现在哪些方面？

5. 结合案例分析微型视听内容平台扩展趋势的特征有哪些？